学习贯彻
《国家职业教育改革实施方案》

主编 周建松　　郑亚莉

浙江工商大学出版社
ZHEJIANG GONGSHANG UNIVERSITY PRESS
·杭州·

图书在版编目(CIP)数据

学习贯彻《国家职业教育改革实施方案》/ 周建松，郑亚莉主编. — 杭州：浙江工商大学出版社，2020.5（2021.12 重印）

ISBN 978-7-5178-3808-1

Ⅰ. ①学… Ⅱ. ①周… ②郑… Ⅲ. ①高等职业教育－教育改革－中国－学习参考资料 Ⅳ. ①G719.21

中国版本图书馆 CIP 数据核字(2020)第 060798 号

学习贯彻《国家职业教育改革实施方案》
XUEXI GUANCHE GUOJIA ZHIYE JIAOYU GAIGE SHISHI FANG'AN

主编 周建松　郑亚莉

责任编辑	王黎明
封面设计	林朦朦
责任印制	包建辉
出版发行	浙江工商大学出版社
	（杭州市教工路 198 号　邮政编码 310012）
	（E-mail:zjgsupress@163.com)
	（网址:http://www.zjgsupress.com)
	电话:0571-88904980,88831806(传真)
排　　版	杭州朝曦图文设计有限公司
印　　刷	广东虎彩云印刷有限公司绍兴分公司
开　　本	710mm×1000mm　1/16
印　　张	18
字　　数	232 千
版 印 次	2020 年 5 月第 1 版　2021 年 12 月第 2 次印刷
书　　号	ISBN 978-7-5178-3808-1
定　　价	58.00 元

目 录

Contents

第 一 编

政策文本

国务院关于印发国家职业教育改革实施方案的通知

国发〔2019〕4 号

各省、自治区、直辖市人民政府,国务院各部委、各直属机构:

现将《国家职业教育改革实施方案》印发给你们,请认真贯彻执行。

国务院

2019 年 1 月 24 日

国家职业教育改革实施方案

职业教育与普通教育是两种不同教育类型,具有同等重要地位。改革开放以来,职业教育为我国经济社会发展提供了有力的人才和智力支撑,现代职业教育体系框架全面建成,服务经济社会发展能力和社会吸引力不断增强,具备了基本实现现代化的诸多有利条件和良好工作基础。随着我国进入新的发展阶段,产业升级和经济结构调整不断加快,各行各业对技术技能人才的需求越来越紧迫,职业教育重要地位和作用越来越凸显。但是,与发达国家相比,与建设现代化经济体系、建设教育强国的要求相比,我国职业教育还存在着体系建设不够完善、职业技能实训基地建设有待加强、制度标准不够健全、企业参与办学的动力不足、有利于技术技能人才成长的配套政策尚待完善、办学和人才培养质量水平参差不齐等问题,到了必须下大力气抓好的时候。没有职业教育现代化就没有教育现代化。为贯彻全国教育大会精神,进一步办好新时代职业教育,落实《中华人民共和国职业教育法》,制定本实施方案。

总体要求与目标:坚持以习近平新时代中国特色社会主义思想为指导,把职业教育摆在教育改革创新和经济社会发展中更加突出的位置。牢固树立新发展理念,服务建设现代化经济体系和实现更高质量更充分就业需要,对接科技发展趋势和市场需求,完善职业教育和培训体系,优化学校、专业布局,深化办学体制改革和育人机制改革,以促进就业和适应产业发展需求为导向,鼓励和支持社会各界特别是企业积极支持职业教育,着力培养高素质劳动者和技术技能人才。经过5—10年左右时间,职业教育基本完成由政府举办为主向政府统筹管理、社会多元办学的格局转变,由追求规模扩张向提高质量转变,由参照普通教育办学模式向企业社会参与、专业特色鲜明的类型教育转变,大幅提升新时代职业教育现代化水平,为促进经济社会发展和提高国家竞争力提供优质人才资源支撑。

具体指标:到 2022 年,职业院校教学条件基本达标,一大批普通本科高等学校向应用型转变,建设 50 所高水平高等职业学校和 150 个骨干专业(群)。建成覆盖大部分行业领域、具有国际先进水平的中国职业教育标准体系。企业参与职业教育的积极性有较大提升,培育数以万计的产教融合型企业,打造一批优秀职业教育培训评价组织,推动建设 300 个具有辐射引领作用的高水平专业化产教融合实训基地。职业院校实践性教学课时原则上占总课时一半以上,顶岗实习时间一般为6 个月。"双师型"教师(同时具备理论教学和实践教学能力的教师)占专业课教师总数超过一半,分专业建设一批国家级职业教育教师教学创新团队。从 2019 年开始,在职业院校、应用型本科高校启动"学历证书十若干职业技能等级证书"制度试点(以下称 1+X 证书制度试点)工作。

一、完善国家职业教育制度体系

(一)健全国家职业教育制度框架

把握好正确的改革方向,按照"管好两端、规范中间、书证融通、办学多元"的原则,严把教学标准和毕业学生质量标准两个关口。将标准化建设作为统领职业教育发展的突破口,完善职业教育体系,为服务现代制造业、现代服务业、现代农业发展和职业教育现代化提供制度保障与人才支持。建立健全学校设置、师资队伍、教学教材、信息化建设、安全设施等办学标准,引领职业教育服务发展、促进就业创业。落实好立德树人根本任务,健全德技并修、工学结合的育人机制,完善评价机制,规范人才培养全过程。深化产教融合、校企合作,育训结合,健全多元化办学格局,推动企业深度参与协同育人,扶持鼓励企业和社会力量参与举办各类职业教育。推进资历框架建设,探索实现学历证书和职业技能等级证书互通衔接。

(二)提高中等职业教育发展水平

优化教育结构,把发展中等职业教育作为普及高中阶段教育和建设中国特色职业教育体系的重要基础,保持高中阶段教育职普比大体相当,使绝大多数城乡新增劳动力接受高中阶段教育。改善中等职业学校基本办学条件。加强省级统筹,建好办好一批县域职教中心,重点支持集中连片特困地区每个地(市、州、盟)原则上至少建设一所符合当地经济社会发展和技术技能人才培养需要的中等职业学校。指导各地优化中等职业学校布局结构,科学配置并做大做强职业教育资源。加大对民族地区、贫困地区和残疾人职业教育的政策、金融支持力度,落实职业教育东西协作行动计划,办好内地少数民族中职班。完善招生机制,建立中等职业学校和普通高中统一招生平台,精准服务区域发展需求。积极招收初高中毕业未升学学生、退役军人、退役运动员、下岗职工、返乡农民工等接受中等职业教育;服务乡村振兴战略,为广大农村培养以新型职业农民为主体的农村实用人才。发挥中等职业学校作用,帮助部分学业困难学生按规定在职业学校完成义务教育,并接受部分职业技能学习。

鼓励中等职业学校联合中小学开展劳动和职业启蒙教育,将动手实践内容纳入中小学相关课程和学生综合素质评价。

(三)推进高等职业教育高质量发展

把发展高等职业教育作为优化高等教育结构和培养大国工匠、能工巧匠的重要方式,使城乡新增劳动力更多接受高等教育。高等职业学校要培养服务区域发展的高素质技术技能人才,重点服务企业特别是中小微企业的技术研发和产品升级,加强社区教育和终身学习服务。建立"职教高考"制度,完善"文化素质+职业技能"的考试招生办法,提高生源质量,为学生接受高等职业教育提供多种入学方式和学习方式。在学前教育、护理、养老服务、健康服务、现代服务业等领域,扩大对初中毕业生实行中高职贯通培养的招生规模。启动实施中国特色高水平高等职业学校和专业建设计划,建设一批引领改革、支撑发展、中国特色、世界水平的高等职业学校和骨干专业

（群）。根据高等学校设置制度规定，将符合条件的技师学院纳入高等学校序列。

（四）完善高层次应用型人才培养体系

完善学历教育与培训并重的现代职业教育体系，畅通技术技能人才成长渠道。发展以职业需求为导向、以实践能力培养为重点、以产学研用结合为途径的专业学位研究生培养模式，加强专业学位硕士研究生培养。推动具备条件的普通本科高校向应用型转变，鼓励有条件的普通高校开办应用技术类型专业或课程。开展本科层次职业教育试点。制定中国技能大赛、全国职业院校技能大赛、世界技能大赛获奖选手等免试入学政策，探索长学制培养高端技术技能人才。服务军民融合发展，把军队相关的职业教育纳入国家职业教育大体系，共同做好面向现役军人的教育培训，支持其在服役期间取得多类职业技能等级证书，提升技术技能水平。落实好定向培养直招士官政策，推动地方院校与军队院校有效对接，推动优质职业教育资源向军事人才培养开放，建立军地网络教育资源共享机制。制订具体政策办法，支持适合的退役军人进入职业院校和普通本科高校接受教育和培训，鼓励支持设立退役军人教育培训集团（联盟），推动退役、培训、就业有机衔接，为促进退役军人特别是退役士兵就业创业作出贡献。

二、构建职业教育国家标准

（五）完善教育教学相关标准

发挥标准在职业教育质量提升中的基础性作用。按照专业设置与产业需求对接、课程内容与职业标准对接、教学过程与生产过程对接的要求，完善中等、高等职业学校设置标准，规范职业院校设置；实施教师和校长专业标准,提升职业院校教学管理和教学实践能力。持续更新并推进专业目录、专业教学标准、课程标准、顶岗实习标准、实训条件建设标准(仪器设备配备规范)建设和在职业院校落地实施。巩固和发展国务院教育行政部门联合行业制定国家教学标准、职业院校依据标准自主制订人才培养方案的工作格局。

(六)启动 1+X 证书制度试点工作

深化复合型技术技能人才培养培训模式改革,借鉴国际职业教育培训普遍做法,制订工作方案和具体管理办法,启动 1+X 证书制度试点工作。试点工作要进一步发挥好学历证书作用,夯实学生可持续发展基础,鼓励职业院校学生在获得学历证书的同时,积极取得多类职业技能等级证书,拓展就业创业本领,缓解结构性就业矛盾。国务院人力资源社会保障行政部门、教育行政部门在职责范围内,分别负责管理监督考核院校外、院校内职业技能等级证书的实施(技工院校内由人力资源社会保障行政部门负责),国务院人力资源社会保障行政部门组织制定职业标准,国务院教育行政部门依照职业标准牵头组织开发教学等相关标准。院校内培训可面向社会人群,院校外培训也可面向在校学生。各类职业技能等级证书具有同等效力,持有证书人员享受同等待遇。院校内实施的职业技能等级证书分为初级、中级、高级,是职业技能水平的凭证,反映职业活动和个人职业生涯发展所需要的综合能力。

(七)开展高质量职业培训

落实职业院校实施学历教育与培训并举的法定职责,按照育训结合、长短结合、内外结合的要求,面向在校学生和全体社会成员开展职业培训。自 2019 年开始,围绕现代农业、先进制造业、现代服务业、战略性新兴产业,推动职业院校在 10 个左右技术技能人才紧缺领域大力开展职业培训。引导行业企业深度参与技术技能人才培养培训,促进职业院校加强专业建设、深化课程改革、增强实训内容、提高师资水平,全面提升教育教学质量。各级政府要积极支持职业培训,行政部门要简政放权并履行好监管职责,相关下属机构要优化服务,对于违规收取费用的要严肃处理。畅通技术技能人才职业发展通道,鼓励其持续获得适应经济社会发展需要的职业培训证书,引导和支持企业等用人单位落实相关待遇。对取得职业技能等级证书的离校未就业高校毕业生,按规定落实职业培训补贴政策。

(八)实现学习成果的认定、积累和转换

加快推进职业教育国家"学分银行"建设,从 2019 年开始,探索建立职业教育个人学习账号,实现学习成果可追溯、可查询、可转换。有序开展学历证书和职业技能等级证书所体现的学习成果的认定、积累和转换,为技术技能人才持续成长拓宽通道。职业院校对取得若干职业技能等级证书的社会成员,支持其根据证书等级和类别免修部分课程,在完成规定内容学习后依法依规取得学历证书。对接受职业院校学历教育并取得毕业证书的学生,在参加相应的职业技能等级证书考试时,可免试部分内容。从 2019 年起,在有条件的地区和高校探索实施试点工作,制定符合国情的国家资历框架。

三、促进产教融合校企"双元"育人

(九)坚持知行合一、工学结合

借鉴"双元制"等模式,总结现代学徒制和企业新型学徒制试点经验,校企共同研究制定人才培养方案,及时将新技术、新工艺、新规范纳入教学标准和教学内容,强化学生实习实训。健全专业设置定期评估

机制,强化地方引导本区域职业院校优化专业设置的职责,原则上每5年修订1次职业院校专业目录,学校依据目录灵活自主设置专业,每年调整1次专业。健全专业教学资源库,建立共建共享平台的资源认证标准和交易机制,进一步扩大优质资源覆盖面。遴选认定一大批职业教育在线精品课程,建设一大批校企"双元"合作开发的国家规划教材,倡导使用新型活页式、工作手册式教材并配套开发信息化资源。每3年修订1次教材,其中专业教材随信息技术发展和产业升级情况及时动态更新。适应"互联网＋职业教育"发展需求,运用现代信息技术改进教学方式方法,推进虚拟工厂等网络学习空间建设和普遍应用。

（十）推动校企全面加强深度合作

职业院校应当根据自身特点和人才培养需要,主动与具备条件的企业在人才培养、技术创新、就业创业、社会服务、文化传承等方面开展合作。学校积极为企业提供所需的课程、师资等资源,企业应当依法履行实施职业教育的义务,利用资本、技术、知识、设施、设备和管理等要素参与校企合作,促进人力资源开发。校企合作中,学校可从中获得智力、专利、教育、劳务等报酬,具体分配由学校按规定自行处理。在开展国家产教融合建设试点基础上,建立产教融合型企业认证制度,对进入目录的产教融合型企业给予"金融＋财政＋土地＋信用"的组合式激励,并按规定落实相关税收政策。试点企业兴办职业教育的投资符合条件的,可按投资额一定比例抵免该企业当年应缴教育费附加和地方教育附加。厚植企业承担职业教育责任的社会环境,推动职业院校和行业企业形成命运共同体。

（十一）打造一批高水平实训基地

加大政策引导力度,充分调动各方面深化职业教育改革创新的积极性,带动各级政府、企业和职业院校建设一批资源共享,集实践教学、社会培训、企业真实生产和社会技术服务于一体的高水平职业教育实训基地。面向先进制造业等技术技能人才紧缺领域,统筹多种资源,建设若干具有辐射引领作用的高水平专业化产教融合实训基地,推动开放共享,辐射区域内学校和企业;鼓励职业院校建设或校企共建一批校内实训基地,提升重点专业建设和校企合作育人水平。积极吸引企业和社会力量参与,指导各地各校借鉴德国、日本、瑞士等国家经验,探索创新实训基地运营模式。提高实训基地规划、管理水平,为社会公众、职业院校在校生取得职业技能等级证书和企业提升人力资源水平提供有力支撑。

(十二)多措并举打造"双师型"教师队伍

从 2019 年起,职业院校、应用型本科高校相关专业教师原则上从具有 3 年以上企业工作经历并具有高职以上学历的人员中公开招聘,特殊高技能人才(含具有高级工以上职业资格人员)可适当放宽学历要求,2020 年起基本不再从应届毕业生中招聘。加强职业技术师范院校建设,优化结构布局,引导一批高水平工科学校举办职业技术师范教育。实施职业院校教师素质提高计划,建立 100 个"双师型"教师培养培训基地,职业院校、应用型本科高校教师每年至少 1 个月在企业或实训基地实训,落实教师 5 年一周期的全员轮训制度。探索组建高水平、结构化教师教学创新团队,教师分工协作进行模块化教学。定期组织选派职业院校专业骨干教师赴国外研修访学。在职业院校实行高层次、高技能人才以直接考察的方式公开招聘。建立健全职业院校自主聘任兼职教师的办法,推动企业工程技术人员、高技能人才和职业院校教师双向流动。职业院校通过校企合作、技术服务、社会培训、自办企业等所得收入,可按一定比例作为绩效工资来源。

四、建设多元办学格局

（十三）推动企业和社会力量举办高质量职业教育

各级政府部门要深化"放管服"改革，加快推进职能转变，由注重"办"职业教育向"管理与服务"过渡。政府主要负责规划战略、制定政策、依法依规监管。发挥企业重要办学主体作用，鼓励有条件的企业特别是大企业举办高质量职业教育，各级人民政府可按规定给予适当支持。完善企业经营管理和技术人员与学校领导、骨干教师相互兼职兼薪制度。2020年初步建成300个示范性职业教育集团（联盟），带动中小企业参与。支持和规范社会力量兴办职业教育培训，鼓励发展股份制、混合所有制等职业院校和各类职业培训机构。建立公开透明规范的民办职业教育准入、审批制度，探索民办职业教育负面清单制度，建立健全退出机制。

（十四）做优职业教育培训评价组织

职业教育包括职业学校教育和职业培训，职业院校和应用型本科高校按照国家教学标准和规定职责完成教学任务和职业技能人才培养。同时，也必须调动社会力量，补充校园不足，助力校园办学。能够依据国家有关法规和职业标准、教学标准完成的职业技能培训，要更多通过职业教育培训评价组织（以下简称培训评价组织）等参与实施。政府通过放宽准入，严格末端监督执法，严格控制数量，扶优、扶大、扶强，保证培训质量和学生能力水平。要按照在已成熟的品牌中遴选一批、在成长中的品牌中培育一批、在有需要但还没有建立项目的领域中规划一批的原则，以社会化机制公开招募并择优遴选培训评价组织，优先从制订过国家职业标准并完成标准教材编写，具有专家、师资团队、资金实力和 5 年以上优秀培训业绩的机构中选择。培训评价组织应对接职业标准,与国际先进标准接轨,按有关规定开发职业技能等级标准,负责实施职业技能考核、评价和证书发放。政府部门要加强监管,防止出现乱培训、滥发证现象。行业协会要积极配合政府,为培训评价组织提供好服务环境支持,不得以任何方式收取费用或干预企业办学行为。

五、完善技术技能人才保障政策

(十五)提高技术技能人才待遇水平

支持技术技能人才凭技能提升待遇,鼓励企业职务职级晋升和工资分配向关键岗位、生产一线岗位和紧缺急需的高层次、高技能人才倾斜。建立国家技术技能大师库,鼓励技术技能大师建立大师工作室,并按规定给予政策和资金支持,支持技术技能大师到职业院校担任兼职教师,参与国家重大工程项目联合攻关。积极推动职业院校毕业生在落户、就业、参加机关事业单位招聘、职称评审、职级晋升等方面与普通高校毕业生享受同等待遇。逐步提高技术技能人才特别是技术工人收入水平和地位。机关和企事业单位招用人员不得歧视职业院校毕业生。国务院人力资源社会保障行政部门会同有关部门,适时组织清理调整对技术技能人才的歧视政策,推动形成人人皆可成才、人人尽展其才的良好环境。按照国家有关规定加大对职业院校参加有关技能大赛成绩突出毕业生的表彰奖励力度。办好职业教育活动周和世界青年技能日宣传活动,深入开展"大国工匠进校园""劳模进校园""优秀职校生校园分享"等活动,宣传展示大国工匠、能工巧匠和高素质劳动者的事迹和形象,培育和传承好工匠精神。

(十六)健全经费投入机制

各级政府要建立与办学规模、培养成本、办学质量等相适应的财政投入制度,地方政府要按规定制定并落实职业院校生均经费标准或公用经费标准。在保障教育合理投入的同时,优化教育支出结构,新增教育经费要向职业教育倾斜。鼓励社会力量捐资、出资兴办职业教育,拓宽办学筹资渠道。进一步完善中等职业学校生均拨款制度,各地中等职业学校生均财政拨款水平可适当高于当地普通高中。各地在继续巩固落实好高等职业教育生均财政拨款水平达到 12000 元的基础上,根据发展需要和财力可能逐步提高拨款水平。组织实施好现代职业教育质量提升计划、产教融合工程等。经费投入要进一步突出改革导向,支持校企合作,注重向中西部、贫困地区和民族地区倾斜。进一步扩大职业院校助学金覆盖面,完善补助标准动态调整机制,落实对建档立卡等家庭经济困难学生的倾斜政策,健全职业教育奖学金制度。

六、加强职业教育办学质量督导评价

(十七)建立健全职业教育质量评价和督导评估制度

以学习者的职业道德、技术技能水平和就业质量,以及产教融合、校企合作水平为核心,建立职业教育质量评价体系。定期对职业技能等级证书有关工作进行"双随机、一公开"的抽查和监督,从 2019 年起,对培训评价组织行为和职业院校培训质量进行监测和评估。实施职业教育质量年度报告制度,报告向社会公开。完善政府、行业、企业、职业院校等共同参与的质量评价机制,积极支持第三方机构开展评估,将考核结果作为政策支持、绩效考核、表彰奖励的重要依据。完善职业教育督导评估办法,建立职业教育定期督导评估和专项督导评估制度,落实督导报告、公报、约谈、限期整改、奖惩等制度。国务院教育督导委员会定期听取职业教育督导评估情况汇报。

(十八)支持组建国家职业教育指导咨询委员会

为把握正确的国家职业教育改革发展方向,创新我国职业教育改革发展模式,提出重大政策研究建议,参与起草、制订国家职业教育法律法规,开展重大改革调研,提供各种咨询意见,进一步提高政府决策科学化水平,规划并审议职业教育标准等,在政府指导下组建国家职业教育指导咨询委员会。成员包括政府人员、职业教育专家、行业企业专家、管理专家、职业教育研究人员、中华职业教育社等团体和社会各方面热心职业教育的人士。通过政府购买服务等方式,听取咨询机构提出的意见建议并鼓励社会和民间智库参与。政府可以委托国家职业教育指导咨询委员会作为第三方,对全国职业院校、普通高校、校企合作企业、培训评价组织的教育管理、教学质量、办学方式模式、师资培养、学生职业技能提升等情况,进行指导、考核、评估等。

七、做好改革组织实施工作

(十九)加强党对职业教育工作的全面领导

以习近平新时代中国特色社会主义思想特别是习近平总书记关于职业教育的重要论述武装头脑、指导实践、推动工作。加强党对教育事业的全面领导,全面贯彻党的教育方针,落实中央教育工作领导小组各项要求,保证职业教育改革发展正确方向。要充分发挥党组织在职业院校的领导核心和政治核心作用,牢牢把握学校意识形态工作领导权,将党建工作与学校事业发展同部署、同落实、同考评。指导职业院校上好思想政治理论课,实施好中等职业学校"文明风采"活动,推进职业教育领域"三全育人"综合改革试点工作,使各类课程与思想政治理论课同向同行,努力实现职业技能和职业精神培养高度融合。加强基层党组织建设,有效发挥基层党组织的战斗堡垒作用和共产党员的先锋模范作用,带动学校工会、共青团等群团组织和学生会组织建设,汇聚每一位师生员工的积极性和主动性。

(二十)完善国务院职业教育工作部际联席会议制度

国务院职业教育工作部际联席会议由教育、人力资源社会保障、发展改革、工业和信息化、财政、农业农村、国资、税务、扶贫等单位组成,国务院分管教育工作的副总理担任召集人。联席会议统筹协调全国职业教育工作,研究协调解决工作中重大问题,听取国家职业教育指导咨询委员会等方面的意见建议,部署实施职业教育改革创新重大事项,每年召开两次会议,各成员单位就有关工作情况向联席会议报告。国务院教育行政部门负责职业教育工作的统筹规划、综合协调、宏观管理,国务院教育行政部门、人力资源社会保障行政部门和其他有关部门在职责范围内,分别负责有关的职业教育工作。各成员单位要加强沟通协调,做好相关政策配套衔接,在国家和区域战略规划、重大项目安排、经费投入、企业办学、人力资源开发等方面形成政策合力。推动落实《中华人民共和国职业教育法》,为职业教育改革创新提供重要的制度保障。

教育部关于深入学习贯彻
《国家职业教育改革实施方案》的通知

教职成〔2019〕11 号

各省、自治区、直辖市教育厅(教委),各计划单列市教育局,新疆生产建设兵团教育局,有关单位:

国务院印发《国家职业教育改革实施方案》(以下简称"职教 20 条"),把奋力办好新时代职业教育细化为具体行动。为做好"职教 20 条"的学习宣传和贯彻落实,推动职业教育大改革大发展,现就有关事项通知如下。

一、深刻领会"职教 20 条"主要内涵和精神实质

党的十八大以来,以习近平同志为核心的党中央把职业教育摆在了前所未有的突出位置。李克强总理就深化职业教育改革作出重要批示,提出明确要求。"职教 20 条"明确职业教育和普通教育是两种不同的教育类型,具有同等重要地位。教育战线要切实把思想和行动统一到党中央、国务院决策部署上来,推动职业教育改革不断深化。

(一)以习近平总书记关于教育的重要论述为根本遵循

要以习近平总书记关于教育的重要论述武装头脑、指导实践、推动工作,落实好高度重视、加快发展的工作方针,把职业教育摆在经济社会发展和教育改革中更加突出的位置;落实好服务发展、促进就业的办学方向,对接科技发展趋势和市场需求,推动校企形成命运共同体;落实好建设中国特色职业教育体系的工作目标,健全德技并修、工

学结合的育人机制,努力培养数以亿计的高素质劳动者和技术技能人才,努力完善职业教育和培训体系,努力让每个人都有人生出彩的机会。

(二)为全面建成社会主义现代化强国提供有力支撑

我国正处于决胜全面建成小康社会和建成社会主义现代化强国的历史交汇期。2035 中长期目标和 2050 远景目标对职业教育提出了新的更高要求。加快发展现代职业教育,既有利于缓解当前就业压力,也是解决高技能人才短缺的战略之举。职业教育要主动适应供给侧结构性改革需要,加强技术技能积累,努力站在服务国家战略最前沿,为建设现代产业体系提供支撑。要强化人才的有效供给和适度超前储备,为社会成员就业创业、在岗提升提供保障。要以现代职业教育的大改革大发展,加快培养国家发展急需的各类技术技能人才,让更多青年凭借一技之长实现人生价值,让三百六十行人才荟萃、繁星璀璨。

(三)把职业教育摆在更加突出的重要位置

我国教育总体已进入世界中上行列,正是加快推进教育现代化的关键阶段。没有职业教育现代化也就没有教育现代化。深化职业教育改革,可以为其他教育改革探索经验,有效分解高考压力,为学生提供多样化成长成才路径。要下大力气抓好改革,力争经过 5—10 年的努力,促进教育链、人才链、产业链有机衔接,大幅提升新时代职业教育现代化水平。

二、逐项推进"职教 20 条"重点任务的改革攻坚

"职教 20 条"坚持目标导向和问题导向,针对长期以来"单纯的学历教育"或"简单的技能教学"两个倾向,提出了一系列解决长期制约职

业教育发展的体制机制难题的政策措施。职业教育战线要以深化改革和狠抓落实为重点,逐项落实"职教20条"提出的各项任务。

(一)完善现代职业教育体系

要提高中等职业教育发展水平,保持高中阶段教育职普比大体相当,设立中等职业教育国家奖学金,完善中职生均拨款、免学费和国家助学金政策,为打赢脱贫攻坚战作贡献。要推进高等职业教育高质量发展,改革高职院校办学体制,提高办学质量,建设一批引领改革、支撑发展、中国特色、世界水平的高等职业学校和骨干专业(群)。要扩大高素质技术技能人才培养培训规模,扩大高职院校奖助学金覆盖面、提高补助标准,鼓励更多中等职业学校和普通高中毕业生、退役军人、下岗职工、农民工等接受高等职业教育,2019年大规模扩招100万人。要完善高层次应用型人才培养体系,推动具备条件的普通本科高校向应用型转变,开展本科层次职业教育试点,探索长学制培养高端技术技能人才。要面向在校学生和社会成员广泛开展职业培训,积极承接职业技能提升行动,引导行业企业深度参与。要鼓励职业院校联合中小学开展劳动和职业启蒙教育。

(二)提升技术技能人才培养质量

要将标准化建设作为统领职业教育发展的突破口,狠抓教师、教材、教法,建立健全学校设置、师资队伍、教学教材、信息化建设、安全设施等办学标准,促进校企"双元"育人,提升受教育者的职业适应能力和可持续发展能力。要落实立德树人根本任务,深化专业、课程、教材改革,提升实习实训水平,努力实现职业技能和职业精神培养高度融合。要多措并举打造"双师型"教师队伍,加强职业技术师范院校和专业建设,探索组建高水平、结构化教师教学创新团队,组织选派骨干教师海外研修,推动校企人员双向流动。要建立职业教育质量评价体系,严把教学标准和毕业学生质量标准两个关口,狠抓制度、标准、规范落实。

(三)实施好1＋X证书制度试点工作

要主动适应新科技革命和产业变革对高素质复合型技术技能人才的需求,从2019年开始,在职业院校、应用型本科高校等启动"学历证书＋若干职业技能等级证书"制度试点(简称1＋X证书制度试点)。要加强规范引导,尽快制订工作方案和具体管理办法,培育一批优质的培训评价组织,做好职业院校内职业技能等级证书的实施、管理、监督和考核。要突出重点领域,在先进制造业、现代服务业等技术技能人才紧缺领域抓紧启动试点,源源不断为各行各业培养亿万高素质的产业生力军。要结合1＋X证书制度试点,探索建设"学分银行",探索构建符合国情的国家资历框架,有序开展学历证书和职业技能等级证书所体现的学习成果的认定、积累和转换,加快学历证书和职业技能等级证书互通衔接,为技术技能人才持续成长拓宽通道。

(四)完善有利于职业教育发展的相关配套政策

要支持企业和社会力量兴办职业教育,会同有关部门制定落实产教融合型企业认证和组合式激励政策,鼓励有条件的企业特别是大型企业举办高质量职业教育。要建设一批示范性职业教育集团(联盟),建设一批高水平职业教育实训基地。要建立民办职业教育负面清单制度,鼓励发展股份制、混合所有制等职业院校和各类培训机构。要完善"文化素质＋职业技能"的考试招生办法,为学生接受高等职业教育提供多种入学方式和学习方式。要在中央财政大幅增加对职业教育投入的同时,督促地方落实职业教育经费投入机制,加强地方财政支持力度,新增教育经费要向职业教育倾斜。

(五)厚植各方支持职业教育的良好环境

要加强党对职业教育工作的全面领导,充分发挥党组织在职业院校的领导核心和政治核心作用,将党建工作与学校事业发展同部署、同落实、同考评。要牵头落实好国务院职业教育工作部际联席会议制度各项职责,做好职业教育工作的统筹规划、综合协调、宏观管理,形成政策合力。要组建国家职业教育指导咨询委员会,为职业教育改革提供重大政策咨询。要持续办好职业教育活动周等活动,多渠道总结提炼和宣传推介优秀案例,讲好职教故事,培育和传承好工匠精神。

三、扎实做好全面深化职业教育改革组织实施工作

教育战线要把学习贯彻落实"职教 20 条"精神,作为当前和今后一个时期教育工作的重要任务,按照全国深化职业教育改革电视电话会议要求,周密部署、统一安排、逐项落实、压实责任,确保新时代职业教育改革发展各项任务落到实处。

(一)加强学习宣传

各地教育行政部门要制订学习宣传和贯彻落实方案,按照"职教 20 条"逐项分解,确定任务分工,并及时向本地党委和政府汇报,列入党委和政府专题研究和重点部署的工作内容,推动地方全面加强对职业教育工作的领导,研究提出本地区职业教育改革发展思路、战略和重点工作,提出深化改革、开展试点等的具体方案。各地要迅速掀起宣传研究"职教 20 条"精神的热潮,教育行政部门要在地方主流媒体和各种新兴媒体主动发声,主要负责人、分管负责人要撰写专题文章、主动解读宣讲,职业院校、行业企业、研究机构等开展学习交流、课题研究和宣传解读。要组织职业院校广大干部和师生员工通过多种方式深入

学习领会,形成思想共识。要联系地方主流媒体广泛宣传职业教育方针政策、经验做法、成果贡献等,营造有利于改革发展的良好氛围。

(二)抓好重点任务

各省级教育行政部门要抓紧推动分省签订部省落实职业教育改革发展备忘录。要组织实施好重点项目,体现改革导向,抓好中国特色高水平高职学校和专业建设计划、高水平实训基地建设、产教融合建设试点、薄弱学校改善基本办学条件、应用型本科高校转型、本科层次职业教育试点、1＋X证书制度试点、职业培训、课程和教材建设、"双师型"教师队伍建设、"数字校园"建设、示范性职业教育集团(联盟)建设、"鲁班工坊"项目等。要注意提炼总结,形成一批可复制、可推广的典型经验,不断完善国家顶层设计与地方实践协同推进的工作机制。

(三)强化实施考核

各级教育行政部门要切实负起统筹规划、综合协调和宏观管理职业教育的责任,推动区域职业教育发展。要完善地方职业教育工作联席会议制度,加强与发展改革、工业和信息化、财政、人力资源社会保障、农业农村、国资、扶贫、税务等有关单位联系,形成工作合力。要建立健全地方职业教育指导咨询机构,最大限度凝聚各方共识。要加强督促检查,压紧压实责任,并每半年向我部汇报进展情况。我部将会同有关单位,通过国务院大督查、教育督导等方式,对各地职业教育改革发展情况进行督查,督查结果将作为对地方政府工作考核的重要依据上报国务院,对真抓实干的地方进行重点激励。

各地学习贯彻情况、落实方案,请于2019年6月底前报我部,我部汇总后向国务院报告。

教育部
2019 年 5 月 6 日

教育部 财政部关于实施中国特色高水平高职学校和专业建设计划的意见

教职成〔2019〕5 号

各省、自治区、直辖市教育厅（教委）、财政厅（局），新疆生产建设兵团教育局、财政局：

为深入贯彻落实全国教育大会精神，落实《国家职业教育改革实施方案》，集中力量建设一批引领改革、支撑发展、中国特色、世界水平的高职学校和专业群，带动职业教育持续深化改革，强化内涵建设，实现高质量发展，现就实施中国特色高水平高职学校和专业建设计划（以下简称"双高计划"）提出如下意见。

一、总体要求

（一）指导思想

以习近平新时代中国特色社会主义思想为指导，牢固树立新发展理念，服务建设现代化经济体系和更高质量更充分就业需要，扎根中国、放眼世界、面向未来，强力推进产教融合、校企合作，聚焦高端产业和产业高端，重点支持一批优质高职学校和专业群率先发展，引领职业教育服务国家战略、融入区域发展、促进产业升级，为建设教育强国、人才强国作出重要贡献。

（二）基本原则

——坚持中国特色。扎根中国大地，全面贯彻党的教育方针，坚定社会主义办学方向,完善职业教育和培训体系,健全德技并修、工学结合的育人机制,服务新时代经济高质量发展,为中国产业走向全球产业中高端提供高素质技术技能人才支撑。

——坚持产教融合。创新高等职业教育与产业融合发展的运行模式,精准对接区域人才需求,提升高职学校服务产业转型升级的能力,推动高职学校和行业企业形成命运共同体,为加快建设现代产业体系,增强产业核心竞争力提供有力支撑。

——坚持扶优扶强。质量为先、以点带面,兼顾区域和产业布局,支持基础条件优良、改革成效突出、办学特色鲜明的高职学校和专业群率先发展,积累可复制、可借鉴的改革经验和模式,发挥示范引领作用。

——坚持持续推进。按周期、分阶段推进建设,实行动态管理、过程监测、有进有出、优胜劣汰,完善持续支持高水平高职学校和专业群建设的机制,实现高质量发展。

——坚持省级统筹。发挥地方支持职业教育改革发展的积极性和主动性,加大资金和政策保障力度。中央财政以奖补的形式通过相关转移支付给予引导支持。多渠道扩大资源供给,构建政府行业企业学校协同推进职业教育发展新机制。

(三)总体目标

围绕办好新时代职业教育的新要求,集中力量建设 50 所左右高水平高职学校和 150 个左右高水平专业群,打造技术技能人才培养高地和技术技能创新服务平台,支撑国家重点产业、区域支柱产业发展,引领新时代职业教育实现高质量发展。

到 2022 年,列入计划的高职学校和专业群办学水平、服务能力、国际影响显著提升,为职业教育改革发展和培养千万计的高素质技术技能人才发挥示范引领作用,使职业教育成为支撑国家战略和地方经济社会发展的重要力量。形成一批有效支撑职业教育高质量发展的政策、制度、标准。

到 2035 年,一批高职学校和专业群达到国际先进水平,引领职业教育实现现代化,为促进经济社会发展和提高国家竞争力提供优质人才资源支撑。职业教育高质量发展的政策、制度、标准体系更加成熟完善,形成中国特色职业教育发展模式。

二、改革发展任务

(四)加强党的建设

深入推进习近平新时代中国特色社会主义思想进教材进课堂进头脑,大力开展理想信念教育和社会主义核心价值观教育,构建全员全过程全方位育人的思想政治工作格局,实现职业技能和职业精神培养高度融合。落实党委领导下的校长负责制,充分发挥党组织在学校的领导核心和政治核心作用,牢牢把握意识形态主动权,引导广大师生树牢"四个意识"、坚定"四个自信"、坚决做到"两个维护"。加强基层党组织建设,将党的建设与学校事业发展同部署、同落实、同考评,有效发挥基层党组织战斗堡垒作用和共产党员先锋模范作用,带动学校工会、共青团等群团组织和学生会组织建设,为学校改革发展提供坚强组织保证。

(五)打造技术技能人才培养高地

落实立德树人根本任务,将社会主义核心价值观教育贯穿技术技能人才培养全过程。坚持工学结合、知行合一,加强学生认知能力、合作能力、创新能力和职业能力培养。加强劳动教育,以劳树德、以劳增智、以劳强体、以劳育美。培育和传承工匠精神,引导学生养成严谨专注、敬业专业、精益求精和追求卓越的品质。深化复合型技术技能人才培养培训模式改革,率先开展"学历证书+若干职业技能等级证书"制度试点。在全面提高质量的基础上,着力培养一批产业急需、技艺高超的高素质技术技能人才。

(六)打造技术技能创新服务平台

对接科技发展趋势,以技术技能积累为纽带,建设集人才培养、团队建设、技术服务于一体,资源共享、机制灵活、产出高效的人才培养与技术创新平台,促进创新成果与核心技术产业化,重点服务企业特别是中小微企业的技术研发和产品升级。加强与地方政府、产业园区、行业深度合作,建设兼具科技攻关、智库咨询、英才培养、创新创业功能,体现学校特色的产教融合平台,服务区域发展和产业转型升级。进一步提高专业群集聚度和配套供给服务能力,与行业领先企业深度合作,建设兼具产品研发、工艺开发、技术推广、大师培育功能的技术技能平台,服务重点行业和支柱产业发展。

(七)打造高水平专业群

面向区域或行业重点产业,依托优势特色专业,健全对接产业、动态调整、自我完善的专业群建设发展机制,促进专业资源整合和结构优化,发挥专业群的集聚效应和服务功能,实现人才培养供给侧和产业需求侧结构要素全方位融合。校企共同研制科学规范、国际可借鉴的人才培养方案和课程标准,将新技术、新工艺、新规范等产业先进元素纳入教学标准和教学内容,建设开放共享的专业群课程教学资源和实践教学基地。组建高水平、结构化教师教学创新团队,探索教师分工协作的模块化教学模式,深化教材与教法改革,推动课堂革命。建立健全多方协同的专业群可持续发展保障机制。

(八)打造高水平双师队伍

以"四有"标准打造数量充足、专兼结合、结构合理的高水平双师队伍。培育引进一批行业有权威、国际有影响的专业群建设带头人,着力培养一批能够改进企业产品工艺、解决生产技术难题的骨干教师,合力培育一批具有绝技绝艺的技术技能大师。聘请行业企业领军人才、大师名匠兼职任教。建立健全教师职前培养、入职培训和在职研修体系。建设教师发展中心,提升教师教学和科研能力,促进教师职业发展。创新教师评价机制,建立以业绩贡献和能力水平为导向、以目标管理和目标考核为重点的绩效工资动态调整机制,实现多劳多得、优绩优酬。

(九)提升校企合作水平

与行业领先企业在人才培养、技术创新、社会服务、就业创业、文化传承等方面深度合作,形成校企命运共同体。把握全球产业发展、国内产业升级的新机遇,主动参与供需对接和流程再造,推动专业建设与产业发展相适应,实质推进协同育人。施行校企联合培养、双主体育人的中国特色现代学徒制。推行面向企业真实生产环境的任务式培养模式。牵头组建职业教育集团,推进实体化运作,实现资源共建共享。吸引企业联合建设产业学院和企业工作室、实验室、创新基地、实践基地。

(十)提升服务发展水平

培养适应高端产业和产业高端需要的高素质技术技能人才,服务中国产业走向全球产业中高端。以应用技术解决生产生活中的实际问题,切实提高生产效率、产品质量和服务品质。加强新产品开发和技术成果的推广转化,推动中小企业的技术研发和产品升级,促进民族传统工艺、民间技艺传承创新。面向脱贫攻坚主战场,积极吸引贫困地区学生到"双高计划"学校就学。服务乡村振兴战略,广泛开展面向农业农村的职业教育和培训。面向区域经济社会发展急需紧缺领域,大力开展高技能人才培训。积极主动开展职工继续教育,拓展社区教育和终身学习服务。

(十一)提升学校治理水平

健全内部治理体系,完善以章程为核心的现代职业学校制度体系,形成学校自主管理、自我约束的体制机制,推进治理能力现代化。健全学校、行业、企业、社区等共同参与的学校理事会或董事会,发挥咨询、协商、议事和监督作用。设立校级学术委员会,统筹行使学术事务的决策、审议、评定和咨询等职权。设立校级专业建设委员会和教材选用委员会,指导和促进专业建设和教学改革。发挥教职工代表大会作用,审议学校重大问题。优化内部治理结构,扩大二级院系管理自主权,发展跨专业教学组织。

(十二)提升信息化水平

加快智慧校园建设,促进信息技术和智能技术深度融入教育教学和管理服务全过程,改进教学、优化管理、提升绩效。消除信息孤岛,保证信息安全,综合运用大数据、人工智能等手段推进学校管理方式变革,提升管理效能和水平。以"信息技术＋"升级传统专业,及时发展数字经济催生的新兴专业。适应"互联网＋职业教育"需求,推进数字资源、优秀师资、教育数据共建共享,助力教育服务供给模式升级。提升师生信息素养,建设智慧课堂和虚拟工厂,广泛应用线上线下混合教学,促进自主、泛在、个性化学习。

(十三)提升国际化水平

加强与职业教育发达国家的交流合作,引进优质职业教育资源,参与制订职业教育国际标准。开发国际通用的专业标准和课程体系,推出一批具有国际影响的高质量专业标准、课程标准、教学资源,打造中国职业教育国际品牌。积极参与"一带一路"建设和国际产能合作,培养国际化技术技能人才,促进中外人文交流。探索援助发展中国家职业教育的渠道和模式。开展国际职业教育服务,承接"走出去"中资企业海外员工教育培训,建设一批鲁班工坊,推动技术技能人才本土化。

三、组织实施

(十四)建立协同推进机制

国家有关部门负责宏观布局、统筹协调、经费管理等顶层设计,围绕经济社会发展和国家战略需要,适时调整建设重点,成立项目建设咨询专家委员会,为重大政策、总体方案、审核立项、监督评价等提供咨询和支撑。各地要加强政策支持和经费保障,动员各方力量支持项目建设,对接区域经济社会发展需求,构建以"双高计划"学校为引领,区域内高职学校协调发展的格局。"双高计划"学校要深化改革创新,聚焦建设任务,科学编制建设方案和任务书,健全责任机制,扎实推进建设,确保工作成效。

(十五)加强项目实施管理

"双高计划"每五年一个支持周期,2019年启动第一轮建设。制定项目遴选管理办法,明确遴选条件和程序,公开申请、公平竞争、公正认定。项目遴选坚持质量为先、改革导向，以学校、专业的客观发展水平为基础，对职业教育发展环境好、重点工作推进有力、改革成效明显的省（区、市）予以倾斜支持。制定项目绩效评价办法，建立信息采集与绩效管理系统，实行年度评价项目建设绩效，中期调整项目经费支持额度；依据周期绩效评价结果，调整项目建设单位。发挥第三方评价作用，定期跟踪评价。建立信息公开公示网络平台，接受社会监督。

（十六）健全多元投入机制

各地新增教育经费向职业教育倾斜，在完善高职生均拨款制度、逐步提高生均拨款水平的基础上，对"双高计划"学校给予重点支持，中央财政通过现代职业教育质量提升计划专项资金对"双高计划"给予奖补支持，发挥引导作用。有关部门和行业企业以共建、共培等方式积极参与项目建设。项目学校以服务求发展，积极筹集社会资源，增强自我造血功能。

（十七）优化改革发展环境

各地要结合区域功能、产业特点探索差别化的职业教育发展路径，建立健全产教对接机制，促进人才培养与产业需求有机衔接。加大"双高计划"学校的支持力度，在领导班子、核定教师编制、高级教师岗位比例、绩效工资总量等方面按规定给予政策倾斜。深入推进"放管服"改革，在专业设置、内设机构及岗位设置、进人用人、经费使用管理上进一步扩大学校办学自主权。建立健全改革创新容错纠错机制，鼓励"双高计划"学校大胆试、大胆闯，激发和保护干部队伍敢于担当、干事创业的积极性、主动性、创造性。

教育部　财政部
2019 年 3 月 29 日

教育部等四部门印发《关于在院校实施"学历证书＋若干职业技能等级证书"制度试点方案》的通知

教职成〔2019〕6号

各省、自治区、直辖市教育厅（教委）、发展改革委、财政厅（局）、市场监管局，新疆生产建设兵团教育局、发展改革委、财政局、市场监管局，有关单位：

为深入贯彻党的十九大精神，按照全国教育大会部署和落实《国家职业教育改革实施方案》（简称"职教20条"）要求，教育部会同国家发展改革委、财政部、市场监管总局制定了《关于在院校实施"学历证书＋若干职业技能等级证书"制度试点方案》（以下简称《方案》），启动"学历证书＋若干职业技能等级证书"（简称1＋X证书）制度试点工作。现将《方案》印发给你们，请结合本地区、本部门实际情况组织实施。

教育部　国家发展改革委
财政部　市场监管总局
2019年4月4日

关于在院校实施"学历证书＋若干职业技能等级证书"制度试点方案

按照国务院印发的《国家职业教育改革实施方案》（简称"职教20条"）要求，经国务院职业教育工作部际联席会议研究通过，现就在院校实施"学历证书＋若干职业技能等级证书"制度试点，制定以下工作方案。

一、总体要求

（一）指导思想和基本原则

以习近平新时代中国特色社会主义思想为指导，深入贯彻落实全国教育大会部署，完善职业教育和培训体系，按照高质量发展要求，坚持以学生为中心，深化复合型技术技能人才培养培训模式和评价模式改革，提高人才培养质量，畅通技术技能人才成长通道，拓展就业创业本领。

坚持政府引导、社会参与，育训结合、保障质量，管好两端、规范中间，试点先行、稳步推进的原则。加强政府统筹规划、政策支持、监督指导，引导社会力量积极参与职业教育与培训。落实职业院校学历教育和培训并举并重的法定职责，坚持学历教育与职业培训相结合，促进书证融通。严把证书标准和人才质量两个关口，规范培养培训过程。从试点做起，用改革的办法稳步推进，总结经验、完善机制、防控风险。

（二）目标任务

自 2019 年开始，重点围绕服务国家需要、市场需求、学生就业能力提升，从 10 个左右领域做起，启动 1＋X 证书制度试点工作。落实"放管服"改革要求，以社会化机制招募职业教育培训评价组织（以下简称培训评价组织），开发若干职业技能等级标准和证书。有关院校将 1＋X 证书制度试点与专业建设、课程建设、教师队伍建设等紧密结合，推进"1"和"X"的有机衔接，提升职业教育质量和学生就业能力。通过试点，深化教师、教材、教法"三教"改革；促进校企合作；建好用好实训基地；探索建设职业教育国家"学分银行"，构建国家资历框架。

二、试点内容

(一)培育培训评价组织

培训评价组织作为职业技能等级证书及标准的建设主体,对证书质量、声誉负总责,主要职责包括标准开发、教材和学习资源开发、考核站点建设、考核颁证等,并协助试点院校实施证书培训。按照在已成熟的品牌中遴选一批、在成长中的品牌中培育一批、在有关评价证书缺失的领域中规划准备一批的原则,面向实施职业技能水平评价相关工作的社会评价组织,以社会化机制公开招募并择优遴选参与试点。试点本着严格控制数量,扶优、扶大、扶强的原则逐步推开。地方有关部门、行业组织要热心支持培训评价组织建设和发展,不得违规收取或变相收取任何费用。

(二)开发职业技能等级证书

职业技能等级证书以社会需求、企业岗位(群)需求和职业技能等级标准为依据,对学习者职业技能进行综合评价,如实反映学习者职业技术能力,证书分为初级、中级、高级。培训评价组织按照相关规范,联合行业、企业和院校等,依据国家职业标准,借鉴国际国内先进标准,体现新技术、新工艺、新规范、新要求等,开发有关职业技能等级标准。国务院教育行政部门根据国家标准化工作要求设立有关技术组织,做好职业教育与培训标准化工作的顶层设计,创新标准建设机制,编制标准化工作指南,指导职业技能等级标准开发。试点实践中充分发挥培训评价组织的作用,鼓励其不断开发更科学、更符合社会实际需要的职业技能等级标准和证书。

（三）融入专业人才培养

院校是1+X证书制度试点的实施主体。中等职业学校、高等职业学校可结合初级、中级、高级职业技能等级开展培训评价工作，本科层次职业教育试点学校、应用型本科高校及国家开放大学可根据专业实际情况选择。试点院校要根据职业技能等级标准和专业教学标准要求，将证书培训内容有机融入专业人才培养方案，优化课程设置和教学内容，统筹教学组织与实施，深化教学方式方法改革，提高人才培养的灵活性、适应性、针对性。试点院校可以通过培训、评价使学生获得职业技能等级证书，也可探索将相关专业课程考试与职业技能等级考核统筹安排，同步考试（评价），获得学历证书相应学分和职业技能等级证书。深化校企合作，坚持工学结合，充分利用院校和企业场所、资源，与评价组织协同实施教学、培训。加强对有关领域校企合作项目与试点工作的统筹。

（四）实施高质量职业培训

试点院校要结合职业技能等级证书培训要求和相关专业建设，改善实训条件，盘活教学资源，提高培训能力，积极开展高质量培训。根据社会、市场和学生技能考证需要，对专业课程未涵盖的内容或需要特别强化的实训，组织开展专门培训。试点院校在面向本校学生开展培训的同时，积极为社会成员提供培训服务。社会成员自主选择证书类别、等级，在试点院校内、外进行培训。新入校园证书必须通过遴选渠道，已取消的职业资格证书不得再引入。教育行政部门、院校要建立健全进入院校内的各类证书的质量保障机制，杜绝乱培训、滥发证，保障学生权益，有关工作另行安排。

(五)严格职业技能等级考核与证书发放

培训评价组织负责职业技能等级考核与证书发放。考核内容要反映典型岗位(群)所需的职业素养、专业知识和职业技能,体现社会、市场、企业和学生个人发展需求。考核方式要灵活多样,强化对完成典型工作任务能力的考核。考核站点一般应设在符合条件的试点院校。要严格考核纪律,加强过程管理,推进考核工作科学化、标准化、规范化。要建立健全考核安全、保密制度,强化保障条件,加强考点(考场)和保密标准化建设。通过考核的学生和社会人员取得相应等级的职业技能等级证书。

(六)探索建立职业教育国家"学分银行"

国务院教育行政部门探索建立职业教育"学分银行"制度,研制相关规范,建设信息系统,对学历证书和职业技能等级证书所体现的学习成果进行登记和存储,计入个人学习账号,尝试学习成果的认定、积累与转换。学生和社会成员在按规定程序进入试点院校接受相关专业学历教育时,可按规定兑换学分,免修相应课程或模块,促进学历证书与职业技能等级证书互通。研究探索构建符合国情的国家资历框架。

(七)建立健全监督、管理与服务机制

建立职业技能等级证书和培训评价组织监督、管理与服务机制。建设培训评价组织遴选专家库和招募遴选管理办法。本着公正公平公开的原则进行公示公告。建立监督管理制度,教育行政部门和职业教育指导咨询委员会要加强对职业技能等级证书有关工作的指导,定期开展"双随机、一公开"的抽查和监督。对培训评价组织行为和院校培训质量进行监测和评估。培训评价组织的行为同时接受学校、社会、

学生、家长等的监督评价。院校和学生自主选择 X 证书,同时加强引导,避免出现片面的"考证热"。

三、试点范围及进度安排

(一)试点范围

面向现代农业、先进制造业、现代服务业、战略性新兴产业等 20 个技能人才紧缺领域,率先从 10 个左右职业技能领域做起。省级教育行政部门根据有关要求对符合条件的申报院校进行备案。试点院校以高等职业学校、中等职业学校(不含技工学校)为主,本科层次职业教育试点学校、应用型本科高校及国家开放大学等积极参与,省级及以上示范(骨干、优质)高等职业学校和"中国特色高水平高职学校和专业建设计划"入选学校要发挥带头作用。

(二)进度安排

2019 年首批启动五个领域试点,已确定的五个培训评价组织对接试点院校,并启动有关信息化平台建设;陆续启动其他领域试点工作。2020 年下半年,做好试点工作阶段性总结,研究部署下一步工作。

四、组织实施

(一)明确组织分工

国务院教育行政部门负责做好 1+X 证书制度试点工作的整体规划、部署和宏观指导,对院校职业技能等级证书的实施工作负监督管理职责。国务院市场监督管理部门(国家标准化管理委员会)负责协调指导职业教育与培训标准化建设。各省级教育行政部门主要负责指导本区域 1+X 证书制度试点工作,会同省级有关部门研究制定支持激励教师参与试点工作的有关政策,将参与职业技能等级证书培训与考核相关工作列入教师和教学管理人员工作量范畴,帮助协调解决试点中出现的新情况、新问题。省级有关职能部门负责研究确定证书培训考核收费管理相关政策。试点院校党委要加强对试点工作的领导,按有关规定加大资源统筹调配力度。

(二)强化基础条件保障

各省(区、市)在政策、资金和项目等方面向参与实施试点的院校倾斜,支持学校教学实训资源与培训考核资源共建共享,推动学校建好用好学校自办、学校间联办、与企业合办、政府开办等各种类型的实训基地。要吸引社会投资进入职业教育培训领域。通过政府和社会资本合作(PPP 模式)等方式,积极支持社会资本参与实训基地建设和运营。产教融合实训基地和产教融合型企业要积极参与实施培训。

(三)加强师资队伍建设

各省(区、市)和试点院校要加强专兼结合的师资队伍建设,打造能够满足教学与培训需求的教学创新团队,促进教育培训质量全面提升。要将职业技能等级证书有关师资培训纳入职业院校教师素质提高计划项目。培训评价组织要组建来自行业企业、院校和研究机构的高素质专家队伍,面向试点院校定期开展师资培训和交流,提高教师实施教学、培训和考核评价能力。

(四)建立健全投入机制

中央财政建立奖补机制,通过相关转移支付对各省 1+X 证书制度试点工作予以奖补。各省(区、市)要加大资金投入,重点支持深化职业教育教学改革、加强技术技能人才培养培训等方面,并通过政府购买服务等方式支持开展职业技能等级证书培训和考核工作。参加职业技能等级证书考核的建档立卡等家庭经济困难学生免除有关考核费用。凡未纳入1＋X证书制度试点范围的培训、评价、认证等,不享受试点有关经费支持。

（五）加强信息化管理与服务

建设1＋X证书信息管理服务平台,开发集政策发布、过程监管、证书查询、监督评价等功能的权威性信息系统。参与1＋X证书制度试点的学生,获取的职业技能等级证书都将进入服务平台,与职业教育国家学分银行个人学习账户系统对接,记录学分,并提供网络公开查询等社会化服务,便于用人单位识别和学生就业。运用大数据、云计算、移动互联网、人工智能等信息技术,提升证书考核、培训及管理水平,充分利用新技术平台,开展在线服务,提升学习者体验。

国家发展改革委 教育部关于印发
《建设产教融合型企业实施办法(试行)》的通知

发改社会〔2019〕590号

各省、自治区、直辖市及计划单列市、新疆生产建设兵团发展改革委、教育厅(教委、教育局),各中央企业:

经国务院职业教育工作部际联席会议审议通过,现将《建设产教融合型企业实施办法(试行)》印发给你们,请认真遵照执行。

国家发展改革委

教　育　部

2019年3月28日

建设产教融合型企业实施办法(试行)

第一章　总　则

第一条　为深入贯彻党的十九大和全国教育大会精神,完善职业教育和培训体系,深化产教融合、校企合作,充分发挥企业在技术技能人才培养和人力资源开发中的重要主体作用,根据《加快推进教育现代化实施方案(2018—2022年)》《国家职业教育改革实施方案》要求,制定本办法。

第二条　本办法规定的产教融合型企业是指深度参与产教融合、校企合作,在职业院校、高等学校办学和深化改革中发挥重要主体作用,行为规范、成效显著,创造较大社会价值,对提升技术技能人才培养质量,增强吸引力和竞争力,具有较强带动引领示范效应的企业。

第三条　建设产教融合型企业，按照政府引导、企业自愿、平等择优、先建后认、动态实施的基本原则开展。

第四条　国家发展改革委、教育部会同相关部门共同负责建设产教融合型企业工作的政策统筹、组织管理和监督实施。

国家发展改革委、教育部将建设产教融合型企业纳入深化产教融合改革的整体制度安排，在国家产教融合建设试点中统筹推进，提出产教融合型企业的建设培育条件、认证标准、评价办法，指导各地建立产教融合型企业建设信息服务平台和信息储备库，做好建设产教融合型企业的日常管理工作。

人力资源社会保障部、工业和信息化部、财政部、国务院国资委等相关部门根据职能职责，配合做好产教融合型企业建设的政策支持和推进实施工作。

省级（含计划单列市，下同）发展改革部门、教育行政部门共同负责区域内建设产教融合型企业的组织申报、复核确认、建设培育、认证评价和日常管理工作。

第二章　建设培育条件

第五条　在中国境内注册成立的企业，通过独资、合资、合作等方式，利用资本、技术、知识、设施、管理等要素，依法举办或参与举办职业教育、高等教育，在实训基地、学科专业、教学课程建设和技术研发等方面稳定开展校企合作，并具备以下条件之一。

1.独立举办或作为重要举办者参与举办职业院校或高等学校；或者通过企业大学等形式，面向社会开展技术技能培训服务；或者参与组建行业性或区域性产教融合（职业教育）集团。

2.承担现代学徒制和企业新型学徒制试点任务；或者近3年内接收职业院校或高等学校学生（含军队院校专业技术学员）开展每年3个月以上实习实训累计达60人以上。

3.承担实施1＋X证书（学历证书＋职业技能等级证书）制度试点

任务。

4.与有关职业院校或高等学校开展有实质内容、具体项目的校企合作,通过订单班等形式共建 3 个以上学科专业点。

5.以校企合作等方式共建产教融合实训基地,或者捐赠职业院校教学设施设备等,近 3 年内累计投入 100 万元以上。

6.近 3 年内取得与合作职业院校共享的知识产权证明(发专利、实用新型专利、软件著作权等)。

第六条 重点建设培育主动推进制造业转型升级的优质企业,以及现代农业、智能制造、高端装备、新一代信息技术、生物医药、节能环保、新能源、新材料以及研发设计、数字创意、现代交通运输、高效物流、融资租赁、工程咨询、检验检测认证、电子商务、服务外包等急需产业领域企业,以及养老、家政、托幼、健康等社会领域龙头企业。优先考虑紧密服务国家重大战略,技术技能人才需求旺盛,主动加大人力资本投资,发展潜力大,履行社会责任贡献突出的企业。主营业务为教育培训服务的企业原则上不纳入建设培育范围。

第七条 企业无重大环保、安全、质量事故,具有良好信用记录,无涉税等违法违规经营行为。

第三章 建设实施程序

第八条 产教融合型企业的建设实施由国家发展改革委、教育部会同相关部门结合开展国家产教融合建设试点统筹部署。

第九条 省级行政区域内的企业按照自愿申报、复核确认、建设培育、认证评价等程序开展产教融合型企业建设实施。

1.自愿申报。省级发展改革、教育行政部门会同有关部门和有关城市人民政府,结合开展国家产教融合建设试点有关要求,组织辖区内符合建设培育条件的企业按照自愿申报并提交证明材料。省级发展改革、教育行政部门应建立产教融合型企业建设信息服务平台,实行网上申报、网上受理、网上办理。

2.复核确认。省级发展改革、教育行政部门组织行业主管部门和行业组织等有关方面,对辖区内申报企业进行复核,符合条件的纳入建设培育范围,列入产教融合型企业建设信息储备库,向全社会公示。

3.建设培育。国家发展改革委、教育部结合组织开展国家产教融合建设试点,指导各地开展产教融合型企业建设培育,鼓励支持企业多种方式参与举办教育,深度参与"引企入教"改革,推动学生到企业实习实训制度化、规范化,发挥企业办学重要主体作用,建立以企业为主体的协同创新和成果转化机制,提高企业职工在岗教育培训覆盖水平和质量。各地要有针对性地制定具体可操作的培育举措。建设培育企业要制订并向全社会公开发布产教融合、校企合作三年规划,并需经过至少1年的建设培育期。

4.认证评价。在各地推进试点工作基础上,教育部、国家发展改革委研究制定产教融合型企业认证标准和评价办法,指导省级政府出台具体实施办法,建立产教融合型企业认证目录,对纳入产教融合型企业建设信息储备库的企业进行逐年、分批认证,并定期向全社会公布推介。支持开展产教融合型企业第三方评价。

第十条 中央企业、全国性特大型民营企业整体申报建设国家产教融合型企业,由国家发展改革委、教育部会同相关部门部署实施。上述企业的下属企业或分支机构建设产教融合型企业的,按照属地管理原则实施。

第四章 支持管理措施

第十一条 纳入产教融合型企业建设信息储备库的建设培育企业,省级政府要落实国家支持企业参与举办职业教育的各项优惠政策,实行定期跟踪、跟进服务、确保落地;结合开展产教融合建设试点,在项目审批、购买服务、金融支持、用地政策等方面对建设培育企业给予便利的支持。

第十二条 进入产教融合型企业认证目录的企业,给予"金融+

财政＋土地＋信用"的组合式激励,并按规定落实相关税收政策。激励政策与企业投资兴办职业教育、接收学生实习实训、接纳教师岗位实践、开展校企深度合作、建设产教融合实训基地工作相挂钩,具体办法另行制定。

第十三条 进入产教融合型企业认证目录的企业,建立实施推进产教融合工作年报制度,报省级发展改革、教育行政部门备案,并按程序向全社会公示。

第十四条 进入产教融合型企业认证目录的企业,每3年由省级发展改革、教育行政部门对其进行资格复核,复核合格的继续确认其产教融合型企业资格,不合格的不再保留产教融合型企业资格。

第十五条 进入产教融合型企业认证目录的企业,有下列情况之一的,即取消其资格,且5年内不得再行申报。

1.在申请认证、年度报告或考核过程中弄虚作假,故意提供虚假不实信息的。

2.在资格期内发生重大环保、安全、质量事故,存在违法违规经营行为的。

3.侵犯学生人身权利或其他合法权利的。

4.列入失信联合惩戒对象名单的。

第五章 附 则

第十六条 本办法由国家发展改革委、教育部负责解释。

第十七条 本办法自发布之日起施行。

教育部关于职业院校专业人才培养方案
制订与实施工作的指导意见

教职成〔2019〕13 号

各省、自治区、直辖市教育厅(教委),各计划单列市教育局,新疆生产建设兵团教育局:

专业人才培养方案是职业院校落实党和国家关于技术技能人才培养总体要求,组织开展教学活动、安排教学任务的规范性文件,是实施专业人才培养和开展质量评价的基本依据。党的十八大以来,职业教育教学改革不断深化,具有中国特色的国家教学标准体系框架不断完善,职业院校积极对接国家教学标准,优化专业人才培养方案,创新人才培养模式,办学水平和培养质量不断提高。但在实际工作中还一定程度存在着专业人才培养方案概念不够清晰、制订程序不够规范、内容更新不够及时、监督机制不够健全等问题。为落实《国家职业教育改革实施方案》,推进国家教学标准落地实施,提升职业教育质量,现就职业院校专业人才培养方案制订与实施工作提出如下意见。

一、总体要求

(一)指导思想

以习近平新时代中国特色社会主义思想为指导,深入贯彻党的十九大精神,按照全国教育大会部署,落实立德树人根本任务,坚持面向市场、服务发展、促进就业的办学方向,健全德技并修、工学结合育人机制,构建德智体美劳全面发展的人才培养体系,突出职业教育的类型特点，深化产教融合、校企合作，推进教师、教材、教法改革，规范人才培养全过程，加快培养复合型技术技能人才。

（二）基本原则

——坚持育人为本，促进全面发展。全面推动习近平新时代中国特色社会主义思想进教材进课堂进头脑，积极培育和践行社会主义核心价值观。传授基础知识与培养专业能力并重，强化学生职业素养养成和专业技术积累，将专业精神、职业精神和工匠精神融入人才培养全过程。

——坚持标准引领，确保科学规范。以职业教育国家教学标准为基本遵循，贯彻落实党和国家在课程设置、教学内容等方面的基本要求，强化专业人才培养方案的科学性、适应性和可操作性。

——坚持遵循规律，体现培养特色。遵循职业教育、技术技能人才成长和学生身心发展规律，处理好公共基础课程与专业课程、理论教学与实践教学、学历证书与各类职业培训证书之间的关系，整体设计教学活动。

——坚持完善机制，推动持续改进。紧跟产业发展趋势和行业人才需求，建立健全行业企业、第三方评价机构等多方参与的专业人才培养方案动态调整机制，强化教师参与教学和课程改革的效果评价与激励，做好人才培养质量评价与反馈。

二、主要内容及要求

专业人才培养方案应当体现专业教学标准规定的各要素和人才培养的主要环节要求，包括专业名称及代码、入学要求、修业年限、职业面向、培养目标与培养规格、课程设置、学时安排、教学进程总体安排、实施保障、毕业要求等内容，并附教学进程安排表等。学校可根据区域经济社会发展需求、办学特色和专业实际制订专业人才培养方案,但须满足以下基本要求。

(一)明确培养目标。依据国家有关规定、公共基础课程标准和专业教学标准,结合学校办学层次和办学定位,科学合理确定专业培养目标,明确学生的知识、能力和素质要求,保证培养规格。要注重学用相长、知行合一,着力培养学生的创新精神和实践能力,增强学生的职业适应能力和可持续发展能力。

坚持把立德树人作为根本任务,不断加强学校思想政治工作,持续深化"三全育人"综合改革,把立德树人融入思想道德教育、文化知识教育、技术技能培养、社会实践教育各环节,推动思想政治工作体系贯穿教学体系、教材体系、管理体系,切实提升思想政治工作质量。

(二)规范课程设置。课程设置分为公共基础课程和专业(技能)课程两类。

1.严格按照国家有关规定开齐开足公共基础课程。中等职业学校应当将思想政治、语文、历史、数学、外语(英语等)、信息技术、体育与健康、艺术等列为公共基础必修课程,并将物理、化学、中华优秀传统文化、职业素养等课程列为必修课或限定选修课。高等职业学校应当将思想政治理论课、体育、军事课、心理健康教育等课程列为公共基础必修课程,并将马克思主义理论类课程、党史国史、中华优秀传统文化、职业发展与就业指导、创新创业教育、信息技术、语文、数学、外语、健康教育、美育课程、职业素养等列为必修课或限定选修课。

全面推动习近平新时代中国特色社会主义思想进课程,中等职业学校统一实施中等职业学校思想政治课程标准,高等职业学校按规定统一使用马克思主义理论研究和建设工程思政课、专业课教材。结合实习实训强化劳动教育,明确劳动教育时间,弘扬劳动精神、劳模精神,教育引导学生崇尚劳动、尊重劳动。推动中华优秀传统文化融入教育教学,加强革命文化和社会主义先进文化教育。深化体育、美育教学改革,促进学生身心健康,提高学生审美和人文素养。

根据有关文件规定开设关于国家安全教育、节能减排、绿色环保、金融知识、社会责任、人口资源、海洋科学、管理等人文素养、科学素养方面的选修课程、拓展课程或专题讲座(活动),并将有关知识融入专业教学和社会实践中。学校还应当组织开展劳动实践、创新创业实践、志愿服务及其他社会公益活动。

2.科学设置专业(技能)课程。专业(技能)课程设置要与培养目标相适应,课程内容要紧密联系生产劳动实际和社会实践,突出应用性和实践性,注重学生职业能力和职业精神的培养。一般按照相应职业岗位(群)的能力要求,确定6—8门专业核心课程和若干门专业课程。

(三)合理安排学时。三年制中职、高职每学年安排40周教学活动。三年制中职总学时数不低于3000,公共基础课程学时一般占总学时的1/3;三年制高职总学时数不低于2500,鼓励学生自主学习,公共基础课程学时应当不少于总学时的1/4。中、高职选修课教学时数占总学时的比例均应当不少于10%。一般以16—18学时计为1个学分。鼓励将学生取得的行业企业认可度高的有关职业技能等级证书或已掌握的有关技术技能,按一定规则折算为学历教育相应学分。

(四)强化实践环节。加强实践性教学,实践性教学学时原则上占总学时数50%以上。要积极推行认知实习、跟岗实习、顶岗实习等多种实习方式,强化以育人为目标的实习实训考核评价。学生顶岗实习时间一般为6个月,可根据专业实际,集中或分阶段安排。推动职业院校建好用好各类实训基地,强化学生实习实训。统筹推进文化育人、实践育人、活动育人,广泛开展各类社会实践活动。

(五)严格毕业要求。根据国家有关规定、专业培养目标和培养规格,结合学校办学实际,进一步细化、明确学生毕业要求。严把毕业出口关,确保学生毕业时完成规定的学时学分和教学环节,结合专业实际组织毕业考试(考核),保证毕业要求的达成度,坚决杜绝"清考"

行为。

（六）促进书证融通。鼓励学校积极参与实施1＋X证书制度试点，将职业技能等级标准有关内容及要求有机融入专业课程教学，优化专业人才培养方案。同步参与职业教育国家"学分银行"试点，探索建立有关工作机制，对学历证书和职业技能等级证书所体现的学习成果进行登记和存储，计入个人学习账号，尝试学习成果的认定、积累与转换。

（七）加强分类指导。鼓励学校结合实际，制订体现不同学校和不同专业类别特点的专业人才培养方案。对退役军人、下岗职工、农民工和新型职业农民等群体单独编班，在标准不降的前提下，单独编制专业人才培养方案，实行弹性学习时间和多元教学模式。实行中高职贯通培养的专业，结合实际情况灵活制订相应的人才培养方案。

三、制订程序

（一）规划与设计。学校应当根据本意见要求，统筹规划，制定专业人才培养方案制（修）订的具体工作方案。成立由行业企业专家、教科研人员、一线教师和学生（毕业生）代表组成的专业建设委员会，共同做好专业人才培养方案制（修）订工作。

（二）调研与分析。各专业建设委员会要做好行业企业调研、毕业生跟踪调研和在校生学情调研，分析产业发展趋势和行业企业人才需求，明确本专业面向的职业岗位（群）所需要的知识、能力、素质，形成专业人才培养调研报告。

（三）起草与审定。结合实际落实专业教学标准，准确定位专业人才培养目标与培养规格，合理构建课程体系、安排教学进程，明确教学内容、教学方法、教学资源、教学条件保障等要求。学校组织由行业企业、教研机构、校内外一线教师和学生代表等参加的论证会，对专业人才培养方案进行论证后,提交校级党组织会议审定。

(四)发布与更新。审定通过的专业人才培养方案,学校按程序发布执行,报上级教育行政部门备案,并通过学校网站等主动向社会公开,接受全社会监督。学校应建立健全专业人才培养方案实施情况的评价、反馈与改进机制,根据经济社会发展需求、技术发展趋势和教育教学改革实际,及时优化调整。

四、实施要求

(一)全面加强党的领导。加强党的领导是做好职业院校专业人才培养方案制订与实施工作的根本保证。职业院校在地方党委领导下,坚持以习近平新时代中国特色社会主义思想为指导,切实加强对专业人才培养方案制订与实施工作的领导。职业院校校级党组织会议和校长办公会要定期研究,书记、校长及分管负责人要经常性研究专业人才培养方案制订与实施。职业院校党组织负责人、校长是专业人才培养方案制订与实施的第一责任人,要把主要精力放到教育教学工作上来。

(二)强化课程思政。积极构建"思政课程+课程思政"大格局,推进全员全过程全方位"三全育人",实现思想政治教育与技术技能培养的有机统一。结合职业院校学生特点,创新思政课程教学模式。强化专业课教师立德树人意识,结合不同专业人才培养特点和专业能力素质要求,梳理每一门课程蕴含的思想政治教育元素,发挥专业课程承载的思想政治教育功能,推动专业课教学与思想政治理论课教学紧密结合、同向同行。

(三)组织开发专业课程标准和教案。要根据专业人才培养方案总体要求,制(修)订专业课程标准,明确课程目标,优化课程内容,规范教学过程,及时将新技术、新工艺、新规范纳入课程标准和教学内容。要指导教师准确把握课程教学要求，规范编写、严格执行教案，做好课程总体设计，按程序选用教材，合理运用各类教学资源，做好教学组织实施。

（四）深化教师、教材、教法改革。建设符合项目式、模块化教学需要的教学创新团队，不断优化教师能力结构。健全教材选用制度，选用体现新技术、新工艺、新规范等的高质量教材，引入典型生产案例。总结推广现代学徒制试点经验，普及项目教学、案例教学、情境教学、模块化教学等教学方式，广泛运用启发式、探究式、讨论式、参与式等教学方法，推广翻转课堂、混合式教学、理实一体教学等新型教学模式，推动课堂教学革命。加强课堂教学管理，规范教学秩序，打造优质课堂。

（五）推进信息技术与教学有机融合。适应"互联网＋职业教育"新要求，全面提升教师信息技术应用能力，推动大数据、人工智能、虚拟现实等现代信息技术在教育教学中的广泛应用，积极推动教师角色的转变和教育理念、教学观念、教学内容、教学方法以及教学评价等方面的改革。加快建设智能化教学支持环境，建设能够满足多样化需求的课程资源，创新服务供给模式，服务学生终身学习。

（六）改进学习过程管理与评价。严格落实培养目标和培养规格要求，加大过程考核、实践技能考核成绩在课程总成绩中的比重。严格考试纪律，健全多元化考核评价体系，完善学生学习过程监测、评价与反馈机制，引导学生自我管理、主动学习，提高学习效率。强化实习、实训、毕业设计（论文）等实践性教学环节的全过程管理与考核评价。

五、监督与指导

国务院教育行政部门负责定期修订发布中职、高职专业目录，制订发布职业教育国家教学标准，宏观指导专业人才培养方案制订与实施工作。省级教育行政部门要结合区域实际进一步提出指导意见或具体要求,推动国家教学标准落地实施;要建立抽查制度,对本地区职业院校专业人才培养方案制订、公开和实施情况进行定期检查评价,并公布检查结果。市级教育行政部门负责指导、检查、监督本地区中等职业学校专业人才培养方案制订与实施工作,并做好备案和汇总。充分发挥地方职业教育教研机构的研究咨询作用,组织开展有关交流研讨活动,指导和参与本地区职业院校专业人才培养方案制订工作。鼓励产教融合型企业、产教融合实训基地等参与专业人才培养方案的制订和实施,发挥行业、企业、家长等的作用,形成多元监督机制。

《教育部关于制定中等职业学校教学计划的原则意见》(教职成〔2009〕2号)、《关于制订高职高专教育专业教学计划的原则意见》(教高〔2000〕2号)自本意见印发之日起停止执行。

教育部
2019 年 6 月 5 日

教育部等四部门关于印发《深化新时代职业教育"双师型"教师队伍建设改革实施方案》的通知

教师〔2019〕6 号

各省、自治区、直辖市教育厅(教委)、发展改革委、财政厅(局)、人力资源社会保障厅(局),新疆生产建设兵团教育局、发展改革委、财政局、人力资源社会保障局:

现将《深化新时代职业教育"双师型"教师队伍建设改革实施方案》印发给你们,请结合实际认真贯彻执行。

教育部　国家发展改革委

财政部　人力资源社会保障部

2019 年 8 月 30 日

深化新时代职业教育"双师型"教师队伍建设改革实施方案

教师队伍是发展职业教育的第一资源,是支撑新时代国家职业教育改革的关键力量。建设高素质"双师型"教师队伍(含技工院校"一体化"教师,下同)是加快推进职业教育现代化的基础性工作。改革开放以来特别是党的十八大以来,职业教育教师培养培训体系基本建成,教师管理制度逐步健全,教师地位待遇稳步提高,教师素质能力显著提升,为职业教育改革发展提供了有力的人才保障和智力支撑。但是,与新时代国家职业教育改革的新要求相比,职业教育教师队伍还存在着数量不足、来源单一、校企双向流动不畅、结构性矛盾突出、管理体制机制不灵活、专业化水平偏低的问题,尤其是同时具备理论教学和实践教学能力的"双师型"教师和教学团队短缺,已成为制约职业教育改革发展的瓶颈。为贯彻落实《中共中央 国务院关于全面深化新时代教师队伍建设改革的意见》和《国家职业教育改革实施方案》,深化职业院校教师队伍建设改革,培养造就高素质"双师型"教师队伍,特制定《深化新时代职业教育"双师型"教师队伍建设改革实施方案》。

总体要求与目标:坚持以习近平新时代中国特色社会主义思想为指导,贯彻落实习近平总书记关于教育工作的重要论述,把教师队伍建设作为基础性工作来抓,支撑职业教育改革发展,落实立德树人根本任务,加强师德师风建设,突出"双师型"教师个体成长和"双师型"教学团队建设相结合,提高教师教育教学能力和专业实践能力,优化专兼职教师队伍结构,大力提升职业院校"双师型"教师队伍建设水平,为实现我国职业教育现代化、培养大批高素质技术技能人才提供有力的师资保障。

经过5—10年时间,构建政府统筹管理、行业企业和院校深度融合的教师队伍建设机制,健全中等和高等职业教育教师培养培训体系,打通校企人员双向流动渠道,"双师型"教师和教学团队数量充足,双师结构明显改善。建立具有鲜明特色的"双师型"教师资格准入、聘用考核制度,教师职业发展通道畅通,待遇和保障机制更加完善,职业教育教师吸引力明显增强,基本建成一支师德高尚、技艺精湛、专兼结合、充满活力的高素质"双师型"教师队伍。

具体目标:到2022年,职业院校"双师型"教师占专业课教师的比例超过一半,建设100家校企合作的"双师型"教师培养培训基地和100个国家级企业实践基地,选派一大批专业带头人和骨干教师出国研修访学,建成360个国家级职业教育教师教学创新团队,教师按照国家职业标准和教学标准开展教学、培训和评价的能力全面提升,教师分工协作进行模块化教学的模式全面实施,有力保障1+X证书制度试点工作,辐射带动各地各校"双师型"教师队伍建设,为全面提高复合型技术技能人才培养质量提供强有力的师资支撑。

一、建设分层分类的教师专业标准体系

教师标准是对教师素养的基本要求。没有标准就没有质量。适应以智能制造技术为核心的产业转型升级需要,促进教育链、人才链与产业链、创新链有效衔接。建立中等和高等职业教育层次分明,覆盖公共课、专业课、实践课等各类课程的教师专业标准体系。修订《中等职业学校教师专业标准(试行)》和《中等职业学校校长专业标准》,研制高等职业学校、应用型本科高校的教师专业标准。通过健全标准体系,规范教师培养培训、资格准入、招聘聘用、职称评聘、考核评价、薪酬分配等环节,推动教师聘用管理过程科学化。引进第三方职教师资质量评价机构,不断完善职业教育教师评价标准体系,提高教师队伍专业化水平。

二、推进以双师素质为导向的新教师准入制度改革

完善职业教育教师资格考试制度,在国家教师资格考试中,强化专业教学和实践要求,按照专业大类(类)制定考试大纲、建设试题库、开展笔试和结构化面试。建立高层次、高技能人才以直接考察方式公开招聘的机制。加大职业院校选人用人自主权。聚焦专业教师双师素质构成,强化新教师入职教育,结合新教师实际情况,探索建立新教师为期 1 年的教育见习与为期 3 年的企业实践制度,严格见习期考核与选留环节。自 2019 年起,除持有相关领域职业技能等级证书的毕业生外,职业院校、应用型本科高校相关专业教师原则上从具有 3 年以上企业工作经历并具有高职以上学历的人员中公开招聘;自 2020 年起,除

"双师型"职业技术师范专业毕业生外,基本不再从未具备3年以上行业企业工作经历的应届毕业生中招聘,特殊高技能人才(含具有高级工以上职业资格或职业技能等级人员)可适当放宽学历要求。

三、构建以职业技术师范院校为主体、产教融合的多元培养培训格局

优化结构布局,加强职业技术师范院校和高校职业技术教育(师范)学院建设,支持高水平工科大学举办职业技术师范教育,开展在职教师的双师素质培训进修。实施职业技术师范类专业认证。建设100家校企合作的"双师型"教师培养培训基地和100个国家级企业实践基地,明确资质条件、建设任务、支持重点、成果评价。校企共建职业技术师范专业能力实训中心,办好一批一流职业技术师范院校和一流职业技术师范专业。健全普通高等学校与地方政府、职业院校、行业企业联合培养教师机制,发挥行业企业在培养"双师型"教师中的重要作用。鼓励高校以职业院校毕业生和企业技术人员为重点培养职业教育教师,完善师范生公费教育、师范院校接收职业院校毕业生培养、企业技术人员学历教育等多种培养形式。加强职业教育学科教学论师资队伍建设。支持高校扩大职业技术教育领域教育硕士专业学位研究生招生规模,探索本科与硕士教育阶段整体设计、分段考核、有机衔接的人才培养模式,推进职业技术教育领域博士研究生培养,推动高校联合行业企业培养高层次"双师型"教师。

四、完善"固定岗十流动岗"的教师资源配置新机制

在现有编制总量内,盘活编制存量,优化编制结构,向"双师型"教师队伍倾斜。推进地方研究制定职业院校人员配备规范,促进教师规

模、质量、结构适应职业教育改革发展需要。根据职业院校、应用型本科高校及其专业特点,优化岗位设置结构,适当提高中、高级岗位设置比例。优化教师岗位分类,落实教师从教专业大类(类)和具体专业归属,明确教师发展定位。建立健全职业院校自主聘任兼职教师的办法。设置一定比例的特聘岗位,畅通高层次技术技能人才兼职从教渠道,规范兼职教师管理。实施现代产业导师特聘岗位计划,建设标准统一、序列完整、专兼结合的实践导师队伍,推动形成"固定岗+流动岗"、双师结构与双师素质兼顾的专业教学团队。

五、建设"国家工匠之师"引领的高层次人才队伍

实施职业院校教师素质提高计划,分级打造师德高尚、技艺精湛、育人水平高超的教学名师、专业带头人、青年骨干教师等高层次人才队伍。通过跟岗访学、顶岗实践等方式,重点培训数以万计的青年骨干教师。加强专业带头人领军能力培养,为职业院校教师教学创新团队培育一大批首席专家。建立国家杰出职业教育专家库及其联系机制。建设1000个国家级"双师型"名师工作室和1000个国家级教师技艺技能传承创新平台。面向战略性新兴产业和先进制造业人才需要,打造一批覆盖重点专业领域的"国家工匠之师"。在国家级教学成果奖、教学名师等评选表彰中,向"双师型"教师倾斜。

六、创建高水平结构化教师教学创新团队

2019—2021年,服务职业教育高质量发展和1+X证书制度改革需要,面向中等职业学校、高等职业学校和应用型本科高校,聚焦战略性重点产业领域和民生紧缺领域专业,分年度、分批次、分专业遴选建设360个国家级职业教育教师教学创新团队,全面提升教师开展教学、

培训和评价的能力以及团队协作能力,为提高复合型技术技能人才培养培训质量提供强有力的师资保证。优化结构,统筹利用现有资源,实施职业院校教师教学创新团队境外培训计划,组织教学创新团队骨干教师分批次、成建制赴德国等国家研修访学,学习国际"双元制"职业教育先进经验,每年选派 1000 人,经过 3—5 年的连续培养,打造高素质"双师型"教师教学创新团队。各地各校对接本区域重点专业集群,促进教学过程、教学内容、教学模式改革创新,实施团队合作的教学组织新方式、行动导向的模块化教学新模式,建设省级、校级教师教学创新团队。

七、聚焦 1＋X 证书制度开展教师全员培训

全面落实教师 5 年一周期的全员轮训制度,对接 1＋X 证书制度试点和职业教育教学改革需求,探索适应职业技能培训要求的教师分级培训模式,培育一批具备职业技能等级证书培训能力的教师。把国家职业标准、国家教学标准、1＋X 证书制度和相关标准等纳入教师培训的必修模块。发挥教师教学创新团队在实施 1＋X 证书制度试点中的示范引领作用。全面提升教师信息化教学能力,促进信息技术与教育教学融合创新发展。健全完善职业教育师资培养培训体系,推进"双师型"教师培养培训基地在教师培养培训、团队建设、科研教研、资源开发等方面提供支撑和服务。支持高水平学校和大中型企业共建"双师型"培训者队伍,认定 300 个"双师型"教师培养培训示范单位。

八、建立校企人员双向交流协作共同体

加大政府统筹,依托职教园区、职教集团、产教融合型企业等建立校企人员双向交流协作共同体。建立校企人员双向流动相互兼职常

态运行机制。发挥央企、国企、大型民企的示范带头作用，在企业设置访问工程师、教师企业实践流动站、技能大师工作室。在标准要求、岗位设置、遴选聘任、专业发展、考核管理等方面综合施策，健全高技能人才到职业学校从教制度，聘请一大批企事业单位高技能人才、能工巧匠、非物质文化遗产传承人等到学校兼职任教。鼓励校企共建教师发展中心，在教师和员工培训、课程开发、实践教学、技术成果转化等方面开展深度合作，推动教师立足行业企业，开展科学研究，服务企业技术升级和产品研发。完善教师定期到企业实践制度，推进职业院校、应用型本科高校专业课教师每年至少累计1个月以多种形式参与企业实践或实训基地实训。联合行业组织，遴选、建设教师企业实践基地和兼职教师资源库。

九、深化突出"双师型"导向的教师考核评价改革

建立职业院校、行业企业、培训评价组织多元参与的"双师型"教师评价考核体系。将师德师风、工匠精神、技术技能和教育教学实绩作为职称评聘的主要依据。落实教师职业行为准则，建立师德考核负面清单制度，严格执行师德考核一票否决。引入社会评价机制，建立教师个人信用记录和违反师德行为联合惩戒机制。深化教师职称制度改革，破除"唯文凭、唯论文、唯帽子、唯身份、唯奖项"的顽瘴痼疾。推动各地结合实际，制定"双师型"教师认定标准，将体现技能水平和专业教学能力的双师素质纳入教师考核评价体系。继续办好全国职业院校技能大赛教学能力比赛，将行动导向的模块化课程设置、项目式教学实施能力作为重要指标。试点开展专业课教师技术技能和教学能力分级考核，并作为教师聘期考核、岗位等级晋升考核、绩效分配考核的重要参考。完善考核评价的正确导向，强化考评结果运用和激励作用。

十、落实权益保障和激励机制提升社会地位

在职业院校教育教学、科学研究、社会服务等过程中,全面落实和依法保障教师的管理学生权、报酬待遇权、参与管理权、进修培训权。强化教师教育教学、继续教育、技术技能传承与创新等工作内容,制定职业教育教师减负政策,适当减少专任教师事务性工作。依法保障教师对学生实施教育、管理的权利。职业院校、应用型本科高校校企合作、技术服务、社会培训、自办企业等所得收入,可按一定比例作为绩效工资来源;教师依法取得的科技成果转化奖励收入不纳入绩效工资,不纳入单位工资总额基数。各地要结合职业院校承担扩招任务、职业培训的实际情况,核增绩效工资总量。教师外出参加培训的学时(学分)应核定工作量,作为绩效工资分配的参考因素。按规定保障中等职业学校教师待遇。

十一、加强党对教师队伍建设的全面领导

充分发挥各级党组织的领导和把关定向作用,充分发挥教师党支部的战斗堡垒作用,加强对教师党员的教育管理监督和组织宣传,充分发挥党员教师的先锋模范作用。实施教师党支部书记"双带头人"培育工程,配齐建强思想政治和党务工作队伍。着力提升教师思想政治素质,用习近平新时代中国特色社会主义思想武装头脑,坚持不懈培育和弘扬社会主义核心价值观,争做"四有"好老师,全心全意做学生锤炼品格、学习知识、创新思维、奉献祖国的引路人。健全德技并修、工学结合的育人机制,构建"思政课程"与"课程思政"大格局,全面推进"三全育人",实现思想政治教育与技术技能培养融合统一。落实立德树人根本任务,挖掘师德典型、讲好师德故事,大力宣

传职业教育中的"时代楷模"和"最美教师",弘扬职业精神、工匠精神、劳模精神。

十二、强化教师队伍建设改革的保障措施

加强组织领导,将教师队伍建设摆在重要议事日程,建立工作联动机制,推动解决教师队伍建设改革的重大问题。深化"放管服"改革,提高职业院校和各类办学主体的积极性、主动性,引导广大教师积极参与,推动教师队伍建设与深化职业教育改革有机结合。将教师队伍建设作为中国特色高水平高职学校和专业建设计划投入的支持重点,现代职业教育质量提升计划进一步向教师队伍建设倾斜。鼓励各地结合实际,适时提高职业技术师范专业生均拨款标准,提升师范教育保障水平。加强督导评估,将职业教育教师队伍建设情况作为政府履行教育职责评价和职业院校办学水平评估的重要内容。

教育部办公厅等十四部门关于印发《职业院校全面开展职业培训 促进就业创业行动计划》的通知

教职成厅〔2019〕5 号

各省、自治区、直辖市教育厅（教委）、人力资源社会保障厅（局）、发展改革委、工业和信息化主管部门、财政厅（局）、住房城乡建设厅（委）、农业农村（农牧）厅（局、委）、退役军人事务厅（局）、国资委、扶贫办、总工会、团委、妇联、残联，新疆生产建设兵团教育局、人力资源社会保障局、发展改革委、工业和信息化委、财务局、住房城乡建设局、农业农村局、退役军人事务局、国资委、扶贫办、工会、团委、妇联、残联，行业职业教育教学指导委员会，有关单位：

为贯彻落实《国家职业教育改革实施方案》《国务院办公厅关于印发职业技能提升行动方案（2019—2021 年）的通知》要求，教育部等十四部门研究制定了《职业院校全面开展职业培训 促进就业创业行动计划》。现印发给你们，请结合实际，加强协同配合，认真贯彻执行。

教育部办公厅 人力资源社会保障部办公厅 国家发展改革委办公厅
工业和信息化部办公厅 财政部办公厅 住房城乡建设部办公厅
农业农村部办公厅 退役军人部办公厅 国务院国资委办公厅
国务院扶贫办综合司 全国总工会办公厅 共青团中央办公厅
全国妇联办公厅 中国残联办公厅
2019 年 10 月 16 日

职业院校全面开展职业培训促进就业创业行动计划

实施学历教育与培训并举是职业院校（含技工院校，下同）的法定职责。职业院校面向全体劳动者广泛开展职业培训，既有利于支持和促进就业创业，也有利于学校提升人才培养质量和办学能力，是深化职业教育改革发展的重要内容。当前，职业院校开展学历教育和培训"一条腿长一条腿短"的现象普遍存在，面向社会开展培训还存在学校和教师的主动性不高、课程及资源不足、针对性和适用性不够、教师实践教学能力不强等问题，仍然是职业教育发展的薄弱环节。为深入贯彻全国教育大会精神，落实《国家职业教育改革实施方案》《国务院办公厅关于印发职业技能提升行动方案（2019—2021年）的通知》要求，推动职业院校全面开展职业培训，提高劳动者素质和职业技能水平，提升职业教育服务发展、促进就业创业能力，特制定本行动计划。

一、总体要求

（一）指导思想。以习近平新时代中国特色社会主义思想为指导，全面贯彻党的十九大精神，认真落实党中央、国务院决策部署，充分发挥职业教育资源优势，以健全政行企校多方协同的培训机制为突破口，增强院校和教师主动性，调动参训人员积极性，面向全体劳动者特别是重点人群及技术技能人才紧缺领域开展大规模、高质量的职业培训，加快形成学历教育与培训并举并重的办学格局，为实现更高质量和更充分就业提供有力支持。

（二）基本原则。坚持注重实效，促进就业。围绕服务稳定和扩大就业，紧贴区域、行业企业和个人发展的实际需求，保障培训的针对性和实用性。坚持扩大规模，提升质量。支持职业院校敞开校门，面向社会广泛开展培训,推动学历教育与培训相互融合、相互促进。坚持统筹资源,协同推进。加强部门之间统筹协同、产教之间融合联动,形成共同推进职业培训工作合力。坚持完善机制,激发动力。健全培训激励和保障制度,创造更加规范和更有吸引力的培训环境。

(三)行动目标。到 2022 年,职业院校面向社会广泛开展职业培训,培训理念更加先进,培训层次更加完善,培训课程资源更加丰富,培训类型与形式更加多样;政府引导、行业参与、校企合作的多方协同培训机制基本建立,培训能力和服务就业创业能力显著增强;职业院校成为开展职业培训的重要阵地,学历教育与培训并举并重的职业教育办学格局基本形成。具体目标:

1.职业院校年承担补贴性培训达到较大规模;开展各类职业培训年均达到 5000 万人次以上。

2.重点培育一批校企深度合作共建的高水平实训基地、创业孵化器和企业大学。

3.建设一大批面向重点人群、学习内容和形式灵活多样的培训资源库,开发遴选一大批重点领域的典型培训项目,培养一大批能够同时承担学历教育和培训任务的教师,适应"双岗"需要的教师占专业课教师总数 60%。

二、行动措施

(一)广泛开展企业职工技能培训。推动职业院校联合行业企业面向人工智能、大数据、云计算、物联网、工业互联网、建筑新技术应用、智能建筑、智慧城市等领域,大力开展新技术技能培训。通过开展现代学徒制、职业技能竞赛、在线学习等方式,促进企业职工岗位技术技能水平提升。鼓励职业院校联合行业组织、大型企业组建职工培训集团,发挥各方资源优势,共同开展补贴性培训、中小微企业职工培训和市场化社会培训。支持职业院校与企业合作共建企业大学、职工培训中心、继续教育基地。结合学校专业优势，以岗位技术规范为标准，以技术和知识更新调整为重点，加大对困难企业职工转岗转业培训力度。支持职业院校服务中国企业"走出去"，积极开展涉外培训。

（二）积极开展面向重点人群的就业创业培训。鼓励职业院校积极开发面向高校毕业生、退役军人、农民工、去产能分流职工、建档立卡贫困劳动力、残疾人等重点人群的就业创业培训项目。支持职业院校承担春潮行动、雨露计划、求学圆梦计划等政府组织的和工青妇等群团组织开展的培训任务。支持职业院校与行业企业合作开设大学生、退役军人就业技能训练班，开展先进制造业、战略性新兴产业、现代服务业及人才紧缺领域的技术技能培训。加强适应残疾人特点的民间工艺、医疗按摩等领域培训。鼓励涉农职业院校送培训下乡，把技术技能送到田间地头和养殖农牧场，深入开展技能扶贫，服务脱贫攻坚和乡村振兴，大力培育高素质农民和农村实用人才。支持职业院校开发具有专业特色的创业课程，建设创业孵化器，对自谋职业和具有创业意向的参训人员进行创业意识、创业知识、创业能力等方面的培训。

（三）大力开展失业人员再就业培训。支持职业院校对接当地人力资源社会保障部门及工青妇等群团组织，面向长期失业青年、农村留守妇女、大龄失业人员等，开发周期短、需求大、易就业的培训项目。职业院校要大力开展家政、养老、护工、育婴、电商、快递、手工等领域初级技能培训，使失业人员掌握一技之长。支持职业院校承担巾帼家政服务培训任务。要突出帮、教、扶等特点，积极联系合作企业，择优推荐工作，提供培训就业一体化服务，努力实现培训即招工、培训即就业。

（四）做好职业指导和就业服务。职业院校要引导参训人员增强市场就业意识，帮助其树立正确的职业观、择业观和创业观。加强就业有关法律法规、职业道德、职业素养、求职技巧等方面的教育。对农村和边远地区、少数民族地区的大龄参训人员，要增加普通话、常用现代化设施(工具、软件)运用等基本技能方面的培训。职业院校要密切与人力资源服务机构、行业企业的合作,共同开展招聘会、就业创业指导、政策宣传等多样化就业服务,为参训人员提供有效的就业信息。

(五)推进培训资源建设和模式改革。职业院校要深入开展培训需求调研,提升培训项目设计开发能力,增强培训项目设计的针对性。积极会同行业企业建设一批培训资源开发中心,面向重点人群、新技术、新领域等开发一批重点培训项目,共同研究制订培训方案、培训标准、课程标准等,开发分级分类的培训课程资源包。积极开发微课、慕课、VR(虚拟现实技术)等数字化培训资源,完善专业教学资源库,进一步扩大优质资源覆盖面。要加强大数据技术的应用,多渠道整合培训资源,鼓励共建共享。突出"短平快"等特点,探索推行"互联网+培训"模式,通过智慧课堂、移动 APP(应用程序)、线上线下相结合等,开展碎片化、灵活性、实时性培训。鼓励职业院校通过"企业学区""移动教室""大篷车""小马扎"等方式,把培训送到车间和群众家门口。

(六)加强培训师资队伍建设。落实好职业院校教师定期到企业实践制度,鼓励教师参与企业培训、技术研发等活动,提升实践教学能力。充分利用学校实习实训基地、产教融合型企业等,对专业教师进行针对性培训,培养一大批适应"双岗"需要的教师,使教师能驾驭学校、企业"两个讲台"。健全职业院校自主聘任企业兼职教师制度。鼓励职业院校聘请劳动模范、能工巧匠、企业技术人才、高技能人才等担任兼职教师,承担培训任务。完善教师工作绩效考核办法,将培训服务课时量和培训成效等作为教师工作绩效考核的重要内容。

(七)支持多方合作共建培训实训基地。支持职业院校在现有实训基地基础上,建设一批标准化培训实训基地。产教融合型企业要加大对培训实训基地建设支持力度,并积极承担各类培训项目。按照培训项目与产业需求对接、培训内容与职业标准(评价规范)对接、培训过程与生产过程对接的要求,支持校企合作建设一批集实践教学、社会培训、真实生产和技术服务于一体的高水平就业创业实训基地。各地教育行政部门、人力资源社会保障部门要推动当地公共实训基地面向职业院校和城乡各类劳动者提供技能训练、技能鉴定、创业孵化、师资培训等服务。

（八）完善职业院校开展培训的激励政策。支持职业院校开展补贴性培训。推动职业院校培训量计算标准化、规范化，可按一定比例折算成全日制学生培养工作量，与绩效工资总量增长挂钩。各级人力资源社会保障、财政部门要充分考虑职业院校承担培训任务情况，合理核定绩效工资总量和水平。对承担任务较重的职业院校，在原总量基础上及时核增所需绩效工资总量。指导职业院校按规定的程序和办法搞活内部分配，在内部分配时向承担培训任务的一线教师倾斜。允许职业院校将一定比例的培训收入纳入学校公用经费。鼓励支持职业院校按同类专业（群）组建培训联合体，互聘教师开展培训。

（九）健全参训人员的支持鼓励政策。全面落实职业培训补贴、生活费补贴政策，确保符合条件的参训人员应享尽享。加快推进"学历证书＋若干职业技能等级证书"（简称1＋X证书）制度试点工作，鼓励参训人员获取职业技能等级证书和职业资格证书。依托职业教育国家"学分银行"试点，对职业技能等级证书等所体现的培训成果进行登记和储存，计入个人学习账号，为学习成果认定、积累与转换奠定基础。鼓励符合条件的参训人员接受学历教育，培训成果按规定兑换学分，免修相应课程。职业院校要实施精准培训，切实提高参训人员的就业创业能力，帮助其用好就业创业支持政策。

（十）建立培训评价与考核机制。以参训人员的技术技能水平、就业创业能力和质量等为核心，建立培训绩效考核体系。将面向社会开展培训情况作为职业院校办学能力考核评价的重要指标和职业教育项目安排的重要依据。各地要结合实际对落实本行动计划积极主动、面向社会开展培训成效明显的职业院校，在安排职业教育财政补助及有关基础设施建设资金、遴选相关试点项目方面,给予倾斜支持。完善职业院校培训工作标准体系和管理制度,对职业院校开展培训工作进行评估和督导,落实督导报告、公报、约谈、限期整改、奖惩等制度。

三、行动要求

(一)加强组织领导。各地教育、人力资源社会保障、发展改革、工业和信息化、财政、住房城乡建设、农业农村、退役军人、国资委、扶贫、工会、共青团、妇联、残联等部门要加强沟通协作,积极支持职业院校承担本部门(行业)及相关领域的培训项目,共同帮助职业院校协调解决开展培训工作中遇到的实际困难和问题。各地教育行政部门、职业院校要高度重视培训工作,切实将职业培训摆在与学历教育同等重要的地位。职业院校要把开展培训工作作为一把手工程,成立专门负责培训的机构,配备专人负责。开展1+X证书制度试点的院校要发挥示范引领作用,主动承担有关培训任务。

(二)强化实施管理。各地要根据本行动计划内容,结合实际制定好落实方案、年度计划,逐级分解任务、明确目标、落实责任,确定时间表和任务书。各地教育行政部门要会同有关部门加强对本地区职业院校开展培训工作的日常指导、检查与跟踪。各行业职业教育教学指导委员会要推动行业部门、行业组织引导和督促相关企业参与行动计划的实施。建立行动计划进展情况上报制度,各地要分行业领域、分培训对象做好培训数据整理汇总工作,定期将本地区职业院校开展培训工作进展情况报送教育部。教育部将汇总整理各地落实方案和年度计划、进展情况,组织编制职业院校开展职业培训情况年度报告,定期向社会发布,同时做好监督管理、检查指导工作。

(三)注重宣传引导。各地和各职业院校要加大对培训工作的宣传力度,通过职业教育活动周、全民终身学习活动周等,面向城乡各类劳动者加大对培训有关政策、项目的宣传力度,帮助企业、劳动者了解熟悉政策,用足用好政策。要积极运用各种媒体,广泛宣传介绍职业院校开展的各类培训项目,特别要加强对重点人群的宣传。要扎实做好职业院校开展职业培训的经验和典型的总结推广工作。

第二编

领导引学

推动新时代职业教育大改革大发展

陈子季

（国家教育发展研究中心）

摘　　要：职业教育是与经济社会发展联系最为紧密的教育类型，在新时代服务建设现代化经济体系、实现更高质量更充分就业和助力学生成就精彩人生等方面，其战略地位和重要作用日益凸显。党中央高度重视职业教育，将加快发展现代职业教育摆在教育改革创新和经济社会发展中更加突出的位置，职业教育迎来了大改革大发展。加强党对职业教育工作的全面领导，加大教育投入，强化激励机制，不断提高职业教育的社会影响力和吸引力是确保职业教育在大改革大发展中行稳致远的重要保障。

关键词：新时代；现代职业教育；改革发展

职业教育是国家教育事业的重要组成部分,是促进经济、社会发展和劳动就业的重要途径。党的十八大以来,以习近平同志为核心的党中央站在党和国家发展全局的高度,系统地回答了职业教育"怎么看"和"怎么办"两大基本问题。习近平总书记在 2014 年全国职业教育工作会议的重要指示中强调,"要把加快发展现代职业教育摆在更加突出的位置,更好支持和帮助职业教育发展"[1]。党的十九大报告要求,"完善职业教育和培训体系,深化产教融合、校企合作"[2]。李克强总理在十三届全国人大二次会议上的《政府工作报告》中提出,"加快培养国家发展急需的各类技术技能人才,让更多青年凭借一技之长实现人生价值,让三百六十行人才荟萃、繁星璀璨"[3]。从党的十九大到 2018 年召开的全国教育大会,再到 2019 年的全国"两会",党中央、国务院根据新时代中国特色社会主义发展"两步走"战略安排,做出了加快教育现代化、建设教育强国、办好人民满意教育的重大战略部署,制定出台了《国家职业教育改革实施方案》等一系列政策规划。加快推进职业教育现代化,深化职业教育改革,不仅从顶层设计层面搭建"四梁八柱",更从改革落实层面画出清晰"路线图"。本文重点结合 2019 年《政府工作报告》和教育部工作要点,深入解析新时代职业教育大改革大发展的重要意义、主要内容和保障措施。

一、新时代职业教育大改革大发展的重要意义

职业教育是与经济社会发展联系最为直接、最为密切、具有跨界属性的教育类型,是一种让受教育者获得从事某种职业或生产劳动所必需的职业知识、技能和职业道德的教育。习近平总书记提出,"职业教育是国民教育体系和人力资源开发的重要组成部分,是广大青年打开通往成功成才大门的重要途径,肩负着培养多样化人才、传承技术技能、促进就业创业的重要职责"[4]。职业教育既具有落实立德树人根

本任务的教育一般属性，又具有自己的特殊属性，即培养数以亿计的高素质劳动者和技术技能人才。抓好职业教育工作，既是教育改革的战略性问题又是重大的经济和民生问题，既关乎农村又涉及城市，既是当务之急又是长远大计，关系国家竞争力、家庭脱贫致富和个人成长成才等国计民生大小问题。

（一）传承技术技能，培养大国工匠

新时代我国经济发展的基本特征和主要任务是由高速增长阶段转向高质量发展阶段，适应世界新一轮科技革命和产业革命的新变化，建设现代化经济体系，推动经济发展质量变革、效率变革、动力变革，壮大实体经济，加快发展先进制造业，推动中国制造向中国创造转变。习近平总书记指出，"工业强国都是技师技工的大国，我们要有很强的技术工人队伍"[5]。据统计，我国产业工人队伍中，高级技工比例仅为5%，全国高级技工缺口近1000万人，产业工人整体素质和技能水平不高，已成为我国工业制造"大而不强"的重要原因。[6]人才资源作为经济社会发展的第一资源，建设制造强国当以人才为根本，需要大批掌握精湛技能和高超技艺的高技能人才队伍。加快发展现代职业教育，建设宏大的知识型、技术型、创新型劳动者大军，造就更多的"大国工匠"，将助推"中国制造"走向"优质制造""精品制造"，用高素质人力资源推动和实现高质量发展。

（二）促进就业创业，成就出彩人生

就业是民生之本、安民之举、安国之策。2018年，全国人口总数超过13.9亿，劳动力9亿多，全国农民工总量28836万人，城镇新增就业1361万人，年末全国城镇调查失业率为4.9%。[7]可以说，当前和今后一个时期，我国依然面临总体就业压力巨大和结构性劳动力短缺、人才匮乏的突出矛盾，新一轮科技和产业革命的严重冲击，将使就业矛

盾逐步从就业数量问题转变为质量问题,人和岗位之间的匹配度不高的问题日益凸显。为此,必须把就业摆在更加突出位置,坚持就业优先战略和积极就业政策,在千方百计增加就业岗位的同时,要着力在提高就业质量、提高劳动人口尤其是就业困难人口就业能力和改善创业环境上下功夫。素质是立身之基,技能是立业之本,扩大就业和再就业的根本途径在于发展教育尤其是职业教育。正如李克强总理所指出的,"加快发展现代职业教育,既有利于缓解当前就业压力,也是解决高技能人才短缺的战略之举"[8]。职业教育推动着劳动者自身可持续的职业发展,使无业者有业,使有业者乐业,助力广大青年打开通往成功成才的大门,成就有意义的人生。

(三)推进扶志育才,阻断贫困代际传递

全面建成小康社会已进入冲刺阶段,一个地区、一个民族都不能少,必须扎实推进脱贫攻坚和乡村振兴。习近平总书记指出,"扶贫必扶智。让贫困地区的孩子们接受良好教育,是扶贫开发的重要任务,也是阻断贫困代际传递的重要途径"[9]。职业教育能够有效帮助贫困人群快速掌握脱贫致富技能、增强脱贫致富信心;职业教育也是与地方经济发展联系最为紧密的教育,区域性行业性特色显著,能够为地方产业发展培养"留得住、用得上"的技术技能人才,实现贫困地区长期稳定脱贫和内生发展。加大对农村地区、民族地区、贫困地区职业教育支持力度,开展贫困家庭子女、未升学初高中毕业生、农民工、失业人员和转岗职工、退役军人免费接受职业培训行动,是增强贫困地区发展后劲、帮助百姓减贫脱贫的治本之策。

(四)完善教育体系,建设人力资源强国和人才强国

我国是一个人力资源大国,也是一个智力资源大国,我国13亿多人大脑中蕴藏的智慧资源是最宝贵的。习近平总书记强调,"要把提高

职工队伍整体素质作为一项战略任务抓紧抓好,帮助职工学习新知识、掌握新技能、增长本领,拓展广大职工和劳动者成长成才空间,引导广大职工和劳动者树立终身学习理念,不断提高思想道德素质和科学文化素质"[10]。职业教育仍是我国教育领域薄弱环节,体系建设不够完善,其衔接性、包容性和灵活性不足,对非传统学龄人口的农民工、在职人员等群体不够友好。国家统计局 2017 年的农民工监测调查报告显示,农民工总人数达到 28652 万人,其中高中文化程度占 17.1%,大专及以上占 10.3%,而接受过农业或非农职业技能培训的农民工仅占 32.9%,[11]许多人充满提升学历层次和职业技能水平的渴望。开发人力资源,培育人才资源,必须大力发展现代职业教育,构建社会化的终身教育体系,加快推动我国向学习大国、人力资源强国和人才强国迈进,使所有受教育者学有所教、学有所成、学有所用,实现就业有路、升学有望、创业有成,创造美好的生活。

二、新时代职业教育大改革大发展的主要内容

《中国教育现代化 2035》提出了"职业教育服务能力显著提升"的中长期战略目标;《加快推进教育现代化实施方案(2018—2022 年)》提出了"深化职业教育产教融合"的重点任务;《国家职业教育改革实施方案》提出了包括完善现代职业教育体系、健全国家职业教育制度框架等在内的七个方面 20 项政策举措。2019 年政府工作报告将职业教育从"教育"部分中单列出来,放到"就业"部分,发展职业教育被提到了稳定和扩大就业的重要位置,立足当前,着眼长远,对职业教育改革发展做出重要部署。

(一)完善职业教育和培训体系,大力发展现代职业教育

职业教育主要包括职业学校教育和职业培训,完善职业教育和培

训体系就是要形成具有中国特色、世界水平的现代职业教育体系,形成系统化培养技术技能人才和大规模开展职业培训的能力。

1. 提高中等职业教育发展水平

把发展中等职业教育作为普及高中阶段教育和建设中国特色职业教育体系的重要基础,普通高中与中等职业教育结构更加合理,招生规模大体相当,使绝大多数城乡新增劳动力接受高中阶段教育。2018年,全国初中毕业生升学率达到95.2%,高中阶段教育毛入学率达到88.8%,中等职业教育学校招生559.41万人,占高中阶段教育招生总人数的41.37%。[12]为了让更多的人接受中等职业教育,中等职业学校实行自主招生或注册入学,将返乡农民工、退役士兵、退役运动员、未升学普通高中毕业生等群体,纳入中等职业教育学历教育覆盖范围;进城农民工比较集中的地区,中等职业学校要采取灵活的学习方式,积极面向进城农民工及其子女开展职业教育和培训。

2. 推进高等职业教育高质量发展

把发展高等职业教育作为优化高等教育结构和培养大国工匠、能工巧匠的重要方式,使更多城乡新增劳动力接受高等教育。2018年,我国高等教育毛入学率达到48.1%,接近实现高等教育普及化水平;全国普通本专科共招生790.99万人,其中高等职业教育(普通专科)招生368.83万人,占全国普通本专科招生总人数的46.63%,而当年普通高中和中等职业教育毕业生分别为782.84万人和487.46万人。[13]职业院校生源基本来自高中、初中毕业生,中等职业学校毕业生升学和广大社会成员继续学习的需要没有得到应有的满足,必须改革完善高职院校考试招生办法,建立"职教高考"制度,完善"文化素质+职业技能"、单独招生、综合评价招生和技能拔尖人才免试等入学方式和学习方式,"鼓励更多应届高中毕业生和退役军人、下岗职工、农民工等报考,今年高职院校大规模扩招100万人"。[14]

3. 实现学历教育与职业能力培训并重

现代职业教育体系以各级各类职业院校和职业培训机构为主要载体,具有适应需求、有机衔接、多元立交的特点,要推动职业教育与普通教育、继续教育相衔接,畅通技术技能型人才成长渠道。适度提高专科高等职业院校招收中等职业学校毕业生的比例、本科高等学校招收职业院校毕业生的比例;开展本科层次职业教育试点,引导一批普通本科高校转为应用型大学;大规模开展职业技能培训,推行终身职业技能培训制度。"实施职业技能提升行动,从失业保险基金结余中拿出1000亿元,用于1500万人次以上的职工技能提升和转岗转业培训。"[15]职业院校要落实学历教育与培训并举的法定职责,面向在校学生和全体社会成员开展高质量职业培训。

(二)深化办学体制和育人机制改革,提高人才培养质量

职业教育具有天然的"跨界"特征,但这种"跨界"不是"教育界"向"产业界"的"单向跨界",而是基于育人目标的"双向跨界",为此可以说职业教育是一种合作教育,像鸟之两翼,共同推进实施,宏观看是"教育界"与"产业界",微观看是"学校"与"企业"。发展现代职业教育,必须坚持面向市场、服务发展、促进就业的办学方向,充分发挥企业的重要办学主体作用,重视行业参与和指导作用,建立产教深度融合、校企紧密合作"双元"育人的体制机制,才能办出有特色、高质量的职业教育。

1. 推动职业院校从政府主办为主向政府统筹、社会多元办学格局转变

转变职业院校办学格局是职业培训体系由传统的"供给导向型"向新型的"需求导向型"转换的必然要求。培养技能型人才,企业是主体,学校教育是基础,学校和企业二者缺一不可。当前我国大部分职业院校属于地方政府办学,企业参与积极性不高、参与渠道不畅、参与程度不深,导致职业学校"职业"属性缺失、人才培养"产销"不对路。"需求导向"揭示的是职业教育办学方向上的根本转变,强调职业学校的人才培养要适应企业的需求,企业也是重要的办学主体。国际经验表明,职业教育体系与实体经济紧密对接,政府的主导作用往往甚于市场需求的调节作用,多数国家在法律政策层面明确政府、学校、企业和社会各方面对职业教育办学体制、成本分担的责任。[16] 要落实促进校企合作办学的有关法规和激励政策,建立政府推动、行业指导、学校企业双主体实施的合作机制,推动职业院校和行业企业形成命运共同体,扶持鼓励企业和社会力量参与举办各类职业教育,培育产教融合型企业,鼓励有条件的企业特别是大企业举办职业教育,鼓励发展股份制、混合所有制等各种类型的职业院校和培训机构。

2. 推动职业院校由参照普通教育的办学模式向构建产教融合、特色鲜明的类型教育转变

在相当长的时期内,"以学科为中心""以知识为本位"为主要特征的传统学科教育一直主导着我国职业教育的发展,模糊了职业学校与普通学校的差别,淡化了职业学校的职业属性。从知识特性上看,职业学校教育与普通学校教育的根本不同在于前者以传授"实践(经验)知识""隐性(默会)知识"为主,后者以传授"科学知识""显性知识"为主,技术技能人才成长需要广泛开展实践性教学,在"干中学""学中干"。职业院校必须突出实战和应用的办学路子,从基于学科知识体系的课程设置和教学实施,逐步转向基于职业工作过程的、模块化的课程设置和项目制的教学实施,随着生源结构的变化尤其是退役军人、下岗职工、农民工等非传统应届生源比例的提高,职业院校必须探索适应他们教育背景和学习方式的人才培养模式,强化工作本位和能力本位,推动形成产教融合、校企合作、工学结合、知行合一的共同育人机制。加快启动实施高水平高等职业学校和骨干专业建设计划,推动建设高水平专业化产教融合实训基地,推动职业院校师资、教材、教法改革,着力提升学生的职业精神、职业技能和就业创业能力。

(三)推进资历框架建设,加快学历证书和职业技能等级证书互通衔接

"国家资历框架是根据知识、技能和能力(素养)的要求,将一国范围内各级各类学习成果(教育文凭、职业资格等)进行系统整理、编制、规范和认可而构建的连续性、结构化的资历体系。"[17]我国实行学历证书和职业资格证书"双证书"制度,但二者之间缺乏有效融通和衔接。促进各类资历互认转换,可以转变长期以来"重学历出身、轻职业技能"的传统观念,搭建起人才终身学习和职业生涯发展"立交桥",推动终身学习型社会建设。

1. 启动"学历证书+职业技能等级证书"制度试点工作

2014 年以来,针对原有职业资格设置缺乏法律法规依据、过多过滥等问题,国务院分七批取消了 434 项职业资格,占总数的 70% 以上,[18]要求依法设置的职业资格纳入国家目录,实行清单式管理。为深化复合型技术技能人才培养培训模式改革,今年起在职业院校、应用型本科高校,启动"学历证书+职业技能等级证书"制度,即 1+X 证书制度试点工作,鼓励职业院校学生在获得学历证书的同时,积极取得多类职业技能等级证书。院校内实施的职业技能等级证书分为初级、中级、高级,是毕业生、社会成员职业技能水平的凭证。职业技能等级证书的开发与实施,按照"放管服"改革要求,改革以审批发证为主要内容的传统管理体制,着力健全社会参与机制,国务院人力资源社会保障行政部门组织制定职业标准,国务院教育行政部门牵头组织开发教学等相关标准,面向社会招募培训评价组织,具体负责实施职业技能考核、评价和证书发放。教育部将联合行业部门、行业组织对培训评

价组织行为和职业院校培训质量进行监测和评估。1＋X证书制度建设将从试点做起,稳步推进。

2. 推进职业教育国家"学分银行"建设

近年来,我国不断探索终身学习体系和学习型社会建设,积极开展终身学习成果认证、积累与转换工作试点,目前一些省(市、区)、高校或行业企业已先行开展学习成果认证方面的探索,上海、北京、广东等地探索开放大学建设模式,尝试建立不同类型学习成果的认证、评估与转换制度,已取得初步成果。从2019年开始,国家将探索建立职业教育个人学习账号,有序开展学历证书和职业技能等级证书的认定、积累和转换,职业院校对取得若干职业技能等级证书的社会成员,根据证书等级和类别免修部分课程;对接受职业院校学历教育并取得毕业证书的学生,在参加相应的职业技能等级证书考试时可免试部分内容。

三、推动新时代职业教育大改革大发展的保障措施

职业教育作为跨界教育,横跨教育和产业、公共和市场领域,也是一个典型的利益场域,涉及政府、行业企业、职业院校、社会组织、个人等多元利益主体,推进新时代职业教育现代化,关键是优化职业教育发展的内外部制度环境,构建以多元共治为核心的职业教育治理模式,形成政府、学校和社会各界共建共享的利益共同体和大职教发展格局。

(一)加强党对职业教育工作的全面领导,强化政府职责

加强党的领导是做好教育工作的根本保证,更是发展现代职业教育的根本所在、命脉所在。坚持党管办学方向、党管改革、党管人才。

坚持以习近平新时代中国特色社会主义思想为指导,落实中央教育工作领导小组各项要求,充分发挥党委总揽全局、协调各方的领导核心作用,充分发挥党组织在职业院校的领导核心和政治核心作用,引领和推动学校加快改革和发展。加强政府发展职业教育职责,着力推动形成各部门之间、中央和地方之间协同发展职业教育的工作合力。在国务院领导下,发挥好职业教育工作部际联席会议制度的作用,主动协调好教育、经济、劳动、就业等领域,切实发挥统筹规划、综合协调和宏观管理职业教育的作用。各地要抓紧完善本地的职业教育工作机制,将思想认识统一到党中央和国务院决策部署上来,调集教育内部、外部各种有利因素,扩大职业教育政策影响,释放政策红利,形成支持职业教育改革发展的新动能。

(二)加大对职业教育的投入,完善助学政策体系

职业教育与普通教育相比,办学的经济成本要高许多。世界银行20世纪90年代的研究表明,职业教育的生均成本应是同级普通教育的2.53倍。[19]2016年,全国地方生均公共财政预算教育经费支出,中等职业学校和普通高中相同;地方高职高专仅为全国普通本科学校的61.15%,[20]职业教育财政投入明显不足。各级政府要建立与办学规模、培养成本、办学质量等相适应的财政投入制度,着力完善高职院校生均拨款制度,形成合理动态调整机制,提高生均拨款水平。同时,优化教育支出结构,新增教育经费要向职业教育倾斜。落实东西职业院校协作全覆盖行动、东西协作中职招生兜底行动、职业院校参与东西劳务协作计划,实现脱贫举措与职业教育和技能培训精准对接。拓展职业教育经费筹措渠道,统筹地方教育附加费、企业职工教育培训经费及就业经费、扶贫和移民安置资金等各类资金、社会捐助赞助和劳动者个人缴费等来源的资金用于发展职业教育,鼓励社会力量捐资、出资兴办职业教育,探索利用国(境)外资金发展职业教育的途径和机制,形成政府、企业、社会多元投入职业教育的体制机制。完善教育资助政策体系,落实好中等职业教育国家助学金、中等职业教育免学费补助政策,设立中等职业教育国家奖学金,落实对建档立卡等家庭经济困难学生资助政策。完善面向农民、农村转移劳动力、在职职工、失业人员、残疾人、退役士兵等接受职业教育和培训的资助补贴政策,积极推行以直补个人为主的支付办法,让所有有需求的人都能获得公平接受职业教育的机会,并确保资助资金精准有效使用。

(三)强化激励和保障政策,不断提高职业教育社会影响力和吸引力

技术技能筑牢强国基石,职业教育成就出彩人生。要树立"抓职业教育就是抓经济、抓发展抓就业、抓社会和谐稳定"的意识,引导全社会形成"崇尚一技之长、不唯学历凭能力"的社会氛围,建设劳动光荣、技能宝贵、创造伟大的职业文化生态。保障技术技能人才待遇。落实提高技术技能人才和技术工人待遇的相关政策,结合深化收入分配制度改革,促进企业提高技术技能人才收入水平,鼓励企业建立高技能人才技能职务津贴和特殊岗位津贴制度,试行高技能领军人才年薪制和股权期权激励,鼓励企业制定技能要素和创新成果按贡献参与分配的办法,实现技高者多得、多劳者多得。各级政府要着力于创造平等就业环境,消除城乡、行业、身份、性别等一切影响平等就业的制度障碍和就业歧视。建立职业资格、职业技能等级与相应职称比照认定制度,打破职业技能等级和专业技术职务之间的界限,有效解决技术工人发展的"天花板"问题。提升高技能人才的政治地位,在评选劳模、参政议政上加大倾斜力度,增强他们在社会中的荣誉感。广泛宣传技能人才劳动成果和价值创造。积极开展技能展示交流,组织开展好职业教育活动周、世界青年技能日、技能中国行等活动,宣传校企合作、技能竞赛、技艺传承等成果,宣传高素质劳动者和技术技能人才的先进事迹和重要贡献,让更多的人了解职业教育、认同技能成才、投身技能报国,不断增强职业教育的影响力和吸引力。

参考文献

[1][4] 习近平就加快职业教育发展作出重要指示[N].人民日报,2014-06-24(01).

[2] 习近平.决胜全面建成小康社会夺取新时代中国特色社会主义伟大胜利——在中国共产党第十九次全国代表大会上的报告(2017年10月18日)[N].人民日报,2017-10-27.

[3][8][14][15] 李克强.政府工作报告——二〇一九年三月五日在第十三届全国人民代表大会第二次会议上[N].人民日报,2019-03-17(01).

[5] 总书记同我们共话中国梦——习近平同全国劳动模范代表座谈侧记[N].光明日报,2013-05-01(01).

[6] 林亮.制造业振兴从重视技工做起[N].经济日报,2017-03-17(09).

[7] 国家统计局.2018年国民经济和社会发展统计公报[EB/OL].ht-tp://www.stats.gov.cn/tjsj/zxfb/201902/t20190228_1651265.html.

[9] 习近平给"国培计划(2014)"北京师范大学贵州研修班参训教师回信[EB/OL].http://www.xinhuanet.com//politics/2015-09/09/c_1116512833.htm.

[10] 习近平在庆祝"五一"国际劳动节暨表彰全国劳动模范和先进工作者大会上的讲话(2015年4月28日)[N].人民日报,2015-04-29(01).

[11] 国家统计局.2017年农民工监测调查报告[EB/OL].http://www.stats.gov.cn/tjsj/zxfb/201804/t20180427_1596389.html.

［12］［13］教育部发展规划司.2018 年全国教育事业发展基本情况年度发布［EB/OL］.http://www.moe.gov.cn/fbh/live/2019/50340/sfcl/201902/t20190226_371173.html.

［16］张力.重新思考职业教育定位［N］.光明日报,2016-03-10(15).

［17］王扬南.建立国家资历框架助力职教发展［N］.中国教育报,2019-03-20(04).

［18］李克强再谈清理职业资格:政府要管住那只"闲不住的手"［EB/OL］.http://www.gov.cn/guowuyuan/2017-05/24/content_5196545.htm.

［19］杨进.回归本质,推进职教改革［N］.光明日报,2016-03-01(15).

［20］教育部财务司,国家统计局社会科技和文化产业统计司.中国教育经费统计年鉴(2017)［M］.北京:中国统计出版社,2018.

（来源:《国家教育行政学院学报》2019 年第 5 期）

以大改革促进大发展 推动职业教育全面振兴

陈子季

（教育部职业教育与成人教育司）

摘 要：当前，我国职业教育发展已进入攻坚克难阶段，只有把改革作为根本动力，才能激发职业教育事业发展的活力。建立与经济社会发展和深化教育改革相适应的新时代中国特色职业教育体系，需要在政府层面，加快构建中国特色现代职业教育制度体系，给职业教育增值赋能；在学校层面，坚定"面向市场、服务发展、促进就业"的办学宗旨，不断深化校企合作，提高治理体系和治理能力的现代化；在学生层面，落实立德树人根本任务，以德为先，用新时代中国特色社会主义思想铸魂育人，培养全面发展的技术技能人才。

关键词：现代职业教育；制度体系；增值赋能；立德树人

党中央、国务院始终高度重视职业教育。党的十八大以来，习近平总书记站在党和国家发展全局的高度，把职业教育摆在了前所未有的突出位置，就职业教育改革发展问题做出一系列重大判断、提出一系列重要论述，为职业教育创新发展指明了方向，提供了根本遵循。国务院密集出台相关配套文件，为职业教育发展提供了政策支持与路径指引。教育部党组确立了职业教育发展总体规划，全国各地职教战线真抓实干、改革创新，形成了一批可复制可推广的改革成果，积累了丰富的理论与实践经验。

当前，职业教育改革已进入攻坚克难阶段，必须深入分析职业教育发展的深层次问题，以标准化建设为引领，以提质培优、增值赋能为主线，用改革的办法推动职业教育全面振兴。具体来讲，就是要在政府层面,加快构建中国特色现代职业教育制度体系,给职业教育增值赋能;在学校层面,坚定"面向市场、服务发展、促进就业"的办学宗旨,不断深化校企合作,推进"三教"改革,提高服务能力;在学生层面,落实立德树人的根本任务,以德为先、以德励才、以德成才,培养学生成为德才兼备、全面发展的技术技能人才。

一、以类为纲,构建中国特色现代职业教育制度体系

《国家职业教育改革实施方案》("职教20条")开篇提出"职业教育与普通教育是两种不同教育类型,具有同等重要地位"。职业教育怎样才能真正成为一种教育类型? 成为一种教育类型的职业教育是什么样态? 目前的职业教育离这一样态尚有多大差距? 这些都值得深入研究。

习近平总书记指出,"我国经济要靠实体经济支撑,这就需要大量专业技术人才,需要大批大国工匠。因此职业教育大有可为"。如何把总书记对职业教育"大有可为"的殷切期待,转化为职业教育战线"大有作为"的实际行动,已成为我国职业教育面临的时代课题。针对这一课题,教育部党组提出职业教育要"下一盘大棋、打一场翻身仗",健全以职业教育和普通教育"双轨"运行为标志,以纵向贯通、横向融通为核心,同经济社会发展和深化教育改革相适应的新时代中国特色职业教育体系,实现职业教育提质培优、增值赋能。具体来说,要抓好三个环节。

(一)建立纵向贯通的职业学校体系

这是构建中国特色现代职业教育体系的核心,包括三个层次。

1. 初等职业教育

初等职业教育是初中阶段的职业教育。虽然我国职业教育体系总体上是从高中阶段开始,但经济欠发达地区、特殊教育领域等,仍然存在对初等职业教育的需求,其主要功能是培养个体进入工作岗位所需要的初步技能。

2. 中等职业教育

中等职业教育是高中阶段的职业教育,是整个职业教育体系构建的基础。其发展的基本方向是多样化,即根据各行各业对学制长短和培养模式需求的差异,举办多种形态的中等职业学校,以满足不同行业与学习者的需求。除原有的中等专业学校、职业高中、技工学校以外,还可举办综合高中,及以艺术、体育、机器人等特色专业为核心培养内容的特色高中。中等职业教育在培养学生扎实的职业基础能力的同时,还应培养学生扎实的文化基础素质。中等职业教育应与普通教育相互渗透和融通。

3. 高等职业教育

高等职业教育是职业教育体系的主体,是高水平技术技能人才的主要供给途径,至少应包括专科和本科两个层次。职业专科教育的主要任务是培养能良好地胜任目前工作并具有较强职业迁移能力的高素质技术技能人才。职业专科教育的学生毕业后可以升入职业本科教育继续学习,同时也拥有升入普通本科教育继续学习的机会。职业本科教育是培养具有复杂实际问题解决能力、审辨式思维能力、创新能力的专家型技术技能人才的职业教育。该层次职业教育在我国尚处于发展阶段,但它是我国职业教育发展的重要方向。为了构建现代职业教育体系,职业本科教育应与普通本科教育相互渗透和融通,招生主体应以中职学校和职业专科教育毕业生为主,以普通高中毕业生为辅。

(二)健全"纵向贯通、横向融通"的制度保障

作为一种教育类型,不仅需要各个学制层面的职业教育,而且需要把各个层面的职业教育衔接起来的纽带,从制度构建的角度看,这一纽带就是职教高考制度。同时,为了避免职业教育成为教育体系中的孤岛,职业教育还应与普通教育融通起来,这就需要普职融通制度。此外,为了体现同等重要,使职业技能的习得与学术能力的习得在就业中具有同等价值,还需要国家资历框架制度。这些都是中国特色现代职业教育体系构建的支撑性制度,是职业教育国家制度完善和发展的重要内容。

1. 职教高考制度

这是职业教育中与普通教育高考制度具有同等功能的高考制度,它具有公开、公平、常规化、自由选择的性质,依托这一制度,任何职校生都可以通过统一考试进入任何职业学校的任何专业。有了职教高考制度,职校生升学空间将得到拓展,同时也将使中等职业教育与职业专科教育、职业本科教育在教学内容上衔接起来,这对于提升各级职业教育之间的相互促进关系具有极为重要的意义。

2. 普职融通制度

这是职业教育与普通教育的沟通、融合制度。这既是通过教育实现社会融合的需要,也有助于促进职业教育与普通教育的资源共享和理念互鉴,为学生的全面发展提供制度性保障。普职融通的制度设计可在课程共享与学生流动这两个层面进行。这是教育发展的趋势,但其构建面临很大困难。比如,现实中即使职校生获得了再次就读普通高中的机会,如何跟上普通高中的教学进度,对于职校学生是极大挑战。普通高中学生进入职业学校存在的技能短板也是一样。

3.国家资历框架制度

这是规定职业教育学生与普通教育学生学习成果等值互换关系，进而规定在特定领域两个教育序列的学生享有同等权利的制度。国家资历框架制度是保障职业教育类型地位的关键性支撑制度。只有当职业教育的学习成果与普通教育的学习成果具有同等社会效益时，人们才会真正认可职业教育的类型地位。

（三）完善促进体系有效运行的支撑条件

中国特色现代职业教育体系的运行，需要从技术技能人才培养的起点到终点设计六个支撑性条件，这些条件环环相扣而又层层递进，具体包括：

1.产业人才数据平台

现代职业教育建设需要持续、深入跟踪各行业、职业人才需求数据的专业化研究平台，及时准确发布人才需求报告，引导职业学校专业设置、招生规模与人才培养目标定位，解决目前职业学校无数据可依、所依数据不科学、盲目设置专业和扩大招生规模等问题，促进职业教育与产业人才需求更为精准对接与融合。

2.专业教学标准

把标准建设作为提升人才培养质量的抓手，深度开发以职业能力清单和学习水平为核心内容的专业教学标准，为职业学校人才培养提供依据，为教学质量整体提升与监测提供基本制度保障，使人才培养工作更加鲜明地体现职业教育特色。

3.产教融合型企业

发挥企业办学主体作用，探索混合所有制办学，建立基于产权制度和利益共享机制的校企合作治理结构与运行机制,为企业参与职业院校人才培养和技术研发提供稳定的制度保障。

4. 教师专业化培养体系

根据职教教师能力形成规律,建立大学培养与在职教师教育齐头并进的双轨制职业教育教师专业化培养体系,使职业学校有稳定的途径获得高质量教师,使每位希望进入职业教育体系的教师明确每个阶段应完成的学习任务和要达到的要求。

5. 教育教学质量监控体系

确立全面质量管理理念,建立健全全员参与、全程控制、全面管理的质量保证体系。完善由学校、行业、企业和社会机构等共同参与的质量评价、反馈与改进机制;完善职业教育质量年度报告制度,加强人才培养状态数据采集与分析,充分发挥数据平台在质量监控中的重要作用。

6. 公平的升学与就业制度

通过制度设计确保职业教育轨道学生在升学、求职、工作待遇、职务晋升等方面享有与普通教育轨道学生平等的机会,并通过制度实践,使人们认同技术技能人才与学术人才、工程人才之间的差别是类型上的,而不是等级上的。

二、以质为本,切实提高职业教育吸引力

国家重视职业教育,经济社会发展如此需要职业教育,但是大家还是不愿意选择职业教育。这其中有一些深层次问题和矛盾相互掣肘,艰巨性和复杂性前所未有,包括上述的体系建设,许多问题没有现成答案。问题的外在表现是职业教育吸引力不强,但根本性问题还是质量不高。职业教育要实现提质培优需把握三个关键点。

(一)办学模式上,深化校企合作

党的十九大报告指出,"完善职业教育和培训体系,深化产教融合、校企合作"。产教融合、校企合作是职业教育办学的基本模式,是培养高素质劳动者和技术技能人才的内在要求,也是办好职业教育的关键所在。当前校企合作存在"一头热""两张皮""独角戏"问题,合作层次浅、形式单一。究其核心,就是貌合神离,没有找到"共赢点"。做好校企合作,利益是基础,资本是纽带,必须在"利益"和"资本"两个方面下功夫。

1. 共赢,充分调动企业和学校的积极性

2019 年,国家发改委和教育部联合印发《建设产教融合型企业实施办法(试行)》,国家发改委、教育部等六部门联合印发《国家产教融合建设试点实施方案》,从国家层面对如何调动企业的积极性进行顶层设计。

在制度设计上,提出建立产教融合型企业认证制度,对进入目录的产教融合型企业给予"金融+财政+土地+信用"的组合式激励。明确自 2019 年起,纳入产教融合型企业建设培育范围的试点企业,兴办职业教育的投资符合规定的,可按投资额的 30% 比例,抵免该企业当年应缴教育费附加和地方教育附加。

在实施路径上,提出用 5 年时间,布局 50 个左右产教融合型城市,在试点城市及其所在省域内打造一批区域特色鲜明的产教融合型行业,在全国建设培育 1 万家以上的产教融合型企业,建立产教融合型企业制度和组合式激励政策体系。目前,首批 24 家产教融合型企业已经发布。

在具体操作上,提出学校为企业提供所需的课程、师资等资源,企业依法履行实施职业教育的义务,通过资本、技术、知识、设施、设备和管理等要素推动校企合作。为了调动教师的积极性，明确学校可从中获得智力、专利、教育、劳务等报酬，具体分配由学校按规定自行处理。

总之，做好校企合作，利益是基础，找到企业、学校、教师、学生的共赢点，合作才能可持续。

2. 共生，大胆探索"混合所有制"

"混合所有制"这个概念一经提出，就引起广泛热议，在认识上高度一致，普遍认为"混合所有制"是职业学校创新体制机制的必经之路，也是盘活职业教育资源的必要之举，但是执行中却推进缓慢，很多工作都停留在文件或计划上，实质性工作不多，很多探索在遇到核心问题时，因政策不明朗而停滞不前，落地不实，也使大家对此有了不同认识，有的认为混合所有制办学"大有可为"，应积极试点、大胆探索；有的则认为在现有政策不清晰和法律不完善的情况下"不宜太冒进"。关于这些问题，职业学校应有三个"意识"。

一是危机意识。职业教育的特点决定职业学校最终必须面向市场，其投入、管理模式也将随之改变。探索混合所有制，不仅是调动行业企业实质性参与教学、提高质量的手段，更是学校整合更多社会资本投入职业教育的解决方案。职业学校一定要有危机意识，如果有一天不再有财政支持，是否还能办下去？这个问题值得深思。

二是改革意识。探索发展混合所有制职业学校，固然还面临一些实际问题，例如，混合所有制学校的办学性质问题、产权归属问题、法人治理结构问题等等。但是，随着"放、管、服"改革不断深化，这些问题终将得到解决。学校应该早谋划、早行动，建立健全改革创新容错纠错机制，激发和保护干部队伍敢于担当、干事创业的积极性、主动性、创造性，鼓励二级单位大胆试、大胆闯。

三是服务意识。在现有的政策框架下，做好这项工作需要学校和企业共同创新、互利共赢,学校用好现有的政策红利,照顾到企业、学校、教师多方面的利益,作为调动各方参与的积极性。调研显示,广东高职学校的产业学院已经投入运行,通过产业学院把生产链和专业群结合在一起,校企共同开发课程、共同育人。

(二)治理模式上,加快推进现代化

党的十九届四中全会着重研究了坚持和完善中国特色社会主义制度、推进国家治理体系和治理能力现代化的若干重大问题,"治理体系"一词出现了 30 次。会议通过的《关于坚持和完善中国特色社会主义制度、推进国家治理体系和治理能力现代化若干重大问题的决定》,聚焦坚持和完善支撑中国特色社会主义制度的根本制度、基本制度、重要制度,明确了各项制度必须坚持和巩固的根本点、完善和发展的方向。

"职教 20 条"也提到,"经过 5—10 年左右时间,职业教育基本完成由政府举办为主向政府统筹管理、社会多元办学的格局转变,……由参照普通教育办学模式向企业社会参与、专业特色鲜明的类型教育转变"。

近 20 年,职业教育如雨后春笋般大力发展,特别是职业学校数量、在校生数量、办学条件呈现指数级增长。在学校治理体系建设方面,一直都没有停止前进的步伐。在社会监督方面,有第三方定期发布质量年报;在政府监管方面,有督导评估报告;在行业自律方面,有 56 个行指委的人才培养调研报告、专业标准等;在学校治理方面,有教学工作诊断与改进制度建设。但是,在职业教育的传统模式中,学校高度依附于政府,从而缺乏基本的独立性和自主性,仅有政府的大治理远远不够。随着我国市场经济的不断成熟,职业教育新的治理格局也发生了深层次变革,政府的角色由主导到引导,市场的角色由驱动到决定,学校的角色由服从到主动,每所学校都应有紧迫感和使命感。学习十九届四中全会精神让我们知道,治理体系和治理能力问题是具有根本性、全局性、稳定性和长期性的问题。

健全职业学校治理体系和治理能力要坚持一个制度、打造一个体系、用好一个权力、调动多方力量。

1. 坚持党委领导下的校长负责制

加强党对学校的全面领导,正确处理党委领导和校长负责的关系,认真贯彻执行民主集中制,完善协调运行的工作机制,提升学校的资源整合、科学决策和战略规划能力。

2. 打造以章程为统领的制度体系

章程是依法自主办学、实施管理和履行公共职能的基本准则。学校要以章程为依据,制定内部管理制度及规范性文件、实施办学和管理活动、开展社会合作。以章程为准绳,建立学校规章制度的动态梳理和调整机制,形成系统化制度标准和流程,保障学校高质量发展。

3. 充分发挥学术权力重要作用

健全以学术委员会为核心的学术管理体系与组织架构,保障学术组织依照章程行使职权,充分发挥其在专业建设、学术评价、学术发展和学风建设等方面的重要作用,积极探索教授治学的有效途径。

4. 积极调动支持学校发展的各方力量

职业教育是跨界的教育,职业学校要设立行业企业等办学相关方代表参加的理事会或董事会机构,发挥咨询、协商、审议与监督作用;推进教职工代表大会等制度的有效实施,发挥工会、共青团、学生会等群团组织作用,健全依法自主管理、民主监督、社会参与的治理结构;积极实施校院(系)两级管理,推进权力下放,调动教学单位积极性、主动性和创造性;要建立健全绩效工资制度,统筹兼顾各类岗位收入分配水平,注重向优秀人才和关键岗位倾斜。通过常态化的自我诊断和改进,健全内部质量保证体系,保障高素质劳动者和技术技能人才培养质量持续提升。

总之,健全治理体系,提升治理能力,就要刀口向内,找问题、找不足,自我革新和自我重塑,最终实现管理标准化、秩序正规化、手段信息化、质量可控化。

(三)培养模式上,深化教师、教材、教法改革

关于"教师",教育部等四部门印发了《深化新时代职业教育"双师型"队伍建设改革实施方案》(简称《职教师资 12 条》)。这 12 项工作举措可以划分为建设一项标准体系、改革创新两项基本制度、完善三项管理保障机制、实施六大举措提升教师双师素质。在标准体系方面,明确建立中等和高等职业教育层次分明,覆盖公共课、专业课、实践课等各类课程的教师专业标准体系。不断完善职业教育教师评价标准体系。在基本制度方面,提出以双师素质为导向改革新教师准入制度,以双师素质为核心深化教师考核评价改革。在保障机制方面,要求加强党对教师队伍建设的全面领导,落实权益保障和激励机制提升社会地位,强化教师队伍建设改革的保障措施。在提高素质方面,提出构建以职业技术师范院校为主体、产教融合的多元办学格局,完善"固定岗+流动岗"的教师资源配置新机制,建立校企人员双向交流协作共同体,聚焦"1+X"证书制度开展教师全员培训,创建高水平结构化教师教学创新团队,以"国家工匠之师"为引领加强高层次人才队伍建设。

关于"教材",国家已印发《职业学校教材管理办法》,完善职业学校教材政府分级管理,教育行政部门统筹,行业、学校和企业多方参与的管理体制。以高质量教材为遵循,以高水平教学资源为支撑,组织建设量大面广的专业核心课程教材,遴选发布一批校企"双元"合作开发的国家规划教材,倡导使用新型活页式、工作手册式教材并配套信息化资源。

关于"教法",教育部印发了《关于职业院校专业人才培养方案制订与实施工作的指导意见》,指导学校科学规范制订专业人才培养方案,要求学校党委会审定各专业人才培养方案,切实加强党对一切工作的全面领导,以高质量示范课堂为抓手,以高标准教学质量为目标,普及推广项目教学、案例教学、情景教学、工作过程导向教学等,推广混合式教学、理实一体教学、模块化教学等新型教学模式。适应"互联网＋职业教育"新要求,推动大数据、人工智能、虚拟现实等现代信息技术在教育教学中的广泛应用,推广远程协作、实时互动、翻转课堂、移动学习等信息化教学模式,推动教师角色的转变与创优,在学校教育中,以学生为中心,学生是主体,以教师为主导。在教育理念、教学观念、教学内容、教材教法以及教学评价、机制环境等方面不断改革创优,使职业教育真正能够因材施教,对学生起到"扬长教育"的作用,避其所短,扬其所长,让学生做自己擅长领域的强者。

三、德育为先,落实立德树人的根本任务

培养德智体美劳全面发展的社会主义建设者和接班人,是教育的根本任务。没有学生就没有学校,学校存在的价值就是服务学生,培养学生的关键是教师。贯彻党的教育方针,就是要解决好培养什么人、怎样培养人、为谁培养人这个根本问题。这其中,办什么样的院校、培养什么样的人才,是办学育人首先要解决的问题。

五育并举,德育为先。2019年1月,习近平总书记在南开大学考察调研时强调,学校是立德树人的地方。同年3月,总书记在学校思想政治理论课教师座谈会上再次强调,思想政治理论课是落实立德树人根本任务的关键课程。青少年阶段是人生的"拔节孕穗期",最需要精心引导和栽培。我们办中国特色社会主义教育,就是要理直气壮开好思政课,深化思政课"三教"改革,用新时代中国特色社会主义思想铸魂育人。

(一)做强思想政治工作队伍

习近平总书记强调,要精心培养和组织一支会做思想政治工作的政工队伍,把思想政治工作做在日常、做到个人。重点包括五个方面。

1.建设一支能推动思政课建设的领导队伍

办好中国的事情,关键在党。学校党委要把思政课建设摆上重要议程,抓住制约思政课建设的突出问题,在工作格局、队伍建设、支持保障等方面采取有效措施,推动形成教师讲好思政课、学生学好思政课的良好氛围。学校党委书记、校长要带头走进课堂,带头推动思政课建设,带头联系思政课教师。

2.建设一支高素质、专业化的思政课教师队伍

思政课作用不可替代,思政课教师队伍责任重大。办好思政课关键在发挥教师的积极性、主动性、创造性。让有信仰的人讲信仰,是当好思政课教师的第一标准。思政课教师要坚定理想信念,用当代中国最鲜活的马克思主义——习近平新时代中国特色社会主义思想武装头脑,先学一步,深学一层,常学常新,真学真信,带头增强"四个意识",坚持"四个自信",坚决做到"两个维护",做讲政治、有信仰的人,努力成为"六要"(政治要强、情怀要深、思维要新、视野要广、自律要严、人格要正)的思政课教师。

3.建设一支专业化、职业化的辅导员(班主任)队伍

辅导员(班主任)是开展思想政治教育的骨干力量,是学生日常思想政治教育和管理工作的组织者、实施者、指导者。辅导员(班主任)应当努力成为学生成长成才的人生导师和健康生活的知心朋友。学校要把辅导员队伍建设作为教师队伍和管理队伍建设的重要内容,整体规划、统筹安排,不断提高队伍的专业水平和职业能力,保证辅导员工作有条件、干事有平台、待遇有保障、发展有空间。

4.建设一支既教书又育人的专业课教师队伍

教师的工作不仅仅是把知识传授给学生,更担负着学生健康成长指引者和引路人的重任。虽然不同教师从事着不同的专业,但他们的育人要求是一致的,都承担着塑造灵魂、塑造生命、塑造人的工作。要把师德师风作为评价教师队伍素质的第一标准,推动教师成为先进思想文化的传播者、党执政的坚定支持者、学生健康成长的指导者和引路人,成为有理想信念、有道德情操、有扎实知识、有仁爱之心的好老师。

5.建设一支有阅历、能示范的兼职教师队伍

完善兼职教师队伍建设,把有德有才、能说能干的"真把式"请进校园,广泛开展劳动模范、工匠大师进校园等活动,提升学生的职业素养、工匠精神,还要把老红军、老革命请进校园,讲好党的故事,讲好红军的故事,把红色基因传承好。

(二)做活思想政治工作形式

总书记指出,思想政治工作从根本上说是做人的工作,推动思政课改革创新,要不断增强思政课的思想性、理论性和亲和力、针对性。要坚持政治性和学理性相统一,价值性和知识性相统一,建设性和批判性相统一,理论性和实践性相统一,统一性和多样性相统一,主导性和主体性相统一,灌输性和启发性相统一,显性教育和隐性教育相统一。只有围绕学生、关照学生、服务学生,在解疑释惑、凝聚共识中不断给学生以思想启迪和文化滋养,才能培育德才兼备、全面发展的人才。职业教育的思政课要有自身特色,需要处理好三个关系。

1.思政工作既要有"硬度",又要有"温度"

教育部党组书记、部长陈宝生强调,高校思政工作要做到"有虚有实、有棱有角、有情有义、有滋有味"。这虽是针对高校讲的,对整个职业教育战线同样适用。要做到"八个有",职业学校要不断更新课程体系,解决好专业课程和思政课相互配合的问题。按照"八个统一"的要求,把"立德"和"树人"融会贯通,在潜移默化中培养学生的道德情操和职业精神。

2. 思政工作不仅"有意义",更要"有意思"

过去思政课亲和力不够、针对性不强问题比较普遍,老师照本宣科、内容陈旧落后,学生课上抬头率不高、人到心不到。一堂成功的思政课,应该既有知识的增益,也有道德的熏陶;既有美的感受,也有真和善的升华。只有把思政课讲得有滋有味,才能让人真学真信真懂,才能让道理入耳入脑入心。触动心灵的教育才是最成功的教育,期待职业学校思政课能出一批叫好又叫座的"网红课"。

3. 思政课教师要既会"讲道理",更会"讲故事"

一些思政课教师习惯讲道理,板起脸来居高临下地教育人,结果学生只能是口服心不服,或者是无动于衷,甚至会激发逆反心理。思政课教师要有受众意识,善于从学生角度出发,就事论理,多讲生动活泼的内容,寓道理于事例之中,不妨多用学生平时耳闻目睹的事例,把"大道理"讲得深入浅出,思政课才能给人以启迪、发人以思考。

(三)做优思政教育资源

总书记要求,要把立德树人融入思想道德教育、文化知识教育、社会实践教育各环节。教育部党组印发的《高校思想政治工作质量提升工程实施纲要》提出,充分发挥课程、科研、实践、文化、网络、心理、管理、服务、资助、组织等方面工作的育人功能,挖掘育人要素,完善育人机制,优化评价激励,强化实施保障,切实构建"十大"育人体系。

1. 用好课堂教学主渠道

以"课程思政"为目标,改革课堂教学,优化课程设置,修订专业教材,完善教学设计,加强教学管理,梳理各门专业课程所蕴含的思想政治教育元素和所承载的思想政治教育功能,融入课堂教学各环节,实现思想政治教育与知识体系教育的有机统一,使各类课程与思政课同向同行,形成协同效应。

2. 构建全员育人大格局

进一步强化全员、全过程、全方位育人的理念,通过多种途径积极拓展思政工作的"广度";抓住领导干部、专业带头人、学生骨干这些"关键少数",着力提升思政工作"深度"。

3. 营造校园文化小气候

大力繁荣校园文化,创新校园文化品牌,挖掘校史校风校训校歌的教育作用,推进"一校一品"校园文化建设,引导建设特色校园文化。注重以文化人、以文育人,深入开展中华优秀传统文化、革命文化、社会主义先进文化教育,优化校风学风,繁荣校园文化,培育大学精神,建设优美环境,滋养师生心灵、涵育师生品行、引领社会风尚。

思想政治工作是学校各项工作的生命线,各级党委、各级教育主管部门、学校党组织都必须紧紧抓在手上,使学校不仅仅是教授技能、发放文凭的场所,更是化育为人的天地。

总的来讲,以大改革促进职业教育大发展,实现职业教育全面振兴,既要从整体推进的全局性高度来谋划重点改革举措,也要从具体实施的可操作性角度来设计实施路径,要在正本清源上下更大功夫,使职业教育真正成为一种有着广泛需求、具有特定功能的类型教育,它与其他教育之间并无等次优劣之分;要在守正创新上下更大功夫,既时刻牢记应该坚持和巩固什么,又深入探究应该完善和发展什么,使中国特色职业教育体系充分展示出强大的自我完善能力和更为旺盛的生机活力;要在力求实效上下更大功夫,通过更好统筹顶层设计和分层对接、统筹制度改革和制度运行,着力固根基、扬优势、补短板、强弱项,有效引导我国职业教育步入高质量发展轨道。

（来源:《中国职业技术教育》2020 年第 1 期）

中国特色高职教育发展的方位、方向与方略

谢　俐

（教育部职业教育与成人教育司）

摘　要：高职教育是我国首创的教育类型。伴随改革开放后经济转型升级，高职教育从无到有、从小到大、从弱到强，已经站在新的历史起点上。《国家职业教育改革实施方案》和《关于实施中国特色高水平高职学校和专业建设计划的意见》的公布实施，为新时代高职教育发展提出了要求，指明了方向。实施"双高计划"，舞起发展龙头，深化改革创新，增强发展动力，强化统筹协调，优化发展环境，是打赢高职教育提质升级攻坚战的重要方略。

关键词：中国特色高职教育；"双高计划"；产教融合

2019 年 1 月 24 日，国务院印发《国家职业教育改革实施方案》（以下简称《方案》），提出一系列新目标、新论断、新要求，是办好新时代职业教育的顶层设计和施工蓝图；3 月 29 日，教育部、财政部印发《关于实施中国特色高水平高职学校和专业建设计划的意见》（以下简称《意见》），重点支持一批优质高职学校和专业群率先发展，引领新时代职业教育实现高质量发展。高职教育要牢牢抓住大有可为的发展机遇期，立足时代、提高站位、把握使命，明确发展的方位、方向与方略，遵循规律、改革创新、提质升级，在新的起点上迈向更高水平。

一、方位：高职教育已经站在新的历史起点

高职教育是我国首创的教育类型。伴随改革开放后经济转型升级，高职教育从无到有、从小到大、从弱到强，探索形成具有中国特色的教育模式，把一批又一批高素质技术技能人才输送到生产建设管理服务第一线，加速了中国经济社会发展进程。

（一）伴随改革开放，成为经济社会发展的有力支撑

党的十一届三中全会后，党和国家的工作重心转向以经济建设为中心，急需大量技术技能人才。国家引导传统专科人才培养向高职教育转型，一些地方建设了职业大学，开始了高职教育的探索。世纪之交，伴随着我国高等教育扩大招生规模，高职教育也迅速扩张，基本每个地市至少建有一所高职院校，招生规模达到高校招生数的一半，为推进我国高等教育大众化做出了历史性贡献。新世纪以来，在国家示范性高等职业院校建设计划、高等职业教育创新发展行动计划等项目的引领下，高职院校全面深化内涵建设，创新办学体制机制，改革人才培养模式，人才培养水平和社会服务能力不断提升。目前，全国共有高职院校 1418 所，高职在校生达到 1134 万人，5.8 万个专业点覆盖了国民经济的主要领域，毕业生半年后就业率在 90％以上。高职生绝大部分来自农村和城市中低收入家庭，近三年来，850 万家庭通过高职教育拥有了第一代大学生，有力促进了教育公平、社会公平。据统计，在现代制造业、战略性新兴产业和现代服务业等领域，一线新增的从业人员 70％以上来自职业院校毕业生，有力提升了我国人力资本素质，支撑了经济社会发展。

（二）持续改革探索，形成具有中国特色的教育模式

高职教育是具有鲜明中国特色的教育模式，是中国对世界教育的独特贡献。高职教育先行先试，改革创新，在专业建设、人才培养、校企合作、条件保障、质量评价等方面，探索形成了一系列理念模式和制度标准。一是健全产教融合机制。建立了 56 个行业职业教育教学指导委员会，组建了 1400 多个职教集团，覆盖了 90% 的高职学校。布局了 409 个高职院校牵头的现代学徒制试点，每年惠及近 6 万名学生（学徒），探索"招生即招工、入校即入厂、校企联合培养"的现代学徒制培养模式。跟踪产业发展，修订专业目录，指导高职院校动态调整专业布局，进一步确立了政府调控与高等职业院校自主设置配合配套的专业动态调整机制。二是率先完善办学标准体系。2011 年首次制定发布了 410 个高职专业教学标准，之后逐步建设了涵盖学校设置、专业建设、教学标准、经费投入、教师队伍、学生实习等环节的制度标准体系。高职专业教学标准、顶岗实习标准、仪器设备装备规范等从无到有，填补了我国职业教育的空白。三是率先开展考试招生制度改革。高职教育分类考试招生制度改革是国家高考招生改革的先行者和探索者。2006 年起，即开展了示范高职院校单独考试招生改革试点；2013 年，明确了基于高考的"知识＋技能"招生、单独考试招生、综合评价招生、对口招生、中高职贯通招生、技能拔尖人才免试招生等 6 种招生方式；2018 年全国高职院校分类考试占当年高职招生计划总数的 54%，避免了"千军万马挤独木桥"的现象，为学生接受高职教育提供了多种入学渠道。四是创造性地构建了高职自己的质量保障制度。率先建立学校、省、国家三级质量年度报告制度，率先分类指导学校建立教学工作诊断与改进制度，发挥学校的教育质量保证主体作用，构建校内全员、全过程、全方位的质量保证制度体系。高职教育的创新探索，带动了职业教育改革，优化了高等教育结构，成为教育现代化进程中的活跃因素和重要力量。

(三)面对更高要求,到了下大力气抓好的时候

我国高职教育发展虽然取得了显著成就,但与教育现代化的目标相比、与建设教育强国的要求相比、与服务建设现代化经济体系的使命相比,仍存在一些突出的问题和不足。主要有:一是职业教育体系建设不够完善,本科层次职业教育还很薄弱,技术技能人才向上成长的渠道还不通畅;二是制度标准不够健全,办学特色不鲜明,很多方面参照普通教育办学,实训基地建设有待加强,教材、课程与生产实际脱节,滞后于产业发展和技术进步;三是各地对高职教育的支持力度不平衡,有的没有把职业教育摆在更加突出的位置,生均经费等保障政策还不健全,企业参与办学的积极性不高;四是部分高职院校发展自信不足,不是集中力量立足本位、提高质量、办出特色,而是把工作的着力点放在了推动学校升格上;五是"崇尚一技之长、不唯学历凭能力"的良好氛围还未形成,技术技能人才在就业和发展上还存在不平等待遇,导致高职教育社会吸引力不强。随着我国进入新的发展阶段,产业升级和经济结构调整不断加快,各行各业对技术技能人才的需求越来越紧迫,高职教育重要地位和作用越来越凸显[1],到了必须下大力气抓好的时候。

二、方向:努力办好中国特色高水平高职教育

中国教育已经进入世界中上行列,发生全方位变化,实现系统性提升,取得历史性成就。党的十九大提出"完善职业教育和培训体系";《方案》要求,把职业教育摆在教育改革创新和经济社会发展中更加突出的位置,大幅提升新时代职业教育现代化水平;《意见》提出,集中力量建设一批引领改革、支撑发展、中国特色、世界水平的高职学校和专业群。这为新时代高职教育发展提出了要求,指明了方向。

(一)把握根本遵循,坚定社会主义办学方向

习近平总书记在全国教育大会上的重要讲话为新时代教育改革发展提供了根本遵循。高职教育领域要深入理解把握讲话精神,用习近平总书记关于教育的重要论述武装头脑、指导实践、推动工作。要坚持党对教育事业的全面领导,保证党的路线方针政策决定能够不折不扣得到贯彻执行,充分发挥党组织在职业院校的领导核心和政治核心作用,牢牢地把握学校意识形态工作的领导权,将党建工作与学校事业发展同部署、同落实、同考评,保证职业院校始终成为培养社会主义事业建设者和接班人的坚强阵地。

(二)把握根本任务,坚定人人出彩的培养方向

立德树人是教育工作的根本任务。高职教育要以德为先,落实好"六个下功夫",用习近平新时代中国特色社会主义思想铸魂育人,努力培养担当民族复兴大任的时代新人,培养德智体美劳全面发展的社会主义建设者和接班人。[2]要面向人人,深化考试招生和培养模式改革,为不同学习者提供多元化的入学渠道和学习方式,努力使教育选择更多样、成长道路更宽广。要育训并举,切实履行学历教育与培训并重的法定职责,面向在校学生和全体社会成员开展职业培训,为校园和职场之间灵活转换提供更加便捷通道,让更多青年凭借一技之长实现人生价值,让三百六十行人才荟萃、繁星璀璨。

(三)把握本质属性,坚定职业教育的类型方向

职业教育与普通教育是两种不同类型教育,具有同等重要地位。高职教育具有高等教育和职业教育的双重属性,本质上是职业教育,以往的成功探索在于坚持了这一定位,以后的成功发展仍要坚持职业教育的类型方向。要深刻把握职业教育发展的本质要求、内在规律和

阶段特征,坚持面向市场、服务发展、促进就业的办学方向,坚持高素质技术技能人才的培养定位,坚持产教融合、校企合作的办学模式,坚持德技并修、工学结合的育人机制,实现高职教育由参照普通教育办学模式向企业社会参与、专业特色鲜明的类型教育转变。

(四)把握时代要求,坚定更高质量的发展方向

当前,我国社会主要矛盾已经转化为人民日益增长的美好生活需要和不平衡不充分的发展之间的矛盾,我国经济已由高速增长阶段转向高质量发展阶段。高职教育要把高质量供给作为发展方向,满足人民群众和经济社会对优质多层多样高职教育的需要。要大力推进教育理念、体系、制度、内容、方法、治理现代化,着力提高教育质量,使高职教育成为广大考生和家长的"优质选项"。要支撑国家战略发展,融入区域产业发展,提升服务产业转型升级的能力,为中国产业走向全球产业中高端提供高素质技术技能人才支撑。要服务"一带一路"和国际产能合作,开发国际通用的专业标准和课程体系,推出一批具有国际影响的高质量专业标准、课程标准、教学资源,打造中国职业教育国际品牌。

三、方略:打一场高职教育提质升级攻坚战

当前,高职教育发展方向已经明确,实现高质量发展还要付出巨大努力。我们要改革创新、攻坚克难,聚焦重点、难点和热点,破除制约事业发展的体制机制障碍,把心静下来,把劲鼓起来,把步子迈出来,打一场高职教育提质升级攻坚战。

(一)实施"双高计划",舞起发展龙头

最近,教育部、财政部联合启动中国特色高水平高职学校和专业建设计划(简称"双高计划"),准备集中力量建设 50 所左右高水平高职

学校和 150 个左右高水平专业群,打造技术技能人才培养高地和技术技能创新服务平台。从示范(骨干)校建设,到优质校建设,再到"双高计划",并不是简单的优中选优,而是以持续的政策供给,有计划、有步骤、有重点地推动职业教育发展。从工作定位来讲,"双高计划"对高职教育战线而言,是要在后示范时期明确优秀学校群体的发展方向;对职业教育战线而言,明确如何引领新时代职业教育改革创新、加快实现职业教育现代化;对经济社会发展而言,明确如何服务国家战略和回应民众关切。从工作目标上讲,"双高计划"就是要坚定走中国特色职业教育发展道路,坚持扶优扶强与提升整体保障水平相结合,着力建设一批促进区域经济转型发展、支撑国家战略、具有国际先进水平的高职学校,着力建设一批服务、支撑、推动国家重点产业和区域支柱产业的高水平专业群,实现"当地离不开、业内都认同、国际可交流"。

(二)深化改革创新,增强发展动力

改革是教育事业发展的根本动力,高职教育是深化教育改革的重要突破口。要坚持改革创新的鲜明导向,更加注重改革的系统性、整体性、协同性,以改革激活力、增动力。

一是深化产教融合、校企合作的体制机制改革。产教融合、校企合作是职业教育的基本办学模式,是办好职业教育的关键所在。要完善行业企业参与办学的体制机制和支持政策,支持建设一批行业指导的跨区域大型职业教育集团,遴选培育一批服务重点产业领域的产教融合型企业,推动建设一批具有辐射引领作用的产教融合实训基地,进一步提高行业企业参与办学程度,推动职业院校和行业企业形成命运共同体。高职院校要根据自身特点和人才培养需要,主动与行业领先企业在人才培养、技术创新、就业创业、社会服务、文化传承等方面开展合作,形成校企命运共同体。以技术技能积累为纽带,建设人才培养与技术创新平台,促进创新成果与核心技术产业化,重点服务企业特别

是中小微企业的技术研发和产品升级;加强与地方政府、产业园区、行业深度合作,建设产教融合平台,服务区域发展和产业转型升级;进一步提高专业群集聚度和配套供给服务能力,与行业领先企业深度合作,建设技术技能平台,服务重点行业和支柱产业发展。

二是深化德技并修、工学结合的育人机制改革。青年高职学生正处于人生的"拔节孕穗期",最需要精心引导和栽培。要开好思政课,增强德育针对性、实效性,把社会主义核心价值观融入人才培养全过程,引导学生增强中国特色社会主义道路自信、理论自信、制度自信、文化自信。要健全德技并修、工学结合的育人机制,深化人才培养模式改革,把劳模精神和工匠精神融入国家教学标准,推进职业技能和职业精神培养高度融合。要推动职业院校教师、教材、教法"三教"改革,完善"双师型"特色教师队伍建设,建设引领教学模式改革的教师创新团队;健全教材建设规章制度,组织建设量大面广的专业核心课程教材,遴选发布一批校企"双元"合作开发的国家规划教材;普及推广项目教学、案例教学、情景教学、工作过程导向教学等,推广混合式教学、理实一体教学、模块化教学等新型教学模式。总结现代学徒制试点经验,校企共同研究制订人才培养方案,及时将新技术、新工艺、新规范纳入教学标准和教学内容,强化学生实习实训。启动学历证书+若干职业技能等级证书制度试点(即"1+X证书制度"试点),鼓励职业院校学生在获得学历证书的同时,积极取得多类职业技能等级证书,拓展就业创业本领。加快推进职业教育国家"学分银行"建设,有序开展学历证书和职业技能等级证书所体现的学习成果的认定、积累和转换,为技术技能人才持续成长拓宽通道。按照"管好两端、规范中间、书证融通、办学多元"的原则,严把教学标准和毕业学生质量标准两个关口,规范人才培养全过程,提升人才培养质量。

三是深化德同业异、类型特色的评价制度改革。职业教育与普通教育是两种不同教育类型,要克服"普教化""技能化"倾向,坚决破除

"五唯",加快构建与类型特色相适应的多元评价机制。要综合评价学习者的职业道德、技术技能水平和就业质量,以及产教融合、校企合作水平,建立职业教育质量评价体系。完善政府、行业、企业、职业院校、用人单位、学生等共同参与的质量评价机制,积极支持第三方机构开展评估,将考核结果作为政策支持、绩效考核、表彰奖励的重要依据。尊重教育类型的多样性,加快建立"职教高考"制度体系,推动形成考试招生与人才培养的有效联动机制,使不同性格禀赋、兴趣特长、素质潜力的学生享有更多样的教育选择和更畅通的学业提升通道。推进教学诊断与改进工作,完善质量年度报告制度,健全质量自我保证机制。

(三)强化统筹协调,优化发展环境

一是构建标准体系。质量是有标准的,没有标准就没有质量。将标准化建设作为统领职业教育发展的突破口。建立健全学校设置、师资队伍、教学教材、信息化建设、安全设施等办学标准,引领职业教育服务发展、促进就业创业。实施教师和校长专业标准,提升职业院校教学管理和教学实践能力。持续更新并推进专业目录、专业教学标准、课程标准、顶岗实习标准、实训条件建设标准(仪器设备配备规范)建设和在职业院校落地实施。巩固和发展国务院教育行政部门联合行业制定国家教学标准、职业院校依据标准自主制订人才培养方案的工作格局。

二是增强工作合力。国务院职业教育工作部际联席会议制度已建立,进一步加强了国家对职业教育工作的领导。在该制度框架下,教育部门将加强与政府其他部门、行业组织的协调配合,加强中央与地方的衔接互动,强化统筹协调,形成办好新时代职业教育的工作合力。组建国家职业教育指导咨询委员会,对全国职业院校、普通高校、校企合作企业、培训评价组织的教育管理、教学质量、办学方式模式、师资培养、学生职业技能提升等情况,进行指导、考核、评估等。国务院已把职业教育作为教育领域激励对象,列入加大激励支持力度的重点内容,各地要切实履行好发展职业教育的主体责任,完善支持政策,促进职业教育融入区域经济社会发展。

三是健全投入机制。职业教育仍是我国教育体系的短板。各级政府要建立与办学规模、培养成本、办学质量等相适应的财政投入制度,地方政府要按规定制定并落实职业院校生均经费标准或公用经费标准。在保障教育合理投入的同时,优化教育支出结构,新增教育经费要向职业教育倾斜。鼓励社会力量捐资、出资兴办职业教育,拓宽办学筹资渠道。职业院校要以服务求发展,积极筹集社会资源,增强自我造血、自我发展功能。

四是提升管理水平。提升管理水平是促进职业院校内涵发展的现实要求,是提高人才培养质量的重要保障。常规管理是基础,是学校办学水平的重要体现。要加强教学组织管理,加强课堂教学建设,深入推进教学诊断与改进制度建设,形成常态化的内部质量保证体系和运行机制,建立和完善现代职业学校制度,提高学校管理工作规范化、科学化、精细化水平。加快智慧校园建设,促进信息技术和智能技术深度融入教育教学和管理服务全过程,改进教学、优化管理、提升绩效。综合运用大数据、人工智能等手段推进学校管理方式变革,提升管理效能和水平。

五是营造良好环境。继续用好"职业教育活动周"等载体,打造"武有技能大赛、文有文明风采"的形象品牌,推进地方政府统筹职业教育与区域发展布局,同步规划产教融合与经济社会发展,进一步落实中高职生均拨款制度,营造更好支持职业教育的政策环境。推动提高技术技能人才的政治待遇、经济待遇和社会待遇,消除城乡、行业、身份、性别等一切影响平等就业的制度障碍和就业歧视,着力提升职业教育吸引力,营造人人皆可成才、人人尽展其才的社会环境。

方位标示历史坐标,方向昭示时代使命,方略展示发展路径。我们要以习近平新时代中国特色社会主义思想为指导,奋力办好新时代高职教育,为加快教育现代化、建设教育强国做出新的贡献,为全面建成小康社会、全面建设社会主义现代化国家做出更大贡献。

参考文献

[1] 专家解读《国家职业教育改革实施方案》[N]. 中国教育报,2019-03-20(04).

[2] 邓晖,叶乐峰. 思政课作用不可替代 思政课教师责任重大——与会教师热议习近平总书记在学校思政课教师座谈会上的重要讲话[N]. 光明日报,2019-03-19(04).

(来源:《现代教育管理》2019 年第 4 期)

新时代新要求、新目标新行动

——职业教育改革发展迈入新阶段

王扬南

（教育部职业技术教育中心研究所）

摘　要：《国家职业教育改革实施方案》明确提出，要把职业教育摆在教育改革创新和经济社会发展中更加突出的位置，体现了党中央国务院对职业教育的高度重视和下大力气抓好职业教育的决心。落实《方案》要求，需要在党的全面领导下，把握新时代职业教育改革发展的新要求新定位，明确改革总体目标和要求，实现职业教育发展理念根本转变；需要在政策保障下，健全国家职业教育制度，实现学历教育与培训并重发展，通过深化校企合作，工学结合，推进育人机制创新，通过激励企业参与职业教育，形成多元办学新格局。

关键词：《国家职业教育改革实施方案》；国家职业教育制度；育人机制创新；多元办学格局

《国家职业教育改革实施方案》（以下简称《方案》）经中央全面深化改革委员会第五次会议审议通过，于 2019 年 1 月 24 日由国务院正式发布。《方案》要求把职业教育摆在教育改革创新和经济社会发展中更加突出的位置，体现了党中央国务院对职业教育的高度重视和下大力气抓好职业教育的决心。《方案》是贯彻落实党的十九大和全国教育大会精神，进一步办好新时代职业教育的战略部署和行动指南。

一、把握新时代职业教育改革发展的新要求新定位

中国特色社会主义进入新时代,统筹推进"五位一体"总体布局和"四个全面"战略布局,贯彻新发展理念,实现经济由高速增长转向高质量发展,转变发展方式、优化经济结构、转换增长动力,建设现代化经济体系,各行各业对技术技能人才的需求越来越紧迫,职业教育的重要地位和作用越来越凸显。

职业教育是国民教育体系和人力资源重要组成部分,肩负着培养多样化人才、传承技术技能、促进就业创业的重要职责,与普通教育是两种不同类型的教育;对加快普及高中阶段教育,优化高等教育结构,提高全民文化素质和技术技能水平,促进经济社会发展发挥着重要作用,与普通教育同等重要。

改革开放以来,特别是党的十八大以来,以习近平同志为核心的党中央高度重视职业教育工作,职业教育改革发展取得重要进展,为我国经济社会发展提供了有力的人才和智力支撑,现代职业教育体系框架全面建成,具备了基本实现现代化的诸多有利条件和良好工作基础。但与建设现代化经济体系、建设教育强国的要求相比,职业教育还存在诸多困难和问题,仍然是整个教育中的薄弱环节,到了必须下大力气抓好的时候,必须加快推进职业教育现代化,没有职业教育现代化就没有教育现代化。

二、明确改革总体目标和要求,实现职业教育发展理念根本转变

《方案》要求坚持以习近平新时代中国特色社会主义思想为指导,把职业教育摆在教育改革创新和经济社会发展中更加突出的位置。

要牢固树立新发展理念,服务建设现代化经济体系和实现更高质量更充分就业需要,对接科技发展趋势和市场需求,完善职业教育和培训体系,优化学校、专业布局,深化办学体制改革和育人机制改革,以促进就业和适应产业发展需求为导向,鼓励和支持社会各界特别是企业积极支持职业教育,着力培养高素质劳动者和技术技能人才。

《方案》提出,从 2019 年开始,在职业院校、应用型本科高校启动"学历证书+若干职业技能等级证书"制度("1+X 证书制度")试点工作。到 2022 年,职业院校教学条件基本达标,一大批普通本科高等学校向应用型转变,建设 50 所高水平高等职业学校和 150 个骨干专业(群),建成覆盖大部分行业领域、具有国际先进水平的中国职业教育标准体系。企业参与职业教育的积极性有较大提升,培育数以万计的产教融合型企业,打造一批优秀职业教育培训评价组织,推动建设 300 个具有辐射引领作用的高水平专业化产教融合实训基地。基本完成职业教育由政府举办为主向政府统筹管理、社会多元办学的格局转变,由追求规模扩张向提高质量转变,由参照普通教育办学模式向企业社会参与、专业特色鲜明的类型教育转变。

《方案》强调按照"管好两端、规范中间、书证融通、办学多元"的原则把握好正确的改革方向。要严把教学标准和毕业生质量标准两个关口。要将标准化作为统领职业教育发展的突破口,完善职业教育体系,建立健全职业教育办学标准,引领职业教育服务发展、促进就业创业。要落实好立德树人根本任务,健全德技并修、工学结合的育人机制,完善评价机制,规范人才培养全过程。要推进资历框架建设,实现学历证书和职业技能等级证书互通衔接。要深化产教融合、校企合作,育训结合,推动企业深度参与协同育人,扶持鼓励企业和社会力量参与举办各类职业教育,健全多元化办学格局。

三、实现学历教育与培训并重，健全国家职业教育制度

职业教育包括学校职业教育和培训，实施学历教育与培训并举并重是职业院校的法定职责，《方案》要求健全国家职业教育制度，畅通技术技能人才成长通道。

一是完善职业教育和培训体系。提高中等职业教育发展水平，优化中等教育结构，保持高中阶段教育职普比大体相当，使绝大多数城乡新增劳动力接受高中阶段教育。推进高等职业教育高质量发展，作为优化高等教育结构和培养大国工匠、能工巧匠的重要方式，使更多城乡新增劳动力接受高等教育。建立"职教高考"制度，扩大对初中毕业生实现中高职贯通培养的招生规模，启动实施中国特色高水平高等职业学校和专业建设计划。完善高层次应用型人才培养体系，要推动具备条件的本科高校向应用型高校转变，开展本科层次职业教育试点，加强专业学位硕士研究生培养，探索长学制培养高端技术技能人才，把军队相关的职业教育纳入国家职业教育大体系。按照育训结合、长短结合、内外结合的要求，面向在校学生和全体社会成员开展职业培训。

二是健全职业教育国家标准。发挥标准在职业教育质量提升中的基础作用，健全学校设置、师资队伍、教学教材、信息化建设、安全设施等办学标准。持续更新并推进专业目录、专业教学标准、课程标准、顶岗实习标准、实训条件标准建设在职业院校落地实施。创新标准建设机制，巩固和发展国务院教育行政部门联合行业制定国家教学标准、职业院校依据标准自主制订人才培养方案的工作格局。以社会化机制公开招募并择优遴选培训评价组织，对接职业标准，并与国际先进标准接轨，按照有关规定开发职业技能等级标准。

三是探索建立"1＋X证书制度"。深化复合型技术技能人才培养

培训模式改革,探索建立"1+X证书制度",鼓励学生在获得学历证书的同时,积极取得多类职业技能等级证书。人社部门、教育部门分别负责管理监督考核院校外、院校内职业技能等级证书的实施。"1+X证书制度"坚持试点先行、稳步推进,制订工作方案和具体管理办法,在部分职业院校及应用型本科高校启动试点工作。探索以社会化机制招募培训评价组织,探索结合专业教学实施职业技能等级证书培训的书证融通模式,建立职业教育学分银行,实现学习成果的认定、积累和转换,探索构建"1+X证书制度"运行与保障机制。

四是推进资历框架建设。探索制定符合国情的资历框架,并在有条件的地区和高校实施试点工作。加快推进职业教育国家"学分银行"建设。探索建立学历证书和职业技能等级证书互通衔接机制,有序开展学历证书和职业技能等级证书所体现的学习成果的认定、积累和转换。

四、深化校企合作,坚持工学结合,推进育人机制创新

产教融合、校企合作、工学结合、知行合一是职业教育的基本特征,也是提高技术技能人才培养质量的重要途径。《方案》对促进产教融合、校企合作育人提出具体要求。

一是促进校企"双元"育人。要总结现代学徒制和企业新型学徒制试点经验,建立校企共同研究制订人才培养方案的机制,及时将新技术、新工艺、新规范纳入教学标准和教学内容。要健全专业设置定期评估机制,强化地方引导本区域职业院校优化专业设置的职责,要定期修订职业院校专业目录,学校依据目录灵活自主设置专业,并建立专业动态调整机制。要健全专业教学资源库,扩大优质资源覆盖面,遴选认定一大批职业教育在线精品课程。要建设一批校企"双元"合作开发的国家规划教材,倡导使用新型教材并配套开发信息化资源,及时更

新专业教材。要运用现代信息技术改造教学方式方法,推进虚拟工厂等网络学习空间建设和普遍使用,适应"互联网＋职业教育"发展需要。

二是全面加强校企深度合作,推动职业院校和行业企业形成命运共同体。职业院校要主动和具备条件的企业在人才培养、技术创新、就业创业、社会服务、文化传承等方面开展合作,要支持企业利用资本、技术、知识、设施、设备和管理等要素参与校企合作。应该允许学校从校企合作中获得智力、专利、教育、劳务等报酬,具体分配可由学校按规定自行处理。

三是打造专业化开放共享的高水平实训基地。要加大政策引导力度,充分调动各方积极性,带动各级政府、企业和职业院校合作建设一批资源共享,集实践教学、社会培训、企业真实生产和社会技术服务于一体的高水平职业教育实训基地。要面向先进制造业等技术技能人才紧缺领域,统筹多种资源,建设若干具有辐射引领作用的高水平专业化产教融合实训基地,鼓励职业院校建设或校企共建一批校内实训基地,提高重点专业建设和校企合作育人水平。要积极吸引企业和社会力量参与,探索创新实训基地运营模式,提高实训基地管理和服务水平。

四是多措并举打造"双师型"教师队伍。要改变职业院校教师来源渠道,职业院校、应用型本科高校相关专业教师原则上从具有 3 年以上企业工作经历并具有高职以上学历的人员中公开招聘。健全职业院校自主聘任兼职教师的办法,在职业院校实行高层次、高技能人才以直接考察的方式公开招聘,完善校企相互兼职兼薪制度,推动人才双向流动。要加强职业技术师范院校建设,引导一批高水平工科学校举办职业技术师范教育,实施职业院校教师素质提高计划,建立 100 个"双师型"教师培养培训基地,推动教师分工协作进行模块化教学,探索组建高水平、结构化教师教学创新团队。

五、激励企业参与，建设多元办学格局

密切联系行业企业，直接服务经济社会发展，是职业教育的鲜明特色，也是职业教育发展的强大动力。《方案》提出具体的激励政策措施，激发行业企业举办职业教育的内生动力。

一是政府部门要深化"放管服"改革，加快推进职能转变，由注重"办"职业教育向"管理与服务"过渡，发挥政府规划战略、制定政策、依法依规监管的职责，加强政策引导、指导监督，以社会化、市场化机制引导和推动企业和社会力量举办高质量职业教育。

二是发挥企业重要办学主体作用，各级政府要鼓励支持有条件的企业特别是大企业举办高质量职业教育，要在开展国家产教融合建设试点基础上，建立产教融合型企业认证制度，并对进入目录的产教融合型企业给予"金融＋财政＋土地＋信用"的组合式激励政策，按规定落实相关税收以及试点企业兴办职业教育抵免相关教育费附加的政策，厚植企业承担职业教育责任的社会环境。支持示范性职业教育集团（联盟）建设带动中小企业参与。

三是鼓励发展股份制、混合所有制等职业院校和各类职业培训机构，要建立公开透明规范的民办职业教育准入、审批制度，探索民办职业教育负面清单制度，建立健全退出机制。

四是做优职业教育培训评价组织，以社会化机制公开招募并择优遴选培训评价组织。要发挥培训评价组织在职业培训中的作用，能够依据国家有关法规和职业标准、教学标准完成的职业技能培训，要更多通过培训评价组织等参与实施。培训评价组织应对接职业标准，与国际先进标准接轨，按有关规定开发职业技能等级标准，负责实施职业技能考核、评价和证书发放。政府要加强对培训评价组织的监管，防止出现乱培训、滥发证现象。

六、加强党对职业教育工作的全面领导，强化政策保障

加强党对职业教育工作的全面领导，全面贯彻党的教育方针，是职业教育改革发展正确方向的根本保证，保障职业教育改革发展各项政策落到实处，是各级党委政府的重大责任，《方案》提出了明确要求。

一是要充分发挥党组织在职业院校的领导核心和政治核心作用，将党建工作与学校事业发展同部署、同落实、同考评。要加强基层党组织建设，有效发挥基层党组织的战斗堡垒和共产党员的先锋模范作用，带动学校工会、共青团等群团组织和学生会组织建设。要指导职业院校上好思想政治理论课，实施好中等职业学校"文明风采"活动，使各类课程与思想政治理论课同向而行，努力实现职业技能和职业精神培养高度融合。

二是要发挥国务院职业教育工作部际联席会议统筹协调作用，各成员单位要在国务院领导下协调推进相关工作，做好相关政策的配套衔接，在国家和区域战略规划、重大项目安排、经费投入、企业办学、人力资源开发等方面形成政策合力。建立国家职业教育指导咨询委员会，发挥其在重大政策研究、国家职业教育法律法规的起草、制定，重大改革调研和咨询，职业教育标准规划审议等方面的作用，提高政府职业教育决策科学化水平。

三是要完善技术技能人才保障政策，提高技术技能人才经济待遇和社会地位。要通过鼓励企业职务职级晋升和工资分配向关键岗位、生产一线岗位和紧缺急需的高层次、高技能人才倾斜，建立国家技术技能大师库，鼓励技术技能大师建立大师工作室并按规定给予政策和资金支持等措施，提高技术技能人才待遇水平。要适时组织清理调整对技术技能人才的歧视政策，推动职业院校毕业生在落户、就业、参加机关事业单位招聘、职称评审、职级晋升等方面与普通高校毕业生享

受同等待遇。要按照国家有关规定加大对职业院校参加有关技能大赛成绩突出毕业生的表彰奖励力度。要通过办好职业教育活动周和世界青年技能日宣传活动,深入开展"大国工匠进校园""劳模进校园""优秀职校生校园分享"等活动,宣传展示大国工匠、能工巧匠和高素质劳动者的事迹和形象,培育和传承好工匠精神。

四是要加大对职业教育投入,健全经费投入机制。要建立与办学规模、办学质量等相适应的财政投入制度,按规定制定并落实职业院校生均经费标准或公用经费标准,完善生均拨款制度并根据发展需要和财力逐步提高拨款水平。新增教育经费要向职业教育倾斜,经费投入要进一步突出改革导向,支持校企合作,注重向中西部、贫苦地区和民族地区倾斜。要进一步扩大职业院校助学金覆盖面,完善补助标准动态调整机制,健全职业教育奖学金制度。

五是要健全职业教育质量评价制度,建立以学习者的职业道德、技术技能水平和就业质量,以及产教融合、校企合作水平为核心的职业教育质量评价体系。要完善政府、行业、企业、职业院校等共同参与的质量评价机制,积极支持第三方机构开展评估,定期对职业技能等级证书有关工作进行"双随机、一公开"的抽查和监督,对培训评价组织行为和职业院校培训质量进行监测和评估。要完善职业教育督导评估办法,建立职业教育定期督导评估和专项督导评估制度,落实督导报告、公报、约谈、限期整改、奖惩等制度。

(来源:《中国职业技术教育》2019 年第 7 期)

高职院校专业群建设的变革意蕴探析

任占营

（教育部职业教育与成人教育司高职发展处）

摘　要：专业群建设是推进高职院校提高教育供给质量、增强核心竞争力的重大制度设计。专业群建设应在诉求、策略、导向等方面充分理解其变革意蕴，从优化专业结构、共建共享资源、重构治理体系、凝聚办学特色等方面认识其现实意义，从科学组群、重构课程、因材施教、柔性管理等方面探索其实施路径，从科学性、协同性、贡献度等方面评价其建设成效，从而推动高职院校快速形成专业组群发展机制，破除发展路径依赖，助力高等职业教育实现高质量发展。

关键词：变革意蕴；专业群；高职院校

教育部、财政部印发的《关于实施中国特色高水平高职学校和专业建设计划的意见》，明确提出"聚焦高端产业和产业高端，重点支持一批优质高职学校和专业群率先发展""发挥专业群的集聚效应和服务功能，实现人才培养供给侧和产业需求侧结构要素全方位融合"。[1]大力推进专业群建设是中国特色高水平高职学校建设的主要内容和关键所在，是推动高等职业教育深化改革、实现高质量发展的动力机制和重要抓手，是支撑产业转型升级、适应经济发展方式转变的有效载体和重要途径。高职院校应深刻理解专业群建设的变革意蕴，基于变革诉求，认识其现实意义；基于变革策略，探索其实施路径；基于变革导向，评价其建设成效。

一、变革诉求:专业群建设的现实意义

当前,我国经济已由高速增长转向高质量发展阶段,产业转型升级和经济结构调整不断加快,各行各业对技术技能人才的需求越来越紧迫。与此同时,高等职业教育正从注重外延走向注重内涵、由规模扩张转向提高质量和特色发展的新阶段。应对内外部环境迅速变革的诉求,高职院校亟须在专业结构上主动对接,快速优化;在资源配置上共建共享,凸显效益;在治理体系上强化改革,优化机制;在办学特色上凝聚优势,形成品牌。

(一)专业结构优化的重要抓手

专业结构是高职院校实现办学功能的基础和框架。专业设置及其结构要适应国民经济产业结构、部门结构等对人力资源的需要,以提高教育结构的经济效益。以专业群为单位优化专业结构,能更好地适应新技术引发的快速职业迭代,发挥集聚效应,保持发展活力,凸显职业教育类型特色。

一是对接需求更加有效。随着经济结构调整和"四新"经济的蓬勃兴起,产业的内涵和外延在迅速变化,产业转型升级、产业链延伸交叉、跨领域、复合型工作种类越来越多,大部分技术技能人员需要进行动态的技术能力调整。通过专业群建设,面向多个职业岗位或者职业群,集聚相关专业有效对接产业链或岗位群需求,由"单人单岗"的单一渠道输出向"多人多岗"的打包供给转变,大大提高人才供给的多样性,拓宽学生的知识技能边界,提高学生可持续发展能力;还可以面向企业生产实际,实现多个专业或领域协同服务,尤其是为中小微企业提供整体技术解决方案。

二是调整变动更加有序。专业结构的稳定性和应对市场需求的灵活性是专业结构优化的动力机制。专业结构既要通过专业群核心课程和共享性产学研平台建设保持相对的稳定性，以积淀办学底蕴和专业特色，也要兼具一定的灵活性，根据产业发展需求及时调整与优化。通过专业组群发展，在保持共享部分稳定的基础上灵活调整，使专业关停并转有空间、新专业派生有基础，专业结构的生命周期更长。

三是协同发展更加有力。通过组建专业群，进一步挖掘相关专业的发展潜力，凝聚发展合力，或强强联合，或优势互补，或示范带动，将各专业的发展方向和步调统一起来，整体获益。"彼此失联而又分离的专业通过专业群形成一种内部竞争和相容相生的局面，在竞争中变革，在相容中共享，激活专业内部的原生发展活力。"[2]

（二）资源共建共享的重要方式

教育教学资源是人才培养的基本条件，是实现可持续发展的前提和基础。通过专业群配置教育教学资源，可以有效破解单个专业普遍存在的资源稀释、分散、封闭、不均衡等瓶颈问题，降低宏观调控难度，实现资源效益最大化。

一是资源配置更具指向性。通过组建专业群，协同整合相关专业资源，将原来分散的单个专业发展目标整合到专业群整体发展目标上，使资源配置指向更集中。同时，专业组群建设可以更好地进行系统化教学改革设计，开展基于教师、教材、教法的"三教"改革。

二是资源效益更具集约性。专业群建设更加有利于将高职教育的产教融合发展聚焦到校企资源整合上，将相关专业资源要素充分集中，实现群内资源优势互补，发挥资源规模效益，同时通过建设与发展，调整优化资源要素组合方式，增进资源效益。[3]

三是资源共享更具可持续性。专业群面向相关产业链或职业岗位群，组群基因天然趋向于建设高度共享的实训基地、技术平台、教师团队等办学载体，从而有效克服单个专业在资源共建共享广度和深度上的局限性,将技术研发与服务的各类资源整合,多个专业或领域协同作战,更好地面向企业生产实际,尤其是为中小微企业提供整体技术解决方案,提升高职教育的技术服务创新能力,最大限度发挥专业群在资源共建共享上更为持续的内驱动力。

(三)治理体系重构的重要机遇

职业教育产教融合的教育模式、校企合作的办学模式、工学结合的人才培养模式要求高职院校建立并完善以调和、联动、多元、共识等为特征的内部治理体系。专业群建设正是构建柔性、灵活治理机制的助推器,可很好地应对产业调整快速化、生源类型多样化、学习需求个性化、教学边界模糊化等多重挑战。

一是打破壁垒,组织体系更开放。存在于专业之间、院系之间、部门之间的传统壁垒是资源开放共享的"绊脚石",专业群建设可以将专业的边界进一步拓宽,有助于打破直线式、科层制和单一式的传统治理模式,形成矩阵式、事业部制、交互式的开放组织形式,使治理体系更加弹性灵活。

二是权责下沉,基层活力更充沛。从院校管理看,专业群将多个专业的资源和要素集聚之后,必将自下而上产生自主权诉求,倒逼学校层面将人、财、物权力下放,释放基层单元办学活力,落实质量保证主体责任。

三是以群建制,对接市场更高效。在校企合作中,行业企业希望对接的专业(群)自主权尽可能扩大,以减少流程、简化手续。而传统层级管理方式层次重叠、运转效率低下,对接市场反应滞后。专业群成为独立的基层组织,享有分配、评价等自主权,具有企业参与办学的平台与管理体系,有助于形成并发挥集聚优势,进而形成灵活、迅速对接市场的机制。

(四)凝聚办学特色的重要途径

办学特色是院校在长期发展过程中积淀形成的、显著区别于其他学校的独特品格。专业组群发展的方式既有利于传续优势,又便于与时俱进,在共享、竞争、变革中塑造具有职业教育特色的类型文化。

一是促进发挥传统优势。每所院校经过长期积淀,都已形成自己的主体或优势专业,通过组建专业群,可以进一步保持专业建设稳定性,发挥原有主体或优势专业的引领作用,持续积累办学经验和办学成果。

二是易于实现开拓创新。产业发展要求高职院校专业建设保持适时调整的活力,与产业变革需求同步。专业群建设可在发挥主体专业优势的基础上,根据时代特点和产业进步灵活调整专业方向,形成新的增长点。

三是引导形成品牌标识。生源多样化趋势加剧了对高职院校办学辨识度和市场认可度的严重挑战。专业组群发展的策略可以进一步汇聚资源,凝聚特色,引导高职院校准确定位、差异发展,在服务产业发展过程中,形成以产业为依托、特色鲜明的办学品牌标识。

二、变革策略:专业群建设的实施路径

专业群建设是一项系统的改革工程,代表着高职院校的发展重点和发展方向,需要转变传统的专业建设理念,兼顾市场需求侧和人才培养供给侧两方面要求,以开放的思维组建专业群,厘清群内专业关系,以课程为核心重构群内资源,实施多样化人才培养,优化管理运行方式。

(一)逻辑自洽:科学组群是前提

科学组群是发挥专业群集聚效应的前提。从院校整体专业布局来看,需要面向区域或行业重点产业,结合自身办学资源和办学特色,找准专业结构和产业结构的映射关系,形成"对接产业、动态调整、自我完善的专业群建设发展机制"[4]。具体到某个专业群的组建,首先须处理好专业组群的内外逻辑关系。

一是外部适应性。高职院校应紧贴产业结构制定并适时调整专业规划,适应产业转型升级带来的人才和技术需求变化,精准分析产业需求与人才培养供给之间的交集地带,或者以产业链(产业群)为依托,体现职业岗位在流程上的相关性;或者以职业岗位(群)为依托,体现职业岗位在工作对象上的相关性;或者以产业园区为依托,体现职业岗位在地域上的相关性,实现专业群与产业链或岗位群的有效对接。

二是内部相关性。现实产业发展错综复杂,新兴行业和新兴业态的产生,使得产业之间的关联度不断加大,产业链或岗位群之间的界限相对模糊。如此,专业群的组建要尤为注重现有专业之间的相关相近性,具体表现在各专业已有课程、师资、校内外实训基地等资源的共享上。只有"群内专业教学资源共享度、就业相关度较高",才不至于出现"拉郎配"的情况,进而缩短组群发展磨合期,较快发挥组群集聚效应。

三是内外协同性。当前技术革命正在把职业教育纳入经济发展链条,专业群的组建要注重发挥其对区域产业发展及创新驱动发展战略的支撑引领作用,促进人才培养供给侧和产业需求侧结构要素全方位融合,带动形成教育与产业、学校与企业、专业群与岗位群紧密对接协同的生态系统。

（二）集聚协同：重构课程是核心

专业组群发展必然导致原有专业课程的解构，为避免出现"貌合神离"的发展状态，课程的重构将是专业群建设的核心，也是基础，须在兼顾整体和局部、共性和个性、当前和长远的基础上，深入研究课程组合的范围、类别和方式。

一是体系化设计。教学内容的遴选与序化形成课程体系。专业群课程体系构建颇具挑战，首先要参照工作体系以及岗位工作任务的逻辑来组织内容，即对接产业或职业岗位的能力需求遴选教学内容，然后根据学习者的认知规律和心理特点将所选内容科学序化形成体系。由于专业群面向的技术与服务领域相对宽广、学生数量和学习需求更加多元，专业群的课程体系不应像单个专业那样呈线性逻辑，而是要在体系内形成网状逻辑结构，做到底层可共享、中层可融合、高层可互选。底层公共（通用）能力平台面向必学、应知、应会，中层融合（交叉）能力平台面向关键岗位的特定能力和素质，高层核心（拓展）能力平台面向岗位群的能力和职业迁移能力。[5]

二是模块化课程。专业群课程以模块化为单元组织开发，可按照"平台＋模块""基础＋平台＋模块＋方向"等模式建设，基础或平台类课程培养专业基础能力或通用能力，模块或方向课程培养更具针对性的岗位能力和职业迁移能力。在教学条件允许的情况下，每种模块的课程都可以分设不同难度等级或对接不同职业技能等级证书，以满足学习者的不同需求，为个人职业兴趣和生涯发展奠定基础。

三是项目化资源。在专业群课程实施上，可采用项目化教学模式，着重将行业企业的优质资源转化成教育资源，将新技术、新工艺、新规范纳入教学标准和教学内容，形成项目平台或资源库。伴随专业群课程体系的重构与完善，教师教学资源开发能力和教学设计能力的重要性将进一步凸显,而学生在项目化教学中的自主学习能力和解决实际问题的能力也将日益成为人才培养的关键。

(三)个性培养:因材施教是关键

培养高素质技术技能人才是专业群建设的核心价值取向,生源多样、需求多元背景下,实现学生个性化培养与可持续发展是专业群建设的首要任务。如何让每个学生都有适合的教育,如何为不同层次、不同类型的学生提供个性化、高质量的教育服务,这些都对专业群建设提出新的挑战。

一是给予学生选择权。如前所述,专业群课程体系设置和模块化课程结构为学生选择专业方向和课程提供了可能,但这与学生依据个性需求自主建构课程体系还有很大差距。当前条件下,可以从增加模块课程数量、提高选修课比例、实施学分制教学管理、增强选课指导等入手,逐步提高学生自主选择权。

二是增强学习自主性。个性化培养要求学生具备一定的自主学习意识与能力,而这种意识与能力在恰当的学习情境中可以得到很好展现与强化。这就要求专业群充分发挥资源集聚优势,深化教师、教材、教法改革,构建基于模块化课程的结构化教学创新团队,建立和完善"一人一案"的培养机制,推进课程标准化建设,以"课堂革命"更新教育观念和教学方法,推动"学习者为中心"的学习新范式建构。如开发多种教学项目,开展模块化教学、项目式教学、情境式教学、探究式教学,使学生成为课堂的主角,激发学习潜能,提高学习自主性。

三是大力推进信息化。《中国教育现代化2035》提出,利用现代技术加快推动人才培养模式改革,实现规模化教育与个性化培养的有机结合。当前人工智能的发展已经能为教育的个性化、多元化提供整体技术方案,丰富的网络学习资源可以有效弥补当前专业群课程资源不足的现状,加大课程供给。同时,高职院校的智能化校园建设要下沉到以课程为单元,为学生自主学习、教师个性化教学搭建平台。

（四）授权赋能:柔性管理是保障

专业群作为一种新的教学组织形态,要求建立与之相适应的、科学有效的管理运行方式,这是专业群建设的难点,是对现有管理体制的突破,即突破壁垒障碍和刚性约束,在宏观、中观、微观层面构建起系统的、柔性的管理机制。

一是微观层面以专业群为组织实体。采用以群建院系的方式,将专业群作为人才培养和资源配置的基层组织,打破原有专业以课程（组）为基本单元调配师资的局面。推动专业群直接面向市场办学,赋予专业群在承接企业项目和利益分配等多方面的办学自主权。[6]

二是中观层面以项目制建立协同机制。专业群之间要建立联系沟通制度,以便于在更大口径内整合资源。可参照企业项目经理制和内部创业等机制,依托建设项目形成中心,释放潜能,高效合作,建立柔性的群间协同机制。

三是宏观层面以多元治理构建新型关系。专业群作为直接对接市场的组织实体,强化产教融合平台建设的同时,须处理好多元主体的利益诉求和权利分配关系,建立参与决策与利益实现的多元治理格局,强化政府统筹推动作用、激发市场机制引导作用、提升院校办学主体作用,为实现专业群多重建设目标提供治理保障。

三、变革导向:专业群建设的成效评价

专业群建设是专业发展方式的巨大转变,也是专业建设走向成熟和现代化的重要过程。对专业群建设成效的评价,首先是衡量其作为一种新生事物形成的科学性;其次是关注其作为一个独立形态建设机制的协同性;最后是从院校发展的战略维度考察其发展的贡献度。

(一)基于组群逻辑,评价科学性

组群逻辑是否科学是专业群能否可持续发展的前提和基础。

一是必要性,这是组群的出发点。主要考察专业群构建的目标路径是否清晰,是否符合产业发展需要,是否符合院校发展需求[7],能否为专业建设带来新的增长点。

二是合理性,这是组群的支撑点。主要考察群内专业之间的关系,即群结构的合理性,具体评价专业群层次结构是否合理,相关专业与核心专业是否构成优势互补关系,能否促进专业间的合作共享,进而共同提升专业建设水平,增强人才培养质量和服务社会能力。

三是可行性,这是组群的立足点。主要考察现有资源对群发展目标的支撑性,专业群建设的关键要素是师资队伍、人才培养、技术研发与服务、培训等,因此专业群建设的可行性主要考察这些要素资源的关联性、共享性和互补性。

(二)强调建设机制,评价协同性

专业群的创新在于组群发展,以实现"1+1+1>3"的协同效应。协同性是专业群建设的保障,也是对专业群本身建设机制的考量。

一是开放性。开放性与组织绩效密切相关,主要表现在能否主动拓宽专业口径,以培养复合型技术技能人才;能否积极培育拓展新专业(方向),以适应新技术、新产业、新岗位带来的新需求;能否有效实现共享,以保证教育资源、产业资源的充分流动。

二是灵活性。灵活性与专业群结构调整密切相关,主要表现在能否根据产业发展变化适时更新,能否根据发展重点动态调整,能否根据办学质量优胜劣汰,以保证资源的有效利用和办学品质。

三是一致性。一致性与专业群建设的全局性密切相关,专业群建设是一种全员参与、全时空领域的全局性活动,主要表现在是否具有共同的愿景和目标,是否适用统一的标准和制度体系,是否具有协作性的任务和机制,以实现整体最优化。

(三)突出服务发展,评价贡献度

发展贡献度是评价专业群建设成效的核心,也是对专业群建设目标达成度的重要体现。

一是质量提升,即专业群对院校办学质量的贡献度。质量是院校发展的生命线,专业群建设的集约效应是质量提升的内在机理,可以从学生就业、师生获奖、教学改革等方面进行考察。

二是产业认可,即专业群对区域产业经济的贡献度。产业需求是专业群建设的外部逻辑,也是专业群发展的重要动因,可以从人才培养充分满足当地产业需求、为中小微企业提供科研技术服务、广泛参与产业科技平台创新与社会培训等方面进行考察。

三是品牌辨识度,即专业群对院校办学特色的贡献度。在竞争逐渐激烈、发展模式趋同的情况下,专业群建设是高职院校特色发展、错位发展、差别化竞争的战略选择,可以从人无我有、人有我优的办学特色和社会美誉度等方面进行考察。

在技术进步和产业变革加速的时代,以专业群对接产业链或岗位群将成为高职院校实现高质量发展的新趋势。[8]未来,随着科学技术的不断进步,职业的快速变迁以及个性化学习需求的日益旺盛,都将导致教学组织形式、知识传递方式和学习方式的多样化、复杂化、模糊化,规制的专业边界将逐渐被打破,甚或专业群也会逐渐消解,以学习者为中心的无界、互联、共享和个性化学习成为可能。高职院校应面向经济发展主战场,面向未来,以专业群建设为契机整体思考职业教育供给模式的深刻变革。

参考文献

[1][4] 教育部,财政部.关于实施中国特色高水平高职学校和专业建设计划的意见[Z].教职成〔2019〕5号.

[2][5] 吴翠娟,李冬.高职教育专业群的内涵分析和建设思考[J].教育与职业,2014(8):14-16.

[3] 方灿林,张启明.资源库:高水平专业群的建设基础、要求和表征[J].现代教育管理,2019(8):71-75.

[6] 肖冰,冯孟.高职院校面向市场办学的策略探析[J].现代教育管理,2019(6):106-110.

[7] 方飞虎,潘上永,王春青.高等职业教育专业群建设评价指标体系构建[J].职业技术教育,2015(5):59-62.

[8] 任占营.新时代高职院校强化内涵建设的关键问题探析[J].中国职业技术教育,2018(19):53-57.

（来源:《高等工程教育研究》2019年第6期）

"1＋X证书制度"：一种关于人才培养、评价模式的制度设计

唐以志

（教育部职业技术教育中心研究所）

职业教育是一种不同于普通教育的教育类型，需要有与之相适应的制度安排，以体现职业教育所具有的教育需求与产业需求结合、学校育人与企业育人协同、个体个性化发展与职业化发展统一的"跨界性"特征。这一"跨界性"特征决定了职业教育需要将体现人的个性化、社会化水平的学历证书与体现产业、企业与职业岗位综合职业能力水平程度的若干种职业技能等级证书相互衔接和融通，大家所关注的这一"1＋X证书制度"，正是现代职业教育制度框架关于人才培养模式、评价模式的一种制度设计。

一、"1＋X"：书证衔接和融通是精髓所在

简单而言，"1"是学历证书，是指学习者在学制系统内实施学历教育的学校或者其他教育机构中完成了学制系统内一定教育阶段学习任务后获得的文凭；"X"为若干职业技能等级证书。"1＋X证书制度"，就是学生在获得学历证书的同时，取得多类职业技能等级证书。职教界内外最为关注的，实际就是这个"X"。在实施"1＋X证书制度"时，无疑须处理好学历证书"1"与职业技能等级证书"X"的关系。"1"是基础，"X"是"1"的补充、强化和拓展。学历证书和职业技能等级证书不是两个并行的证书体系，而是两种证书的相互衔接和相互融通。

书证相互衔接融通是"1＋X证书制度"的精髓所在,这种衔接融通主要体现在:

职业技能等级标准与各个层次职业教育的专业教学标准相互对接。这种对接是由学历证书与职业技能等级证书的关系决定的。不同等级的职业技能标准应与不同教育阶段学历职业教育的培养目标和专业核心课程的学习目标相对应,保持培养目标和教学要求的一致性。

X证书的培训内容与专业人才培养方案的课程内容相互融合。X证书的职业技能培训不是要独立于专业教学之外再设计一套培养培训体系和课程体系,而是要将其培训内容有机融入学历教育专业人才培养方案。专业课程能涵盖X证书职业技能培训内容的,就不再单独另设X证书培训;专业课程未涵盖的培训内容,则通过职业技能培训模块加以补充、强化和拓展。

X证书培训过程与学历教育专业教学过程统筹组织、同步实施。由于X证书培训内容与学历教育的专业课程有机融合,因此,X证书培训和专业教学可以统筹安排教学内容、实践场所、组织形式、教学时间、师资等,从而实现X证书培训与专业教学过程的一体化。

X证书的职业技能考核与学历教育专业课程考试统筹安排,同步考试与评价。职业技能等级标准与专业教学标准的对应、X证书培训内容与学历教育专业课程的融合、培训过程与专业教学过程的统筹安排,为实现X证书职业技能考核与学历教育专业课程考试的统筹安排、同步考试评价奠定了基础。

学历证书与职业技能等级证书体现的学习成果相互转换。获得学历证书的学生在参加相应的职业技能等级证书考试时,可免试部分内容,获得职业技能等级证书的学生,可按规定兑换学历教育的学分,免修相应课程或模块。学历证书与职业技能等级证书的互通互换,为构建国家资历框架奠定了基础。

由于在院校内实施职业技能等级证书,包括了在学制系统中的中等职业学校、专科层次的高等职业院校和本科院校实施的职业技能等级证书。因此,职业技能等级需要从教育层次、岗位层级、能力成熟度等多维度来划分。而职业技能等级证书最终是要满足企业需求和个体就业需求,有利于用人单位对从业者工作任务完成质量的评价,也就有利于就业者个体的成长。

二、"1+X":推动职业院校深化改革

"1+X证书制度"是国家职业教育制度建设的一项基本制度,也是构建中国特色职教发展模式的一项重大制度创新。"1+X证书制度"的实施,必将助推职业院校改革走向深入。

第一,"1+X证书制度"的实施将有利于进一步完善职业教育与培训体系,将有力促进职业院校坚持学历教育与培训并举,深化人才培养模式和评价模式改革,更好地服务经济社会发展。更会激发社会力量参与职业教育的内生动力,充分调动社会力量举办职业教育的积极性,有利于推进产教融合、校企合作育人机制的不断丰富和完善,形成职业教育的多元办学格局。

第二,"1+X证书制度"将学历证书与职业技能等级证书、职业技能等级标准与专业教学标准、培训内容与专业教学内容、技能考核与课程考试统筹评价,这有利于院校及时将新技术、新工艺、新规范、新要求融入人才培养过程,更将倒逼院校主动适应科技发展新趋势和就业市场新需求,不断深化"三教"改革,提高职业教育适应经济社会发展需求的能力。

第三,"1+X证书制度"实现了职业技能等级标准、教材和学习资源开发、考核发证由第三方机构实施,教考分离,有利于对人才客观评价,更有利于科学评价职业院校的办学质量。

第四,"1+X证书制度"必将带来教育教学管理模式的变革,模块

化教学、学分制、弹性学制这些灵活的学习制度等人才培养模式和教学管理制度必将在试点工作中涌现出来,这些新的变化必将对职业教育现行办学模式和教育教学管理模式产生重大挑战和严重冲击。如何应对"1＋X 证书制度"带来的影响,是摆在职教院校面前的重大课题。

三、"1＋X":社会化机制如何落实

根据"职教 20 条"的相关要求,培训评价组织是面向社会公开招募遴选,而不是由教育行政主管部门、其下属机构或委托特定机构来承担相应职能。培训评价组织应该是社会化的、能对证书质量和声誉负总责、能承担相应法律责任、具有独立法人地位的机构。

因此,培训评价组织应该是一种集行业组织、教育机构、评价机构的属性为一体的多功能组织。通过向社会发布招募公告,由社会评价组织自主申报,择优遴选出能够开发职业技能等级标准、教材和教学资源、建设考核站点并实施考核发证的培训评价组织,建立培训评价组织、职业技能等级证书等目录清单,这是一种全新的职业技能证书管理体系的运行机制,具有以下特点:

开放性。向社会公开招募遴选培训评价组织,只要符合相关条件,社会评价组织均可以自主申报;只要培训评价组织有充分理由证明开发的职业技能等级证书有设立的必要性并且可行、社会广泛认可,培训评价组织均可申请经过遴选程序进入目录清单并自主开展考核发证。

竞争性。培训评价组织招募遴选遵循非排他性原则和竞争性原则,一个机构可以开发多个职业技能等级证书,一个职业技能等级证书也可由多家机构开发或者联合开发,培训评价组织和证书不具排他性,多家机构在公平环境下开展竞争,优胜劣汰。竞争性的机制也决定了培训评价组织必须是具有法人地位、能自由竞争的市场主体。

自主性。培训评价组织开发的职业技能等级证书是否为社会认可，由用人单位、学生、学校说了算，职业技能等级证书不能作为学生毕业的条件，也不能作为就业的资格准入条件。对培训评价组织及其开发的职业技能等级证书，由用人单位、学生和院校自主选择。

动态性。科技、产业、生产不断变化，职业技能等级标准也必须不断更新，职业技能等级证书必须不断调整，培训评价组织必然会不断更替。因此，必须建立培训评价组织及其职业技能等级证书目录清单制度并实行动态调整和退出机制。退出的形式包括主动退出、自然退出和强制退出。主动退出即由培训评价组织主动提出退出；自然退出是指培训评价组织证书含金量不高，经过评估之后需要退出的；强制退出是针对违反法律法规或弄虚作假产生不良影响的组织，被强制退出的培训评价组织将被列入黑名单。

建立社会化机制，发挥市场主体作用的同时，还必须充分发挥政府的作用。政府的作用包括提供良好制度环境，还体现在建立健全监督管理机制，从而让"1＋X 证书制度"成熟支撑职教改革，进而支撑产业创新发展。

（来源：2019 年 8 月 13 日《光明日报》）

跨界、整合和重构：职业教育作为 类型教育的三大特征

——学习《国家职业教育改革实施方案》的体会

姜大源

（教育部职业技术教育中心研究所）

摘　要：与普通教育不同，《国家职业教育改革实施方案》昭示了职业教育作为一种不可替代的教育类型具有的三大特征：一是企业与学校联姻的跨界合作，是职业教育协同育人的办学格局；二是产业与教育链接的需求整合，是职业教育生存发展的社会价值；三是共性与个性并蓄的框架重构，是职业教育制度创新的逻辑工具。

关键词：职业教育；改革；方案；特征；跨界；整合；重构

职业教育作为一种教育类型而不是一种教育层次的观点，在改革开放 40 多年的历程中，已有过一些实践探索和理论探究。2019 年 1 月 24 日，国务院发布的《国家职业教育改革实施方案》（以下简称"职教 20 条"）进一步明确地指出，"职业教育与普通教育是两种不同教育类型，具有同等重要地位"[1]。为此，新时代职业教育改革与发展，"经过 5—10 年左右时间"，将"由参照普通教育办学模式向企业社会参与、专业特色鲜明的类型教育转变"，旨在"大幅提升新时代职业教育现代化水平，为促进经济社会发展和提高国家竞争力提供优质人才资源支撑"。[2]这是国家在积极应对世界"百年未有之大变局"的形势下，[3]为实现中华民族复兴大计，在国家层面对职业教育改革与发展提出的全局性实施方案，具有非常深刻而长远的意义。

　　"职教 20 条"的关键词是转型,即职业教育的办学模式要从普通教育转向类型教育。从一种类型转化为另一种类型,意味着这是一种范式的变化,就是一种创新。而大凡谈及类型,一般是指"具有共同特征的事物所形成的种类"。[4]基于此,要界定与职业教育有着共同特征的事物,就需要从系统论和方法论的角度,厘清与普通教育的基本区别及其主要联系,以确定实现这种范式转变或转型亦即创新的关键要素,对其予以整体性的梳理,进而确立职业教育作为类型教育不可替代性的基本特征,以确保职业教育始终沿着正确的方向和路径前行。

　　"职教 20 条"系统地总结了改革开放 40 多年来职业教育所取得的成果和经验,并将其理性地升华为国家策略,使得党和国家关于"把职业教育摆在教育改革创新和经济社会发展更加突出的位置"的指示[5]落到了实处。尤其是"职教 20 条"开宗明义地指出,职业教育和普通教育是不同的教育类型,这就意味着,职业教育作为与社会经济发展结合最为紧密的教育类型,是有着其独特的发展规律和普通教育不可替代的教育特征的。逾 8000 字的"职教 20 条",内容充盈、视野开阔、底蕴深邃,贯穿其中的是职业教育作为类型教育特征的一根红线,可将其归纳为三大特征:一是企业与学校跨界合作的结构形式和办学格局;二是产业与教育需求整合的功能定位和社会价值;三是共性与个性框架重构的设计方法和逻辑工具。

一、企业与学校联姻的跨界合作,是职业教育协同育人的结构形式和办学格局

　　职业教育作为一种教育类型,其协同育人的办学格局在于由一元主体转向双元主体:从传统的普通教育,即往往只有学校这样一个单一学习地点的办学及运行格局的定界教育,向现代的职业教育,亦即

在具有学校与企业或其他社会机构的两个或两个以上学习地点的双元或多元办学及运行格局的教育转变。

从一元结构走向跨界的双元结构的办学格局,是职业教育作为不可替代的类型教育的第一个特征。

职业教育以学校与企业联姻的跨界合作为其协同育人的结构形式,因此必须有跨界的思考。

普通教育所涉及的教育活动,都是在只有学校这样一个学习地点的参照系下运行的,是一种在教育系统内部结构的框架下实施的教育行为;而职业教育所涉及的全部教育活动,则是在两个及两个以上学习地点的框架下运行的,是一种在教育系统内部结构及其外部结构相互耦合连接的参照系下实施的教育行为。这意味着,职业教育不仅要注重普通教育所关注的学校、学习和教育这三要素构成的领域,而且还要关注普通教育较少顾及的企业、工作和职业这三要素构成的领域。这表明,职业教育办学的参照系覆盖了与学校和企业两个学习地点相互关联的领域,其定义域的范畴两倍于普通教育。

鉴于此,职业教育跨界办学所构建的企业与学校协同育人共同体的结构,使得职业教育不仅要跳出教育看教育,而且还要跳出企业看企业,实现三大跨越:其一,跨越企业与学校割裂的桎梏,由此必须关注现代企业制度与现代学校制度的融合;其二,跨越工作与学习分离的藩篱,由此必须关注工作规律与学习规律的融合;其三,跨越职业与教育脱节的鸿沟,由此必须关注职业及职业成长规律与教育及教育认知规律的融合。

显然,职业教育跨界合作的办学格局,使得有资格的企业在职业教育框架下,将成为具有与学校同等地位的一种教育机构,这就大大扩展了教育学关于教育机构的解读。与此同时,还要鼓励社会力量举办职业教育和培训。概括来说,"职教20条"至少涉及职业教育合作办学的十大举措:①建立专业设置与产业需求、课程内容与职业标准、教学过程与生产过程"三对接"的职业院校设置标准和覆盖大部分行业的中国职业教育标准体系;②推动企业,特别是大型企业举办职业教育,培养数以万计产教融合型企业;③分专业建设一批国家级职业教育教师教学创新团队;④建设大批示范性职业教育集团(联盟),推进现代学徒制和企业新型学徒制,建立国家技术技能大师库和大师工作室;⑤遴选、培育和规划职业教育培训评价组织;⑥建设大批校企合作开发的国家规划教材;⑦办好技能大赛、职教活动周、世界青年技能日和大国工匠、劳动模范进校园活动;⑧鼓励中职学校联合中小学开展劳动和职业启蒙教育;⑨落实学历教育与培训并举的法定职责,推动职业院校服务企业,特别是中小微企业的技术研发和产品升级;⑩组建国家职业教育指导咨询委员会。[6]

二、产业与教育连接的需求整合,是职业教育生存发展的功能定位和社会价值

职业教育作为一种教育类型,其生存发展的社会价值在于由单一需求转向双重需求;从传统的普通教育,即往往只在游离于经济和社会发展之外、与职业实践脱节、仅关注个性需求的纯学校形式的育人教育,向现代的职业教育,亦即将创造物质财富的产业需求与培育人文精神的教育需求整合为一体的教育转变。

从单一需求走向整合的双重需求的社会价值,是职业教育作为不可替代的类型教育的第二个特征。

职业教育以产业与教育连接的整合需求为其生存发展的社会价值,因此必须有整合的思考。

普通教育所涉及的教育活动,主要是在学校里通过形成概念、知觉、判断或想象等心理活动及基于图式、同化、顺应和平衡的适应与建构的教学来获取知识的,与学校外部的经济和社会无直接关联,基本

上是以升学为导向的教育。而职业教育所涉及的教育活动,则与学校外部的经济社会紧密相关,是以促进就业和适应产业发展需求为导向的教育。这意味着,职业教育不仅要遵循产业链与教育链、创新链与人才链之间相互衔接的规律,而且还要遵循职业就业需求和教育供给、与个体生涯需求和教育认知之间相互作用的规律。这表明,职业教育必须整合经济发展需求与个性发展需求。

鉴于此,职业教育要整合社会需求与人本需求这两大需求,其纽带是职业,由此必须对职业的重要性予以重新认识。实际上,对人的生涯发展来说,职业比学历更为重要,因为职业具备三大功能:其一,职业是个体融入社会的载体,正是职业这个载体使人从自然人成为社会人;其二,职业是个体生涯发展的媒介,正是职业这个媒介使人从自然人成为职业人;其三,职业是个体张扬天赋的平台,正是职业这个平台使人从自然人成为自在人。[7]

显然,职业教育整合需求的社会价值,使得企业基于经济发展的"功利性"目标与学校基于个性发展的"公益性"目标能够做到有机集成和互补,这就大大扩展了教育学关于教育范畴和教学内容选择的基准与范围。与此同时,还要关注社会各类人群接受职业教育以及就业和创业的需求。概括来说,"职教20条"至少涉及职业教育需求整合功能的十大政策:①建立中职学校和普通高中统一招生平台,保持高中阶段普职比大体相当;②启动实施中国特色高水平高等职业学校和专业建设计划,开展本科层次职业教育试点;③将符合条件的技师学院纳入高等学校序列;④发展以产学研用结合为途径的专业学位研究生培养模式;⑤依据职业标准联合行业制定国家教学标准;⑥实施产教融合工程,建设具有辐射引领作用的高水平专业化的产教融合实训基地;⑦推进国家学分银行和学习成果可追溯、可查询、可转换的个人学习账号建设,有序开展学历证书和职业技能等级证书的相互认定和转换;⑧实施技能大赛选手免试入学政策;⑨加大对民族地区、贫困地区及残疾人职业教育支持力度；⑩建立职业教育资源向军事人才培养开放的机制并设立退役军人教育培训集团（联盟）。[8]

三、共性与个性并蓄的框架重构，是职业教育制度创新的设计方法和逻辑工具

职业教育作为一种教育类型，其制度创新的逻辑工具在于由单维思维转向多维思维：从传统的普通教育只关注认知的单维度，即学科知识积累、以升学为目标的教育，向现代的职业教育关注认知与行动兼容的多维度，即知识、技能或资格等行动知识的积累与职业能力的提升并重、升级涵盖升学的"文化素质＋职业技能"的教育转变。

从单维思维走向辩证的多维思维的逻辑工具，是职业教育作为不可替代的类型教育的第三个特征。

职业教育以共性与个性并蓄的框架重构为其制度创新的逻辑工具，因此必须有重构的思考。

普通教育所涉及的教育活动，主要在个体就业前或谋职前进行，是基于传道授业解惑的学习，以受教育程度的层次提升为目标，显现为"一条路走到黑"的教育路径。职业教育所涉及的教育活动，则需要在综合考虑诸多教育要素的情况下，要针对普通教育蕴含的共性规律与职业教育独特的个性规律之间的博弈予以辨析创新。这意味着，要辨明普通教育与职业教育之间的区别与联系，实现从共性的教育制度向个性的职业教育制度的重构，从基于存储的仓库式课程结构走向基于应用的工作过程课程结构的重构。这表明，要从"非此即彼"的"二元论"走向"非此非彼又即此即彼"的"不二论"思维，[9]实现博弈双方矛盾的辩证统一。

鉴于此，职业教育既要借鉴共性的普通教育的制度设计，更要进行辩证的兼容并蓄的制度创新，要对公平、价值和内容三大教育焦点

有清醒的认识：其一，从封闭向开放，要完善职业教育与培训体系，实现横向多类型、纵向多机会的教育；其二，以类型定层次，要健全普职等值而非同类的国家职业教育制度，实现同层次不同类型的教育；其三，由存储到应用，进行职业需求导向的专业建设、课程开发和教学实施，实现从知识存储转向知识应用的教育。

　　显然，职业教育框架重构的制度创新，使得职业教育在应对各类困境和质疑时，要善于运用经验归纳与趋势预测、正向推理与逆向反思、静态构成与动态生成等辩证分析的方法，这就大大丰富了教育学和教育哲学的内容。与此同时，要依据新时代的要求对原有制度予以重构，采用辩证逻辑的工具进行制度创新。概括来说，"职教20条"至少涉及职业教育体制机制创新的十大制度：①"学历证书＋若干职业技能等级证书"（简称"1＋X证书"）制度；②学历证书和职业技能等级证书互通衔接，符合国情的国家资历框架制度；③"文化素质＋职业技能"的"职教高考"制度；④职业教育"双师型"师资聘用、试用制度；⑤企业和学校工作人员相互兼职兼薪的制度；⑥民办职业教育的准入、审批、退出制度；⑦职业教育经费投入制度；⑧职业教育奖学金制度；⑨职业教育质量评价和督导评估制度；⑩国务院职业教育工作部际联席会议制度。[10]

　　近两年来，党和国家对职业教育的改革与发展给予了高度重视，出台了一系列大力发展职业教育的政策措施。"职教20条"与党的十九大以来党和国家制定的关于职业教育的大政方针一脉相承。如果说，2017年10月18日习近平总书记在党的十九大报告中关于"完善职业教育和培训体系，深化产教融合、校企合作"的指示，是新时代职业教育改革与发展的方向性纲领的话，那么，2017年12月5日发布的国务院办公厅《关于深化产教融合的若干意见》则是路径性指引，2018年2月5日教育部等六部门印发的关于《职业学校校企合作促进办法》的通知更是操作性措施。2018年9月10日，习近平总书记在全国教育大会上关于"要提升教育服务经济社会发展能力,调整优化高校区域布局、学科结构、专业设置,建立健全学科专业动态调整机制",以及李克强总理关于"要大力办好职业院校,坚持面向市场、服务发展、促进就业的办学方向,推进产教融合、校企合作,培养更多高技能人才"的指示,就更进一步指明了要解决职业教育改革与发展的体制机制问题。而 2018 年 12 月 21 日,中央经济工作会议关于增加对学前教育、农村贫困地区儿童早期发展、职业教育等投入的决议,又为职业教育注入了新的发展动力。

这表明,"职教 20 条"已成为落实上述系列决策的具体实施方案,对职业教育作为类型教育给予了更加清晰的定位,这必将为新时期职业教育改革与发展,拓展一片更加广阔的新天地。

参考文献

[1][2][5][6][8][10] 国家职业教育改革实施方案(国发〔2019〕4 号)[EB/OL]. 中央政府门户网,http://www. gov. cn/zhengce/content/2019-02/13/content_5365341. html.

[3] 习近平. 放眼世界,我们面对的是百年未有之大变局[EB/OL]. http://www. chinanews. com/gn/2017/12-29/8412268. shtml.

[4] 中国社科院. 现代汉语词典[C]. 北京:商务印书馆,1992:687.

[7] 姜大源. 职业教育基础理论探索对教育学的贡献——纪念改革开放四十年[J]. 教育家,2018(40).

[9] "不二"是什么意思[EB/OL]. 360 问答,wenda. so. com/q/13782226430.

(来源:《中国职业技术教育》2019 年第 7 期)

第三编

金院研学

以"双高计划"引领高职教育高质量发展的思考

周建松

（浙江金融职业学院）

摘　要：高质量发展是新时代我国高职教育发展的核心主题，相对于规模发展，高质量发展是基于优化高等教育结构和基于打造鲜明的类型特色而言的，是一项十分复杂的系统性工程，应明确价值导向、问题导向、目标导向、改革导向和发展导向，以"双高计划"为引领，集中力量建设一批引领改革、支撑发展、中国特色、世界水平的高职学校和专业群，带动职业教育持续深化改革，推进高职教育高质量发展。

关键词："双高计划"；高职教育；高质量发展；类型特色

经过较长时间的酝酿、筹备和协调,教育部、财政部《关于实施中国特色高水平高职学校和专业建设计划的意见》(教职成〔2019〕5号)(以下简称"双高计划"意见)已正式印发,"双高计划"从酝酿开始就受到了广泛关注,从文件发布之日起便引起各方的极大兴趣。"双高计划"意见明确指出:"要集中力量建设一批引领改革、支撑发展、中国特色、世界水平的高职学校和专业群,带动职业教育持续深化改革,加强内涵建设,实现高质量发展。"[1]高职院校将其作为改革发展的重要机遇和契机,省级教育行政部门作为重要抓手和推动力,相关的申报、评审等工作都在全方位展开,建设工作也已经启动。"双高计划"的实施就是要舞起职业教育的龙头,引领职业教育高质量发展。也就是说,引领高职教育高质量发展,带动职业教育改革创新,应该是"双高计划"的重要目标之一,而如何发挥"双高计划"的引领作用,正是决策部门和高职战线同行密切关注的大事。

一、高质量发展是新时代高职教育发展的时代主题

习近平总书记在党的十九大报告中明确指出:"中国特色社会主义进入新时代,各项工作都要有新气象,各方面工作都要有新作为,在新的历史发展时代,经济增长方式将由规模扩张转入高质量发展。"[2]对于职业教育尤其是高等职业教育而言,在新时代,由于其具有跨界的属性,高质量发展就显得尤为必要,而其重要性则更加突出,因为高职教育是与产业发展关系最密切的教育类型,它的发展对于我国经济转型和产业升级具有重大意义。

(一)高质量发展是相对于规模发展而言的

如果从20世纪80年代短期职业大学算起,高等职业教育作为一个新的类型已经有近四十年的发展历史,先后经历了20世纪的探索摸

索阶段和世纪之交及其后的规模发展阶段,特别是近二十年来,国务院先后就大力发展职业教育,加快发展职业教育颁发过若干重要决定,教育部、财政部、国家发改委等部门也出台过许多实质性支持措施。应该说,近 20 年来,我国高等职业院校学校数量逐年增加,在校学生规模不断增大,基本达到了国家关于高中后教育中高职教育与本科教育同占"半壁江山"的目标要求,规模扩张十分迅速,已经形成了世界上规模最大的职业教育体系,成绩应予以充分肯定。但与此同时也应看到,与快速扩张的规模发展相比,高等职业教育在质量提升、特色打造等方面还存在着不少问题,地区之间发展更是不均衡,人才培养质量也存在着参差不齐的情况。因此,如何适应经济社会发展进入新阶段,经济发展模式转入高质量时代的新要求,必须把高质量发展放在突出位置,引领新时代职业教育高质量发展。

(二)高质量发展是基于优化高等教育结构要求而言的

从事物发展的进程看,我国的高等职业教育经历了急需的探索性扩张发展阶段、扩张性规模发展阶段和基于适需的内涵式发展阶段,它为我国教育和人才结构的优化、技术技能人才的供给、整个高等教育结构的改善均起到了十分重要的作用。但随着高等教育从大众化向普及化的深入,规模扩张已经不再成为我国高等教育的主要问题,结构问题便成为新的突出问题。《国家职业教育改革实施方案》(以下简称"职教 20 条")第三条明确指出,推进高等职业教育高质量发展。要把发展高等职业教育作为优化高等教育结构和培养大国工匠、能工巧匠的重要方式,使城乡新增劳动力更多接受高等教育。高等教育结构优化的任务历史地落在了我国高等职业教育发展身上。正是从这种意义上,国务院做出高等职业教育大规模扩招 100 万的举措,在积极推动应届高中毕业生、中职毕业生报考高职院校的同时,鼓励退役军人、下岗工人和农民工等作为其他来源考生报考高职院校也是具有战略意义的,是一种新时代的质量观。

(三)高质量发展是基于打造鲜明的类型特色而言的

"职教20条"开宗明义,"职业教育和普通教育是两个不同的类型,具有同等重要地位",并同时指出,"经过5—10年左右时间,职业教育基本完成由政府举办为主向政府统筹管理、社会多元办学的格局转变,由追求规模扩张向提高质量转变,由参照普通教育办学模式向企业社会参与、专业特色鲜明的类型教育转变"[3]。其中第三个转变很值得思考和研究。实际上,它也是高度的质量问题,也就是说,要从主要模仿高等专科教育,带有明显的"本科压缩饼干"形式,转变为借鉴高等专科教育的专业目录、课程体系、运行模式,探索构建起自己的体系,包括产教融合、校企合作、社会和行业企业广泛参与等。正是从这种意义上说,要通过努力,建成覆盖大部分行业领域,具有国际先进水平的中国职业教育标准体系,使世界上第一个明确高等职业教育法律地位的中国高等职业教育真正具有鲜明的类型特色,形成具有知识产权和标准体系的高等教育类型和层次体系,从而形成真正有特色和高质量的高等职业教育。

二、高职教育高质量发展是一项十分复杂的系统性工程

高质量发展中的高是一个程度副词,高相对于低而言,作为一个与粗放型发展相对应的词,高质量发展是相对于规模发展而言的。同时,作为一个发展过程,它也是与发展阶段相协调的。如果说20世纪80年代初开始的摸索探索是20年,世纪之交的规模发展又是20年,那么2019年从全面贯彻"职教20条"和"双高计划"意见开始,中国高职教育开始进入第三个20年,可理解为转型发展时期,也可

称之为高质量发展时期,这个时期高职教育的发展主要体现出以下三个特征。

(一)高质量发展要以规模发展为基础

规模与质量之间的关系是对立统一的,作为推进高等教育大众化的重要抓手,作为城乡新增劳动力更多接受高等教育的路径,作为优化高等教育结构的重要方式,高等职业教育高质量发展必然离不开规模,如果没有一定的数量和规模,就难以找到体现质量和水平的标尺,如果不重视高职教育的规模发展,高职教育还没有资格来谈质量,何况高质量,只有在规模发展到一定程度,才需要研究如此规模的教育特色在哪儿,生命力在哪里,应该有什么样的制度、标准和质量。正因为这样,今天谈高质量发展,千万不可否认过去的发展,更不能否定规模扩张对高等教育乃至整个教育的作用,更何况,质量在不同阶段有不同任务和不同要求,紧缺时,满足急需就是质量;广泛需要时,规模就是质量;结构需要优化时,才体现出质量特征,因为有了规模发展的基础,谈质量才更有意义。

(二)高质量发展要以类型特征为基点

事实上,从 20 世纪 80 年代发展短期职业大学开始,学者们就一直研究高等职业教育究竟是什么,有没有存在的价值。先后经过了"肯定——否定——再肯定""存在——争论——再存在"的阶段,先后经历了"三不一高""三改一补""三教统筹"等探索。到了世纪之交,国家做出实施高等教育大众化的战略决策时,才把大力发展和加快发展高等职业教育作为重要政策。此后,又做出了要形成"适应产业发展需求,产教深度融合,中职高职衔接,职业教育与普通教育相互沟通,体现终身教育理念,具有中国特色、世界水平的现代职业教育体系"的要求。直至今日,再一次明确提出深化职业教育改革,推动职业教育向鲜明的类型特色转变的要求,这实际上也更加明确,讲高等职业教育高质量发展必须要以类型为基点,而整个类型特征,实际上就是要贯彻习近平总书记在 2014 年关于职业教育所做的重要批示,即职业教育是国民教育体系的重要组成部分,是人力资源开发的重要组成部分,是打开青年走向成才成功的大门的重要通道,必须坚持服务发展,促进就业的方向;必须坚持产教融合,校企合作;必须坚持工学结合,知行合一;必须在企业社会广泛参与下,面向市场,形成各方合力才可能办得更好。

(三)高质量发展应具有系统性特质

高质量发展作为我国高等职业教育发展的较高阶段,具有多层次、多样化且十分丰富的内涵,如果从直观上看,它必然与内涵发展、特色发展、创新发展、转型发展等密切相关,更具有高品质发展、高水平发展、可持续发展等含义。高质量一定要与内涵式发展相联系,如果发展仍停留在铺摊子、扩外延,就一定谈不上质量,更谈不上高质量,如果高等职业教育和高等职业教育培养的人才没有特点,而是千校一面、千篇一律,也就谈不上高质量。高质量一定伴随着创新,创新已经成为这个时代的重要特征,成为我国新发展理念的首要理念,如果在发展过程中不走创新之路,就难以在体制机制、人才培养模式等方面创出新路子,也就谈不上高质量发展。在新的历史阶段,高质量发展更具有转型发展的新要求,也就是说,要从政府举办为主向政府统筹管理、社会多元办学的格局转变,由追求规模扩张向提高质量转变,由参照普通教育向企业社会参与、走进特色鲜明的类型教育转变,并探索形成书证融通新机制,从而为建设新教育类型、推动高质量发展、实现可持续发展打下基础。

三、实施"双高计划",推进高职教育高质量发展

为落实"职教20条",教育部、财政部发布"双高计划"意见,教育部等四部门印发《关于在院校实施"学历证书＋若干职业技能等级证书"制度试点方案》(教职成〔2019〕6号),国家发展改革委、教育部关于印发《建设产教融合型企业实施办法(试行)》(发改社会〔2019〕590号),教育部印发《关于职业院校专业人才培养方案制订与实施工作的指导意见》教职成〔2019〕13号等文件,这些政策措施和制度文件的出台一方面是要在面上推进高职教育高质量发展,另一方面希望通过实施"双高计划"对高职教育高质量发展起一个促进作用,而如何发挥"双高计划"的引领作用,笔者以为需要重点关注和研究以下路径。

(一)明确"双高计划"建设的目标导向,实现目标引领

从示范骨干校建设,到优质校建设,再到"双高计划",并不是简单的优中选优,而是要以持续的政策供给,有计划、有步骤、有重点地推动职业教育发展,要通过"双高计划",明确一批优秀高职院校群体的发展方向,引导这些高职院校围绕服务国家战略,回应民众关切,在引领新时代职业教育改革创新,加快实现职业教育现代化等方面下功夫。也就是说,"双高计划"要为建设高水平学校和高水平专业群设立一个明确的目标,即达到引领改革、支持发展、中国特色、世界水平,引领高等职业教育打造类型特色,形成与类型特色相适应的体制机制是基本要求;支撑国家发展战略、区域经济社会发展战略和学生成长成才发展要求是直接目的;坚持在中国共产党领导下扎根中国大地办学,培养中国特色社会主义接班人的办学方向,经过持续改革创新和投入建设,达到世界一流是努力目标,明确了一流目标、改革目标、发展目标,就是要打造并树立起世界范围内具有中国特色、一流水准的高职教

育,才会从目标导向对提高中国高等职业教育的整体质量和推动其可持续发展起到示范引领作用。

(二)明确"双高计划"建设的价值导向,实现价值引领

从本质上讲,"双高计划"是内含价值观的,也就是说,"双高计划"是有价值导向的。这个价值导向就是要适应中国特色社会主义进入新时代,我国经济社会发展转向高质量发展新阶段,各行各业对高素质技术技能人才的需求越来越紧迫的要求,"双高计划"建设学校和专业,要适应产业升级和经济结构调整要求,面向高端产业和产业高端,在打造技术技能人才培养高地、打造技术技能创新服务平台、打造高水平专业群、打造高水平"双师型"教师队伍上下功夫,从而更好地为中国经济社会转型服务;通过国际合作,提供中国标准等为"一带一路"倡议的实施和推进服务。这就是说,通过"双高计划"建设,深化产教融合、校企合作,推动学校和行业企业形成紧密型合作机制,在支持国家战略,融入区域发展,服务产业升级,在实现业内都认同、地方离不开、国际能交流上取得高职教育的新进展,使高职院校在人才培养、科学研究、社会服务、国际交流、文化传承创新与技术技能积累等方面发挥重要作用和重大影响,成为真正具有不可替代性的教育,通过践行这一明确要求,实现对高质量发展的价值追求。

(三)明确"双高计划"的问题导向,实现类型教育构建

高等职业教育是我国高等教育的一个类型,已经存在了几十年,经过长期发展,我国高等职业教育规模增长很快,院校数量增加很多,高等教育"半壁江山"格局基本形成。但不容忽视的问题是,我国高等职业教育主要被当作专科的"翻版"和"本科的压缩饼干"。从政策层面上,高职高专仍同属一个概念,从具体运行看,在运行机制、治理体系等方面仍然参照高等专科学校的管理办法,虽然规模发展快,作用贡献

也不小,但体量大而不强,校企合而不深,质量参差不齐等问题仍比较突出。尤其是充分体现自主知识产权,具有鲜明类型特色的专业教学标准、课程标准、制度体系、资格证书等尚未形成可复制、可推广、可借鉴的经验。在学习德国、澳大利亚、加拿大、新加坡、美国等发达国家职业教育经验时也仍然有较多不适应情况,因此,"双高计划"一定要坚持以我为主、融合提炼、博采众长、自成一家、中国特色、校本样式的要求,积极自主地在制度、标准、规范等方面下功夫,真正把高职教育类型特征不鲜明的问题解决好,探索形成中国特色的高职教育话语体系和标准体系,为中国教育走向世界创造经验。[4]

(四)明确"双高计划"的改革导向,实现引领改革

改革开放以来,我国高等职业教育在适切的政治经济制度支持下,创造性地探索出以校企合作为基础的办学模式和以实践能力为核心的人才培养模式,逐步建立起主动回应经济社会发展需求的机制,高等职业教育创造性地回应了我国高等教育和职业教育的双重发展需求,极大地推动了我国高等教育大众化进程并引领了职业教育整体质量提升,成为高等教育体系和职业技术教育体系中发展最快并相对独立的部分,实现了从无到有,从有到大,从大到强的快速发展,取得了历史性成就,实现了历史性突破,为改革开放历史背景下中国特色教育生成与发展提供了一个重要案例。在这个过程中,政策是塑造高等职业教育类型特色和推动高等职业教育发展的重要力量,并逐步形成了鲜明的历史特征和深刻的制度烙印。新世纪以来,高职教育无论是示范校建设、骨干校建设还是优质校建设,其中最明确的政策导向就是突出改革,以改革促发展。"双高计划"牢固树立新发展理念,服务建设现代化经济体系和更高质量更充分就业需要,扎根中国、放眼世界、面向未来,强力推进产教融合、校企合作,聚焦高端产业和产业高端,重点支持一批优质高职院校和专业群率先发展,引领职业教育服务国家

战略、融入区域发展、促进产业升级,为建设教育强国、人才强国做出重要贡献,突出地体现了改革导向,以改革推动形成引领高职教育高质量发展的强大动力。

(五)明确"双高计划"的发展导向,实现支撑发展

2006 年,国家实施示范性高等职业院校建设计划,重点建设 100 所高等职业院校,着力在专业人才培养模式改革上创新突破,并推动学校领导和服务能力的提升。根据当时的情况,笔者曾经就示范校建设提出三条建议:一是示范建设的真谛应是机制创新和文化引领;二是百所示范校要成为高职教育"百花园";三是高职教育要从"百花绽放"走向"千花盛开"。站在高等职业教育高质量发展的新时代,我们更需要进一步明确"双高计划"学校和专业群在建设过程中和建设后的责任,那就是承担对高职教育战线推动发展和引领服务的责任。具体而言,一是要强调"双高计划"担负引领战线、服务战线的责任,在结对帮扶贫困地区、欠发达地区、民族地区、边疆地区方面有要求;二是要建立"双高"建设院校面向上述地区招生比例的要求,让这些学校为上述地区做贡献;三是要明确"双高"建设的重点是在探索形成办学机制、建立健全制度、建设形成标准、开发利用教学资源等方面发挥作用,不仅让其走向世界,还要服务引领战线,如"1+X"证书制度试点,教师、教材、教法三教改革等;四是要督促各地区在投入"双高"专项资金的同时,要确保落实高职院校生均经费和学生资助等基本保障制度,促进各学校在基本保障条件下提高质量。

2019 年,我国高等职业教育发展又站在一个新的起点上,随着《中国教育现代化 2035》《国家职业教育改革实施方案》等重要政策文件的颁布实施,推进高职教育高质量发展成为时代主题,相关的制度供给正在生成。高职教育高质量发展是一项系统性工程,必须既重视"双高计划"的撬动、带动和引领,也注意面向高职教育整体的改革和发展,并

通过彰显高等职业教育的类型特色和时代贡献来加以实现。这要求我们扎根中国大地办中国特色高等职业教育,在实践中科学设计、合理确定高等职业教育发展的规模、结构、效益和强度,采取政府推动与引导社会力量参与、顶层设计与支持地方先行先试、扶优扶强与提升整体保障水平、教学改革与提升院校治理能力等结合的方式[5],从而真正形成我国高职教育千花盛开、景象繁荣的良好局面,持续推进高职教育高质量发展。

参考文献

[1] 教育部,财政部.关于实施中国特色高水平高职学校和专业建设计划的意见[EB/OL].[2019-06-20]. http://www. moe. gov. cn/srcsite/A07/moe_737/s3876_qt/201904/t20190402_376471. html.

[2] 习近平.决胜全面建成小康社会夺取新时代中国特色社会主义伟大胜利——在中国共产党第十九次全国代表大会上的报告[EB/OL].[2019-06-20]. http://www. xinhuanet. com/2017-10/27/c_1121867529. htm.

[3] 国务院.国家职业教育改革实施方案[EB/OL].[2019-6-20]. http://www. moe. gov. cn/jyb_xxgk/moe_1777/moe_1778/201904/t20190404_376701. html.

[4] 周建松,陈正江.中国特色高等职业教育话语体系的构建[J].现代教育管理,2019,(1):67-73.

[5] 周建松.基于类型特色的高等职业教育高水平建设方略[J].现代教育管理,2018,(4):72-76.

(来源:《现代教育管理》2019 年第 9 期)

落实"职教 20 条" 系统推进高职教育高质量发展

周建松

（浙江金融职业学院）

摘　要：中国特色社会主义进入新时代，为深入贯彻落实党的十九大精神，国务院印发《国家职业教育改革实施方案》，在完善国家职业教育制度体系内，提出推进高等职业教育高质量发展，为今后一个时期高等职业教育改革发展提出了新方略。在正确把握高职教育高质量发展特点和要求的前提下，高职院校需抓好以"五个一"为内容的内涵建设，夯实高职教育高质量发展基础，并通过积极推进招生制度改革、高水平建设等方面的举措，形成全要素协同驱动高质量发展新格局。

关键词：《国家职业教育改革实施方案》；高等职业教育；高质量发展；内涵建设

《国家职业教育改革实施方案》[1]（以下简称"职教 20 条"）开篇明示："职业教育与普通教育是两种不同教育类型，具有同等重要地位。"作为教育领域与经济发展、社会民生、人民美好生活目标的实现关系最为直接的教育类型之一，职业教育肩负着为中国特色社会主义现代化建设培养高素质技术技能人才的重任，使命光荣，责任重大。

在现代职业教育体系中，高等职业教育处于十分重要的环节，它引领和推进着中等职业教育的发展；而从数量和规模上高等职业教育又占据高等教育的"半壁江山"，调节和优化着我国高等教育结构。基于对职业教育发展整体形势的判断，"职教 20 条"第三条明确提出了推进高等职业教育高质量发展的要求。我们认为，这一要求抓住了当前高等职业教育发展的核心和要害,关键是要采取有效措施抓落实,既要有点上的改革和突破,更要用全面辩证的思维将其作为一项系统工程来抓。

一、正确把握高职教育高质量发展的特点和要求

习近平总书记在党的十九大报告中指出,我国经济已由高速增长阶段转向高质量发展阶段,正处在转变发展方式,优化经济结构,转换增长动力的攻关期。[2]从最初和最本质的意义上而言,高质量发展首先是从针对经济发展提出的概念和理念。从经济学意义看,它也有多个维度,在微观层面,主要是指产品和服务的质量;从中观层面,主要是指产业和区域发展质量;在宏观层面,主要是国民经济整体质量和效率,其中全要素生产率是最为重要的衡量指标。高质量发展概念和理念应用到高等职业教育领域,也有宏观、中观和微观等角度的考虑,其微观基础是每一所学校,每一个专业的人才培养和教育教学质量;其中观指标是行业区域高等职业教育人才培养的匹配度,即结构性质量;而从宏观看,就是党的十九大报告提出的人民日益增长的美好生活需要和不平衡、不充分发展之间的矛盾在高等职业教育的体现。基于此,落实"职教20条",首先需要透彻分析高质量发展的实现机制。

(一)高等职业教育进入高质量发展新阶段的必然性

如果从20世纪80年代初短期职业大学算起,高等职业教育在我国已经历了近40年的发展进程,这一进程又可分为两个阶段,即从1980—1998年的探索发展阶段和1999年至今的规范发展阶段。随着中国特色社会主义进入新时代,包括高等职业教育在内的各类教育发展进入发展新阶段。

1. 发展进入新阶段：大众接受高质量教育的迫切需求

经过改革开放，尤其是 1999 年国家实施高等教育大众化的决策以来，以大力发展、加快发展高等职业教育政策为代表的高等教育发展政策带动了我国高等教育大众化的实现，目前我国高等教育毛入学率已接近 50%，发达地区已超过 60%，高等教育即将从大众化迈入普及化阶段，进入普及化阶段后，发展规模不再是主要矛盾，能否上大学也不再是人民群众的主要目标，而接受高质量的教育才是其基本追求，这就是高等教育和职业教育发展的新阶段。

2. 社会文化新期待：高校内涵特色的社会评价

不同阶段人们会有不同的心理期望和目标，也会呈现出不同的社会文化特点。随着全球化的加快，全面建成小康社会的到来，老百姓已经从关注"有学上"转向期待"上好学"，从观察学校规模转向考量教育质量，从倾向"大而全"转向选择"小而特"。因此，一所高校的内涵特色、师资水平、教育质量等成为社会评价和关注的重点，也就是说，社会文化期待高质量的教育。

3. 国家政策新要求：实现高质量发展的时代引领

为适应中国特色社会主义进入新时代和全面建成小康社会的新要求，近年来，党和国家围绕推动经济社会领域高质量发展和高水平建设制定了一系列政策，出台了一系列改革举措，如高等教育领域的"以本为本"，新工科、新农科、新医科、新文科，"六卓越一拔尖"计划；应用型高校转型等方面更是高招迭起，高等职业教育作为现代职业教育体系中起龙头和引领作用的领域，必须制定相应的政策。因此，推动实现高质量发展乃题中之义。

（二）高等职业教育高质量发展的主要特征分析

高质量发展既相对于规模发展，也相对于粗放发展，还相对于外延发展,更相对于低水平发展。而其本身又具有多层次、多样化的丰富内涵。从根本上说,相对于发展水平和教育质量层面而言,高质量发展包括以下几层含义。

1. 高质量发展与内涵发展

内涵和外延是构成事物的两种方式和两种模式,外延发展主要是以扩大规模为主要特征的发展,具体包括征土地、造房子、添设备、增专业,在高等职业教育初始发展阶段这是必要的,也具有十分重要且积极的意义。相对于外延发展,内涵发展则以改善办学条件,优化专业结构,整合教学内容,优化人才培养模式等为主要内容。高质量发展首先要求高等职业教育要有内涵,要抓住事物的内在本质和规律,这其中,虽然也包括条件和设施,但发展的重点是体制和机制。

2. 高质量发展与特色发展

高质量发展是形成特色的重要形式,既包括个体办学特色的打造,也包括整体类型特色的打造,还包括中国特色高职教育理论、话语体系和标准体系的形成。实现高等职业教育高质量发展,就是要创造并形成高等职业教育培养人才的不可替代性,让高职教育办学有类型特点,区域(行业)特色,院校专业特长,真正成为一个教育类型。

3. 高质量发展与创新发展

创新发展是以习近平总书记为核心的党中央治国理政的重要理念,对于我国高等职业教育发展而言,自 2014 年起就一直在创新发展理念的指导下开展工作。国务院在《关于加快发展现代职业教育的决定》(国发〔2014〕19 号)(以下简称《决定》)就明确提出要创新发展高等职业教育[3],教育部也于 2015 年印发《高等职业教育创新发展行动计划(2015—2018 年)》(教职成〔2015〕9 号)[4]。站在高质量发展的视角看,创新是第一动力,唯有贯彻落实了创新发展理念,真正实现了理念、体制、机制、要素和方式的创新,高质量发展才有可能实现。

4.高质量发展与高水平(高品质)发展

推进高等职业教育高质量发展,与我国高等教育领域当前正在进行着的"双一流"建设,以及即将启动的中国特色高水平高职学校和专业建设要求,在指导思想上是一致的;与国家强调的重点校、品牌校、示范校、骨干校、优质校、卓越校建设等也是同向的。强调高水平建设实际就是有质量的水平,强调高品质建设实际就是要有质量基础上的品质。基于这样的理解,浙江金融职业学院提出高目标定位、高质量发展、高水平建设、高绩效产出、高品质生活,即"五高"的统一。

5.高质量发展与可持续发展

从经济学视角看,高质量发展不仅要形成高效率生产体系,也要保证全体人民在共建共享发展中有更多获得感,不断促进人的全面发展,全体人民共同富裕。为了实现高质量发展所带来的获得感,必然要求这种发展具有可持续性。对于高等职业教育而言,就是要持续推进发展,真正实现类型的不可替代,层次的递进上升,文化的社会认同,从社会价值观上真正实现各类教育的普遍理解和接受。

二、推动高职院校的内涵建设是高职教育高质量发展的基础

要推动和实现高等职业教育高质量发展,必须抓住基础和重心。我们认为,根本性和基础性环节是高职院校的办学治校水平和内涵建设状况。经过长期的发展和实践,我国高职(专科)院校数已达1418所,在校生规模已超过1100多万,学生规模已占了整个高等教育的40%。办好高职教育,应该是高等教育高质量发展的基础之要,关于这一点,"职教20条"第三条开宗明义阐明高等职业教育的地位,即"把发展高等职业教育作为优化高等教育结构和培养大国工匠、能工巧匠的

重要方式"的同时,明确提出了"高等职业学校要培养服务区域发展的高素质技术技能人才,重点服务企业特别是中小微企业的技术研发和产品升级,加强社区教育和终身学习服务"的定位要求。根据对政策文本的理解,笔者将其概括为一个根本、一个重点和一个生长点。结合习近平总书记在全国高校思想政治工作会议和全国教育大会上的讲话,结合高素质技术技能人才培养的要求,进一步将高职院校内涵建设理解为必须抓好"五个一"。

（一）把握一个前提:在中国共产党领导下扎根中国大地,办好高等职业院校

高等职业教育既是高等教育的重要组成部分和新的类型,也是职业教育的较高层次,兼具高等教育和职业教育的双重属性;按目前政策看,既是专科层次的高等教育,也是职业教育的高教类型。推进高等职业院校的内涵建设,一个基本立足点就是必须把党中央国务院关于高等教育的指示精神和一系列决策部署落到实处。一是必须坚持和加强党的领导。习近平总书记指出,高校肩负着学习研究宣传马克思主义、培养中国特色社会主义事业建设者和接班人的重大任务,必须加强党对高校的全面领导,加强和改进高校党的建设,这是办好中国特色社会主义大学的根本保证;二是必须加强高校思想政治工作,既要牢牢把握社会主义办学方向,着力提高学生思想政治素质,也要大力加强教师队伍素质,推动思想政治工作创新,提高思想政治工作的针对性和有效性,巩固马克思主义在高校意识形态的主导地位;三是必须坚持把立德树人作为根本任务,把培育和践行社会主义核心价值观贯穿教书育人全过程。与此同时,要把培养德智体美劳全面发展的社会主义建设者和接班人作为基本工作,以此带动高校其他工作。这既是高等学校办学治校的基本遵循,也是高等职业院校推进内涵建设,实现高质量发展的基本遵循和逻辑前提。

(二)抓牢一个根本:培养好服务区域发展的高素质技术技能人才

从《决定》到"职教 20 条"都明确高等职业院校的任务是培养区域和行业发展需要的高素质技术技能人才,这为我们做好具体工作指明了方向,即把培养好服务区域发展的高素质技术技能人才落到实处。一是要了解区域和行业企业的人才需求,落实深入细致的调研工作并形成长效机制,使人才培养工作具有针对性。二是要坚持德才兼备的培养目标。有道是,"有德有才是正品,有德无才是次品,无德无才是废品,无德有才是毒品",我们一定要致力于培养"德才兼备的上品"。三是要坚持专业建设为龙头,突出高等职业院校作为职业教育的特点和重点,坚持"六业贯通"理念,即办好专业、强化职业、注重学业、重视就业、鼓励创业、成就事业,并在实践中把素质教育与专业教育有机融合。四是要坚持以教学为中心,围绕"优化课表、抓好课程、搞活课堂、重视教材、丰富课余、发展课外"的要求,积极推进专业特色化、课程精品化、实训真实化,同时要加强课堂教学信息化,强化实践教学和技能教学,切实提高学生的实践水平和动手能力。五是要坚持以就业为导向。真正做到"专业面向就业、教学立足就业、管理引导就业",并充分利用校友、家庭及社会的力量推进顺利就业、优质就业、对口就业工作,真正把人才培养的结果和成效落到实处。

(三)落实一个重点:提高服务中小微企业和区域终身教育能力

高等职业院校的主要任务是培养人才,即培养区域发展迫切需要的技术技能型人才,履行好这一职责,必须构建产教融合和产学研合作机制。与此同时,须进一步明确的是,高等教育具有多重职能,科学研究和社会服务都是其重要职能,其中,为区域中小微企业服务和社区教育和终身学习服务则是高职院校的重要使命。

服务企业,特别是中小微企业的技术研发和产品升级,就要求高职院校坚持在抓好人才培养工作的同时,注重学校科研和科技开发工作,贯彻"立地式"研究战略重点,瞄准本地区产业转型升级和区域经济发展要求,通过单独或合作设立研究开发平台,如研究院、所、中心等,应企业之需,急企业之急,开展专门技术研发和专项咨询服务,努力提高科研工作针对性,努力成为区域内企业尤其是中小微企业的重要依靠力量。学校在师资队伍建设过程中,把教师的技术研发能力和水平作为培养和考核的重点之一,在提升对企业服务能力中体现学校存在的价值和教师的贡献。

服务社区教育和终身学习需要,这是区域性高等职业院校的重要使命和职责。因此,在构建学习型社会和推进终身教育的过程中,高职院校肩负着不可或缺的责任,既要抓好各层次立体化的干部教育和职工岗位培训工作,也要抓好专科乃至本科层次的继续教育学历提高工作,真正使高职院校成为服务社区教育和终身学习的中心。

(四)建强一支队伍:积极推进专兼结合双师教学团队建设

高等职业院校要建设好发展好,不断推进内涵建设,必须构筑在高水平师资队伍基础之上。高水平师资队伍既是内涵建设的重要内容,也是支持和支撑内涵建设的重要保障。

2018年1月印发的《中共中央国务院关于新时代教师队伍建设改革的意见》明确要求实施职业院校教师素质提高计划,引领带动各地建立一支技艺精湛、专兼结合的双师型教师队伍。学校要根据办学定位和需求面向,花大力气建设好一支数量适当、素质精良的专任教师队伍,既要注重现有教师队伍水平的提高,也要花大力气引进、充实和扩大教师队伍,尤其是要引进和培养造就高水平领军人才;既要培养其教育教学能力,也要着力培养和打造其研究和开发能力,努力使我们的教师队伍能够将教育教学和科技开发一起抓,以适应学校创新发展和内涵发展的需要。

要积极构建双师结构教学团队建设，积极创造条件，推进专兼结合，双师组合和机制融合。通过校企合作、校友网络等途径，聘请一批具有一定理论水平、教学科研能力并具有较强实践能力的兼职教师队伍，发挥其"双休日工程师"作用，使其与校内专任教师一起，组成有机结合、优势互补的双师结构教学团队，为人才培养、科技开发服务，为增强学校服务区域经济社会发展能力做贡献，使其成为学校不断推进内涵建设和可持续发展的强大力量。

（五）延长一个链条：为区域经济、政治、社会、文化、生态文明建设服务

党的十八大以来，以习近平总书记为核心的党中央提出了治国理政的一系列新理念新思想新战略，统筹推进经济建设、政治建设、社会建设、文化建设、生态建设"五位一体"总体布局，协调推进全面建成小康社会、全面深化改革、全面依法治国、全面从严治党"四个全面"战略布局。因此，按照全面建成小康社会的总要求，在落实全面依法治国、全面深化改革、全面从严治党的基础上，推进社会主义经济、政治、社会、文化和生态文明建设，也是各地区的重要任务和使命。作为高职院校，必须积极发挥作用，延长教育链条，除了努力做好培养区域发展需要的高素质技术技能人才这篇大文章以外，还应当在参与区域经济社会发展决策、服务区域政治体制改革和社会治理建设、推动区域生态文明建设等方面发挥作用，充分利用学校拥有的人才、文化、信息、图书等资源，为区域文化建设做出贡献，为区域推进对外开放和国际合作发挥作用。努力把学校建设成为科学研究要地、文化建设高地和国际交流重地，成为推动区域经济、政治、社会、文化和生态文明建设不可或缺的有机组成部分。关于这一点，地处二三线城市的高职院校更应作为、更可作为、更有作为，这应成为这些高职院校推进内涵建设的重点和方向。

三、努力推动高职教育高质量发展目标的全面实现

推进高等职业教育高质量发展,提高认识是前提,做好院校工作是基础,而形成一个齐抓共管,协调配套的体制机制则是重要的条件。对此,我们既要重视在国家层面建立制度,形成齐抓共管体制机制,也应从招生就业、资金投入等各方面创造条件,形成全要素协同驱动高质量发展的新格局。

(一)推进招生制度改革,形成生源选拔新机制

按目前我国高等职业教育招考制度和管理办法,高职院校生源主要有两种:一是普通高中毕业生,二是中等职业学校毕业生。为此,我们也建立了相应的考试录取制度,但鉴于目前的考试制度,基本上采用普通高考的这个模式,既没有从职业教育的特点出发来选拔人才,高职院校也没有招生方面更大的自主权,即便是所谓的"自主招生",实际上学校各部门及院系也不敢贸然采用灵活自主的录取方式。高等职业教育的高质量发展必须有生源选拔机制为保障,因此"职教20条"第三条明确提出"建立'职教高考'制度,完善'文化素质+职业技能'的考试招生办法",以此来提高和促进生源质量,"为学生接受高等职业教育提供多种入学方式和学习方式"。这既对完善和优化高等职业院校生源选拔机制提供了条件,又有利于引导中等职业教育教学改革,并鼓励普通高中教学创新,把更多的适合职业教育的学生选拔和吸引到高职院校来,也为高等职业院校改革教学提供了更好的条件,一定会起到事半功倍的成效,关键是要抓好落实。

(二)探索五年一贯制高等职业教育新模式,培养特色特长人才

关于我国高等职业教育的生源构成和职业教育的分流政策迄今

尚存争论,存在着"加固中等职业教育基础地位""实现 12 年普通教育后再分流"等不同的争论。相应地,这些争论对高等职业教育的发展产生了一定的挑战和影响。"职教 20 条"第三条从着眼于高等职业教育高质量发展的角度,对建立五年一贯制的中高职贯通培养明确了政策导向,即"在学前教育、护理养老服务、健康服务、现代服务业等领域,扩大对初中毕业生实行中高职贯通培养的招生规模",这既撬开了初中分流可适当扩大的政策依据,又从专业层次上对一些与人民生活密切相关的专业提出了贯通培养的导向,实际上也是对这些领域发展职业教育尤其是高等职业教育的鼓励,对培养人才特色和特色人才培养会起到积极的作用,这自然是高质量发展的题中之义和应有之举。当然,中高职贯通培养必须认真研究和解决好可能存在的问题,是分段分校培养还是一段一校培养、中职的免费教育和高职的收费教育是什么关系、中职生的未成年人管理和高职生的成人管理是什么关系等,院校的实践须有更加明确的指导意见和操作指导。

(三)以高水平建设引领高等职业教育高质量发展

"职教 20 条"第三条明确指出,"启动实施中国特色高水平高职学校和专业建设计划,建设一批引领改革、支撑发展、中国特色、世界水平的高等职业学校和骨干专业(群)",这表明了国家决心以培养和打造一批高水平学校来引领高职教育高质量发展的决心,明确了骨干专业(群)建设是高职教育高质量发展的基础。笔者认为,国家采用这种做法的科学合理性体现在,它既与高等教育"双一流"建设相吻合,又是从确立职业教育作为一个类型,从高等职业教育发展新阶段新要求的视角研究问题;更为重要的是通过榜样激励和示范引领,更有利于激发高等职业教育战线活力,形成一马当先、万马奔腾的创新发展局面,有利于从这些优秀院校和专业创造的中国标准"走出去"进程中提升中国特色高等职业教育"走出去"的实力与水平,扩大我国高等职业教育在国际教育领域的话语权和影响力。[5]在这个过程中,关键是要吸取示范校建设、骨干校建设、优质校建设的经验,借鉴"双一流"建设的科学做法,建立科学的遴选和考核机制,真正促进高水平高职院校的建设和高水平专业群的形成,激励整个高等职业教育战线奋发向前。

(四)深化产教融合、校企合作,不断推动高职教育走"双元"育人之路

"职教20条"在第九条、第十条及其他多处对促进产教融合校企"双元"育人明确了要求,强调要坚持知行合一、工学结合,强调要推动校企全面加强深度合作,这与党中央和国务院的一贯要求是一致的,是办好高等职业教育的必由之路。早在2014年,习近平总书记就为职业教育做出了坚持产教融合、校企合作、工学结合、知行合一的指示。2017年,国务院办公厅下发了《关于深化产教融合的若干意见》(国办发〔2017〕95号),对构建产业链、创新链、教育链、人才链四链衔接,调动政府、企业、学校、社会组织四个方面积极性提出了要求,教育部等六部委也出台了《职业学校校企合作促进办法》,关键是要各方都重视,实践出成果。笔者以为,各类各级学校对于"产教融合"有共识,目标一致,但分工不同:"双一流"建设学校主要任务是发现和培育好产业体系,应用型本科学校是支撑和引领产业体系,高职院校的主要任务是壮大和丰富产业体系,中职学校的主要任务是服务和推动产业体系,而每一个学校因各自特点可以有不同的融合模式,并基于此建立实训基地和双师教学团队,推动高素质技术技能人才培养,促进高等职业教育高质量发展。

(五)努力推进高等职业教育全方位办学治校和人才培养水平提升

高等职业教育高质量发展不仅需要一批高水平院校的引领,更需要通过综合施策引领带动全国1400多所,甚至更多学校办学治校和人才培养水平的整体提升。需要全面改善高职院校的办学条件,认真落实生均拨款不低于本科院校水平的政策,需要建立"双师型"教师聘任制度,需要构建人才培养立交和应用型人才培养体系。从某种意义上说,从全面建成小康社会的要求看,高等职业教育人才培养质量的全面提高和高职院校办学治校水平的整体提升更为迫切。我们在启动中国特色高水平高职院校建设的同时,必须对各省(自治区、直辖市)明确达标政策要求、建立考核和督查制度,对高职院校办学条件、质量保障体系、适应社会需求发展能力等进行全面考核,尤其是要督促省、市两级政府推进职业教育发展职能的履行,以更大的举措狠抓落实。与此同时,要强化对部分发达地区和重点建设学校社会责任的承诺和兑现的考核,切实加大对口支援、精准扶贫、努力形成东西支援、南北交流、全国互动、协调发展的良好局面,真正打赢高职教育高质量发展攻坚战,努力为实现中华民族伟大复兴的"中国梦"提供坚实人才保障。

参考文献

[1] 国务院.关于印发国家职业教育改革实施方案的通知[EB/OL].
   (2019-02-19).http://www.moe.gov.cn/jyb_xxgk/moe_1777/
   moe_1778/201902/t20190213_369222.html.

[2] 习近平.决胜全面建成小康社会夺取新时代中国特色社会主义伟
   大胜利——在中国共产党第十九次全国代表大会上的报告[N].
   人民日报,2017-10-28(1).

[3] 国务院.关于加快发展现代职业教育的决定[EB/OL].(2019-01-
   28).http://www.gov.cn/zhengce/content/2014-06/22/content_
   8901.htm.

[4] 教育部.高等职业教育创新发展行动计划(2015—2018 年)[EB/

OL]. (2019-01-26). http://www. moe. edu. cn/s78/A07/zcs_ztzl/ztzl_zcs1518/.

[5] 姜大源. 论中国高等职业教育对世界教育的独特贡献[J]. 中国职业技术教育,2015(36).

（来源:《中国职业技术教育》2019 年第 7 期）

新时代中国特色高等职业教育的内涵与发展路径

周建松　　陈正江

（浙江金融职业学院）

摘　　要：改革开放以来，我国高等职业教育主动回应经济社会发展需求，实现了从无到有、从小到大的快速发展，走出了一条适合我国国情、体现中国特色的发展道路。中国特色社会主义进入新时代，新时代中国特色高等职业教育主要由坚持党的领导、落实立德树人根本任务、扎根中国大地办学、发展素质教育、服务国家与区域经济社会发展五大内涵构成，其发展路径是以专业建设为龙头、以优质就业为导向、以教育教学为中心、以产教融合为主线、以合作发展为支撑。

关键词：新时代；中国特色；高等职业教育；内涵；路径

改革开放以来，我国高等职业教育主动回应经济社会发展需求，扎根中国大地，持续探索实践，实现了从无到有、从小到大的快速发展。特别是新世纪后，我国高等职业院校数、在校生数和毕业生人数持续增长，其规模已占普通高等教育的一半左右，高等职业教育在优化高等教育结构和引领职业教育发展中的作用进一步凸显，逐步形成自身具有历史渊源和时代特征的类型特色。"高职教育的兴起从表面上看是一个独立过程，但其产生和发展却导致了整个高等教育体系价值观念的变革和功能性拓展。"[1]作为中国特色教育生成与发展的一个重要案例，高等职业教育走出了一条适合我国国情、体现中国特色的发展道路。

一、我国高等职业教育扎根本土的持续探索实践

中华人民共和国成立后,我国职业教育在较长时期定位为发展初等和中等职业教育,只存在少量的专科高等教育。1978 年 4 月 22 日,邓小平同志在全国教育工作会议上的讲话指出,"整个教育事业必须同国民经济发展的要求相适应""应该考虑各级各类学校发展的比例,特别是扩大农业中学、各种中等专业学校、技工学校的比例"[2]。随后召开的党的十一届三中全会做出把党和国家的工作重点转移到社会主义现代化建设上来和实行改革开放的历史性决策,提出了走自己的路,建设中国特色社会主义的方针,也由此开启了我国高等职业教育本土探索之路。

(一)职业大学的设立

随着国民经济的恢复和发展,各地区和各行业对生产、建设、服务、管理等高级专门人才的需求日益增加,迫切需要一大批高素质技术技能人才,而当时普通高校毕业生数量有限,同时仍是处于计划经济时代的毕业统一分配模式,地方和基层很难分配到大学毕业生。基于此,一些经济基础较好的大中城市开始自己兴办学校。为本地培养技术技能人才,短期职业大学应运而生。1980 年原国家教委批准设立南京金陵职业大学、无锡职业大学、合肥联合大学、江汉大学等首批 13 所职业大学,它们是高等职业教育的最初形态,标志着我国高等职业教育的诞生。

(二)高等职业教育政策与法律地位的确立

1985 年《中共中央关于教育体制改革的决定》提出"积极发展高等职业技术院校,逐步建立一个从初级到高级、行业配套,结构合理,又能

与普通教育相互沟通的体系","根据大力发展职业技术教育的要求,高中毕业生一部分升入普通大学,一部分接受高等职业技术教育",这是"高等职业教育"第一次在国家文件的规范表述。1991 年,《国务院关于大力发展职业技术教育的决定》提出"积极推进现有职业大学的改革,努力办好一批培养技艺性强的高级操作人员的高等职业学校",同年,邢台高等职业技术学校获批,成为我国高职教育领域中第一所冠名为"职业技术学院"的学校。1996 年《中华人民共和国职业教育法》颁布,第一次以法律的形式明确了高等职业教育在我国教育结构中的地位,这标志着我国高等职业教育有法可依。

(三)"三改一补"政策的实施

20 世纪 90 年代,国家开始实施"三改一补"政策,即对现有高等专科学校、职业大学和独立设置的成人高校进行改革、改组和改制,并选择部分符合条件的中专改办补充。同时,教育部将原有高职、高专和成人高校合称为"高职高专教育"进行统筹,这从高等职业教育的实现形式和管理上解决了其发展中不畅通的问题,促进了高等职业教育的快速发展。1999 年,国务院批转教育部《面向 21 世纪教育振兴行动计划》,规定"2000 年高等教育招生计划的增量将主要用于地方发展高等职业教育",并将高职的办学管理权下放,提出"通过试点,逐步把高等职业教育方面的责权放给省级人民政府和学校"。

(四)国家示范性高职院校建设计划

新世纪后,教育部先后发布《关于加强高职高专教育人才培养工作的意见》等一系列政策文件,对高职教育进行规范和引导,高等职业教育规模迅速扩大。2006 年,教育部、财政部启动实施了"国家示范性高等职业院校建设计划",通过中央财政资金支持建设 100 所示范性高职院校和 100 所骨干高职院校。通过国家示范校、国家骨干校等项目建设,明确了高职院校办学模式,特别是强化了产教结合、校企合作等在办学过程中的作用,探索形成了以工学结合、顶岗实习为基础的中国特色的人才培养模式。

(五)高等职业教育创新发展行动计划

2010 年后,我国高等职业教育进入内涵深化和体系构建时期,提升教育质量和建立现代职教体系成为一个基本的政策导向。2014 年习近平总书记对职业教育做出重要指示,明确了新时期职业教育的战略地位、时代重任、发展方向、支持重点和各方职责。同年,国务院印发《关于加快发展现代职业教育的决定》,教育部等六部门印发《现代职业教育体系建设规划(2014—2020 年)》,提出建设中国特色职业教育体系。2015 年,教育部印发《高等职业教育创新发展行动计划(2015—2018 年)》,重点强调扩大优质教育资源、增强院校办学活力、加强技术技能积累、完善质量保障机制。

二、新时代中国特色高等职业教育的发展背景

(一)习近平总书记关于教育的论述对高等职业教育提出新要求

习近平总书记指出,中国特色是历史和现实做出的回答,是国际比较得出的结论,既是独具特色的,又是独具优势的。在 2013 年教师节的贺信和 2014 年教师节与北京师范大学师生座谈讲话中,总书记两次提出"发展具有中国特色、世界水平的现代教育",从战略高度回答了我们应办什么样的教育,以及如何办教育的这一根本性问题。[3] 2014 年,习近平总书记对职业教育做出指示,提出要牢牢把握服务发展、促进就业的办学方向,深化体制机制改革,创新各层次各类型职业教育模式,坚持产教融合、校企合作,坚持工学结合、知行合一,引导社会各

界特别是行业企业积极支持职业教育，努力建设中国特色职业教育体系。党的十九大报告提出建设教育强国，对于高等教育而言，是要实现内涵式发展；对于职业教育而言，是要完善职业教育和培训体系，深化产教融合、校企合作。2018年，习近平总书记在全国教育大会上指出，坚持社会主义办学方向，立足基本国情，遵循教育规律，坚持改革创新，以凝聚人心、完善人格、开发人力、培育人才、造福人民为工作目标，培养德智体美劳全面发展的社会主义建设者和接班人，加快推进教育现代化、建设教育强国、办好人民满意的教育，这些重要论述对高等职业教育提出新要求。

（二）建设现代化经济体系对高等职业教育提出新挑战

党的十九大提出建设现代化经济体系，这是我国经济由高速增长阶段转向高质量发展阶段的必然选择。建设现代化经济体系不仅要求转变经济发展方式、优化经济结构、转换增长动力，而且对教育满足经济发展需求的能力提出了更高的要求。建设现代化经济体系的重点是推动质量、效率、动力三大变革，目的是提高全要素生产率，作为国民教育体系和人力资源开发的重要组成部分，高等职业教育以培养多样化人才、传承技术技能、促进就业创业为己任，以服务发展、促进就业为导向，这就要求高等职业教育在新技术革命条件下转变发展方式，实施创新驱动发展战略，提升发展质量，通过推动人才供给侧改革，促进技术技能积累，实现人力资本的最优配置，为建设现代化经济体系提供坚实支撑。

（三）实现高等教育内涵式发展对高等职业教育提出新期待

新时代高等教育要实现"内涵式发展"，就是要探讨把哪些具体内涵作为高等教育质的规定性并推动其发展。在我国高等教育向大众化乃至普及化发展的过程中，高等职业教育内涵式发展可从政治论、认识论和人本论三个维度来考察。从政治论的维度看,强调党的领导,扎根中国大地办学,服务国家和区域发展战略;从认识论的维度看,强调提高教育教学质量,以建设中国特色高职教育高水平学校和专业作为标志性成果;从人本论的维度看,强调立德树人,发展素质教育,以学生为中心,培养德智体美劳全面发展的社会主义建设者和接班人。[4]

高等职业教育在实现了规模发展后,必然重视对内涵与质量的关注,尤其需要解决专业化刚性过强、课程教学浅表化、优质教学资源不足以及教育教学文化薄弱等教育教学和人才培养过程中的一系列深层次问题。[5]

(四)深化产教融合校企合作对高等职业教育提出新目标

产教融合、校企合作的理论基础是新职业主义,其根本要求转向具有广泛基础性的、整合的职业教育,这向人们展现了这样一种可能性,即教育与工作世界的紧密结合,通过沟通科技发展、产业变革与人力资源开发之间的关系,实现学生、学校和行业、企业的共赢。[6]2017年12月,国务院办公厅发布《关于深化产教融合的若干意见》,2018年1月,教育部等六部门印发《职业学校校企合作促进办法》,对产教融合、校企合作进行了顶层设计和工作部署,产教融合、校企合作逐步从理念创新落实到制度创新。高等职业教育在产教融合、校企合作方面具有天然的优势,在市场经济背景下,企业等用人主体参与职业教育的人才培养过程,也是人民日益增长的职业教育需求和职业教育发展不平衡不充分矛盾解决的重要途径。在深化产教融合、校企合作双轮驱动下,高等职业教育以人才培养模式改革为核心,深化学校内涵建设,完善高素质技术技能人才培养体系,推进人力资源供给侧结构性改革,促进教育链、人才链与产业链、创新链有机衔接。

（五）推进高质量发展对高等职业教育提供新指引

2019 年 1 月，国务院印发《国家职业教育改革实施方案》，提出推进高等职业教育高质量发展。高等职业教育是优化高等教育结构和培养大国工匠、能工巧匠的重要方式，高等职业学校要培养服务区域发展的高素质技术技能人才，重点服务企业特别是中小微企业的技术技能和产品升级，加强社区教育和终身学习服务的定位要求。启动实施中国特色高水平高职学校和专业建设计划，建设一批引领改革、支撑发展、中国特色、世界一流的高等职业学校和骨干专业（群），这表明了国家以培养和打造一批高水平学校来引领高职教育高质量发展的决心，也明确了骨干专业（群）建设是高职教育高质量发展的基础。高质量发展是新时代高等职业教育的发展理念，包含着丰富的内涵，从宏观看，这是高等职业教育领域解决人民日益增长的美好生活需要和不平衡不充分的发展之间的矛盾的指导；从中观看，衡量高质量发展的指标是行业、区域高等职业教育人才培养的匹配度，即结构性质量；从微观看，具体落实在每一所学校、每一个专业的人才培养和教育教学质量上，因此，推进高等职业教育高质量发展既要着眼全局，又不能脱离院校实际。

三、新时代中国特色高等职业教育的主要内涵

习近平总书记在全国教育大会上的讲话把新时代教育发展的新理念、新思想、新观点概括为"九个坚持"，强调培养什么人是教育的首要问题，这是我们理解新时代中国特色高等职业教育的重要指引。新时代中国特色高等职业教育内涵主要包括坚持党的领导，落实立德树人根本任务，扎根中国大地办学，发展素质教育，服务国家与区域经济社会发展等方面。

（一）坚持党的领导

我国是中国共产党领导的社会主义国家,决定了我们的教育必须是中国共产党领导下的中国特色社会主义教育,必须坚持教育为人民服务、为中国共产党治国理政服务、为巩固和发展中国特色社会主义制度服务、为改革开放和社会主义现代化建设服务。党的领导是中国特色高等职业教育的鲜明本色,这既是理念的凝结,又是实践的升华。要实现党的领导,就必须始终坚持社会主义办学方向不动摇,聚焦立德树人根本问题不放松,在党管意识形态、党管干部人才、党管改革发展等方面积极作为,为推进高等职业教育高水平建设和高质量发展提供坚强政治保证、思想保证和组织保证,培养德智体美劳全面发展的社会主义建设者和接班人。

（二）落实立德树人根本任务

立德树人是中华优秀教育传统的核心理念。在中国特色社会主义新时代,必须坚持马克思主义的指导地位,把立德树人融入思想道德教育、文化知识教育、社会实践教育各环节,将培育和践行社会主义核心价值观贯穿人才培养全过程。课堂是教书育人的主阵地和主渠道,课程是立德树人的主要载体。浙江金融职业学院通过深化千日成长工程,推进全课程育人,办好思想政治理论课、凸显专业课的育人功能、发挥公共课的特殊育人作用、做好实践课育人工作、丰富校本课的育人内涵、推进创新创业课建设、加强师资队伍建设推进全课程育人,不断推进"思政课程"与"课程思政"相结合,探索出一条立德树人的新路。

（三）扎根中国大地办学

习近平总书记在全国教育大会上强调,扎根中国大地办教育,就是要坚持以马克思主义为指导,全面贯彻党的教育方针,坚持以人民为中心的发展思想、以立德树人为根本任务、以促进公平为基本要求、以优化结构为主攻方向、以深化改革为根本动力,走出一条中国特色的教育现代化之路。我国国情的复杂性、地域发展的不平衡性、特有的历史文化背景都决定了要解决中国的教育问题,不能一味靠外来经验的输入,必须扎根中国的土壤,找到一条本土化的解决方案。坚持扎根中国大地办教育,必须求解中国教育面临的现实难题,切实解决教育发展不充分不平衡的问题。高等职业教育只有根植于具有五千年历史积淀的中华优秀传统文化,扎根本土文化,才有可能实现可持续发展。

(四)发展素质教育

高职教育的人才培养目标是高职教育的出发点和归宿,包括高职院校学生培养的基本方向定位,及由此决定的学生在接受完高职教育之后在知识、能力和素质方面达到的规格要求。[7]素质教育与专业建设相融合是高职教育内涵建设的重要内容和途径,具体思路与做法是:重视思想政治教育,解决好做人高度问题;重视人文素质教育,解决好做人厚度问题;重视专业素质教育,解决好做人深度问题;重视身体素质教育,解决好做人长度问题;重视心理素质教育,解决好做人宽度问题;重视创新创业教育,解决好做人强度问题。浙江金融职业学院在办学实践中办好素质教育载体——马克思主义学院、明理学院、淑女学院、银领学院、笃行创业学院、国际交流学院、继续教育与培训学院,构建多层次立体化的素质教育体系。

(五)服务国家与区域经济社会发展

高等职业教育以培养生产、建设、服务、管理第一线的高素质技术技能专门人才为主要任务。改革开放 40 多年来,高等职业教育密切了教育与经济发展尤其是与生产劳动的结合,成为推动国家和区域经济社会发展的主要动力。当前我国经济发展方式、生产过程、产业结构、驱动要素等方面的深刻变革,对人才的素质有了更新和更高的要求。在"中国制造2025"、精准扶贫、"一带一路""互联网＋"等重大国家战略实施的背景下,要求高职院校以长远眼光来确定专业设置和专业定位,并能够根据社会发展对人才需求的变化做出适时调整。这其中,"需求端"表现在满足国家新产业新业态的需求,"供给端"表现在人才培养方案、人才培养模式等的创新。作为新时代最大量最重要的人才供给侧,高等职业教育必须转变育人观念,创新人才培养模式,努力实现人才供给与需求的动态平衡。

四、新时代中国特色高等职业教育的发展路径

正如有学者指出的那样,中国的教育能够走向世界,能够对世界做出贡献的,很可能首先是中国的职业教育,尤其是中国的高等职业教育。[8]高等职业教育要在教育强国建设过程中发挥其应有的作用,还需要在以下五方面下功夫,这也是我们提升中国特色高等职业教育道路自信、理论自信、制度自信、文化自信的重要路径。

(一)以专业建设为龙头

专业是高职院校办学和人才培养的基点,专业建设是高职院校内涵发展的重要抓手。《教育部关于全面提高高等职业教育教学质量的若干意见》(教高〔2006〕16号)提出针对区域经济发展的要求,灵活调整和设置专业,辐射服务面向的区域、行业、企业和农村,增强学生的就业能力。新一轮的经济转型、产业升级,产业结构的调整,必将为区域经济发展提供新机遇,也对技术技能型人才培养提出新要求,转型后的企业对职业技术人才的需求日趋多样化、精细化和特色化。专业建设成为高职示范校、骨干校和优质校建设的主要项目与核心任务,各

高职院校以重点专业为龙头、相关专业为支撑的专业群,重塑专业建设逻辑,打造新的专业格局,升级专业建设内涵,深耕行业企业服务。《国家职业教育改革实施方案》明确提出"启动实施中国特色高职教育高水平学校和专业建设计划",更凸显了专业建设在高水平学校建设中的地位和作用,因此,各高职院校在优势专业、特色专业建设成效的基础上开始探索高水平专业建设,以就业为导向、以市场为指引,开发专业教学标准和课程标准,探索基于社会需求的专业设置和管理机制,提升专业服务产业发展能力;遵循传承历史、关注需求、合理定位的原则,形成调整专业设置、课程体系的动态优化机制;通过校企合作、产教融合、国际交流等途径加强专业内涵建设,提升专业技能人才培养质量,加强专业人才培养服务于地方经济社会发展的适切性和针对性。[9]在推进管办评分离和放管服改革的背景下,积极实施专业诊断与改进,开展高等职业教育国际专业认证。

(二)以优质就业为导向

就业是消除贫困、促进共享、包容性发展的基本保障,也是职业教育实现家长和学生期望,进而改善民生的基本路径。[10]高职教育以就业为导向,除体现在整体就业率、签约率,还体现在有质量的就业上。对于高职院校来说,就业情况一直是考评一所学校成功与否的重要指标。优质就业的标准是根据专业对口、单位状况、薪资水平、发展状况等因素综合评定。一个新的技术一定会有新的教育模式匹配,高等职业教育要了解自身的需求端,即要想跟上产业发展的步伐,就要了解企业真正需要什么样的人才,这个问题要通过扎实的调研才能得到答案,专业团队通过调研社会需求,为专业准确的定位和严格的培养打下基础。2018年7月,麦可思研究院发布的《2018年中国大学生就业报告》显示,2017届高职高专毕业生半年后的就业率为92.1%,高于2016届的91.5%,近10年应届高职高专毕业生就业率稳步上升,2017

届高职高专就业率首次超过本科。[11]对于高职院校而言,建立专业引导就业、教学面向就业、机制支撑就业、校友帮助就业、全校齐抓就业的一套机制,与此同时,构建以就业率、签约率、用人单位满意率、学生起薪水平和岗位发展状况等指标在内的就业考核评价体系尤为重要,而对于首次进入就业市场的毕业生而言,职业资格证书格外重要,因此高职院校应在实践中探索创新集团化办学、现代学徒制、订单培养等就业工作机制,推动毕业生实现顺利就业、对口就业、优质就业。

(三)以教育教学为中心

教学和教育是密不可分的,教学概念应放在教育大系统中来理解和把握。教学是教育的基本形式,尤其是学校教育产生以后,其内涵是学生在教师的指导下,掌握文化知识和技能,进而发展能力、增强素质、形成道德的教育过程。教学是高职教育最大的内涵,教学工作是高职院校的中心工作,具有以下多重特征:一是内容的现实性,是指教学内容要与生活实际紧密联系,使教学内容生活化;二是主体的能动性,是指教师和学生通过深度参与和互动,真正成为教学活动的主体;三是形式的多样性,是指在服从教学内容的前提下,教学形式应呈现出多样性、灵活性、实效性,使自主学习与合作学习得以结合。2016年,教育部陈宝生部长提出"四个回归",其实质就是回归教学,促进教师角色回归。首先,提高高职院校教学水平要建立一个优化课表、重视课程、做好课本、搞活课堂、丰富课余和发展课外的机制,推进专业特色化、课程精品化和实践真实化;其次,构建"以教学为中心"的绩效考核体系,引导教师把精力用于教学,褒奖教学创新和贡献者,真正把以教学为中心落到实处;第三,教师评价制度对于引导教师重视教学起着重要的导向作用和杠杆作用,促使教师在教学、科研与服务三项活动中保持平衡且相互促进;第四,重视互联网+教育背景下的教学创新,应用信息技术改革教学,发挥慕课、翻转课堂、微课等新形式教学的作用。

（四）以产教融合为主线

产教融合既是一种社会经济运行生态，也是一种技术技能形成机制。在深入实施创新驱动发展战略、加快发展壮大现代产业体系的背景下，深化产教融合是推进人才和人力资源供给侧结构性改革一项非常迫切的任务。高职教育以培养高素质技术技能人才为己任，基于产教融合构建高职院校发展系统是实现人才培养职能的重要手段。高职院校要发挥产教融合在创新人才培养、教师发展、社会服务、创新创业等方面的机制优势，着重围绕教育与职业、学校与企业、学习与工作等方面的结合做文章，适应区域与行业发展需求，树立主动对接、主动作为的理念，防止"等、靠、要"，主动发现有为时间、作为空间，以满足经济社会和产业变革需求和发展。推进高职院校和企业联盟、与行业联合、同园区联结，通过建立学校专业群紧密相关的产学研协同创新中心平台，依托专业（群）构建产教融合综合体、有机体和共生体，立足为中小微企业提供产品研发和技术服务，并建立多层次立体化的岗位培训，为企业开展员工培训。

（五）以合作发展为支撑

开放合作办学是高职教育的主要特征，这体现在教育与职业、学校与企业、学习与工作、高教与职教的结合与融合上。在深入实施创新驱动发展战略、加快发展壮大现代产业体系的背景下，深化产教融合和科教融合是高职院校推进人才培养供给侧结构性改革的迫切任务，一方面，合作发展不但能加强高职院校内部资源的共享与优化，而且通过充分利用外部资源，更利于院校自身的发展；另一方面，通过培养高素质技术技能人才，高职院校为行业企业输送大量的人力资源，从而实现面向市场、服务发展、促进就业。因此，高职教育的办学使命要求构建一个产教融合、校企合作、工学结合、知行合一的育人体系，积极探索全方位多层次的合作发展机制,以此来实现学校与政府、行业、企业、党派、协会、兄弟院校以及国际的合作。特别是在"互联网＋教育"的背景下,深化教与学的结合、双师型教学团队的建设、人才培养与科学研究的协同,争取资源与服务社会的良性运行,构建基于利益相关者共同治理的组织架构,促进人才培养质量和办学治校水平的提高。

五、新时代中国特色高等职业教育展望

作为我国高等教育新的增长点和职业教育重要生力军,高等职业教育在落实新发展理念、推进高质量发展的过程中,要在做好高素质技术技能人才培养的基础上,通过积极推动科学研究,努力开展社会服务,重视文化传承创新,开展国际合作交流,在服务人的发展和经济社会发展的过程中实现自身发展。一是通过实施校企协同创新战略、强化科研平台建设、提升横向服务能力等措施增强科研核心竞争力。二是充分发掘高职院校在社会培训、技术服务、资政咨询、文化建设和公益服务等方面的功能,尤其是在终身教育的背景下,高职院校应成为学习型社区的领头雁和辐射源;三是重视文化建设,营造良好环境,以文化人,文化育人,开展文化的传承与创新;四是开展国际合作办学,提升教师和学生国际素养,输出教学标准,助力推动中国企业协同"走出去",这些职能的发挥既是促进人才培养水平提升的必然要求,也是服务国家与区域发展战略的根本路径。

六、结　语

高等职业教育是在我国本土产生的一种教育形态,尽管是土生土长甚至是"土里土气",但却较好地满足了行业和区域的需求,在实践中,也已发展为一种不可替代的教育类型,体现出本土创新的特点,成

为我国现代职业教育体系的重要组成部分。本文在梳理我国高等职业教育本土探索的基础上,归纳提炼新时代中国特色高等职业教育的主要内涵与发展路径,尝试为新时代高等职业教育发展提供一个逻辑统一的分析框架。2019年2月,中共中央、国务院印发《中国教育现代化2035》,明确提出推进教育现代化的基本原则,其中很重要的一条就是坚持中国特色。这对于高等职业教育政策制定者、理论研究者和实践探索者而言,既是一种鞭策,也是一种激励。事实上,"对中国经验,不能仅仅停留于经验的描述,应当从'描述'进到提炼、概括,从'经验'上升到'理论'"[12]。在接下去的研究中,我们将着重围绕中国特色高等职业教育的思想渊源、基本特征、理论贡献与发展实践等方面,发掘新材料,回答新问题,进一步坚定发展中国特色高等职业教育的道路自信、理论自信、制度自信、文化自信。

参考文献

[1] 秦惠民,解水青.高职教育对现代大学功能变革的影响——基于国际视角的新制度学解读[J].中国高教研究,2014(2).

[2] 杨金土.30年重大变革——中国1979—2008年职业教育要事概录[M].北京:教育科学出版社,2011:7.

[3] 习近平同北京师范大学师生代表座谈时的讲话[EB/OL].http://politics.people.com.cn/n/2014/0910/c70731-25629093.html,2014-09-10,2018-01-15.

[4] 范笑仙.哲学视角下新时代中国高等教育内涵式发展[J].国家教育行政学院学报,2018(8).

[5] 别敦荣.论高等教育内涵式发展[J].中国高教研究,2018(6).

[6] 汤霓,石伟平.新职业主义视角下美国社区学院产教合作模式研究[J].外国教育研究,2015(5).

［7］周建松,唐林伟.高职教育人才培养目标的历史演变与科学定位
　　［J］.中国高教研究,2013(4).

［8］姜大源.高等职业教育:中国对世界教育的独特贡献［N］.光明日
　　报,2015-10-27.

［9］周建松,孔德兰,陈正江.高职院校高水平专业建设政策演进、特征
　　分析与路径选择［J］.中国职业技术教育,2017(25).

［10］世界银行.2013年世界发展报告:就业［M］.胡光宇,等,译,清华
　　大学出版社,2013:12.

［11］麦可思研究院.2018年中国大学生就业报告［R］.北京:社会科学
　　文献出版社,2018.

［12］丰子义.从话语体系建设看马克思主义哲学创新［J］.哲学研究,
　　2017(7):123-126.

(来源:《中国高教研究》2019年第4期)

贯彻落实"职教 20 条" 着力推进
高职教育类型特色建设

周建松　　陈正江

（浙江金融职业学院）

摘　要:《国家职业教育改革实施方案》颁布实施,引发了全社会的热切关注和高职教育界的积极回应。贯彻落实"职教 20 条",要坚持以习近平总书记关于教育的重要论述,特别是关于职业教育的重要指示为根本遵循,准确把握高职教育类型特征,坚持问题导向,着力突破高职教育发展中的瓶颈问题,为此,要妥善处理六大关系,在加快实现"三个转变"上下功夫,并在推动微观教学改革上花气力,推进高职教育高质量发展。

关键词:"职教 20 条";高职教育;类型特征;高质量发展

《国家职业教育改革实施方案》[1]（以下简称"职教 20 条"）印发五个多月以来,引起了全社会的热切关注和积极回应,作为党的十九大以后职业教育改革发展的重大举措,"职教 20 条"通篇贯穿了习近平新时代中国特色社会主义思想和习近平总书记在全国教育大会上的重要讲话精神,坚持目标导向和问题导向,针对长期以来"单纯的学历教育"或"简单的技能教学"两个倾向,提出了一系列解决长期制约职业教育发展的体制机制难题的政策措施,对提升职业教育在国民经济和社会发展中的地位,对深化职业教育类型特色改革,营造全社会关心支持职业教育的良好氛围,起到了重要的引领和推动作用。当前,学习、宣传、解读和贯彻"职教 20 条"已经形成热潮,关键的问题是要准确把握高职教育类型特征,着力解决高职教育发展面临的主要问题,推动实现"三个转变",妥善处理六大关系,推进高职教育高质量发展。

一、坚持以习近平总书记关于职业教育的重要指示为根本遵循

党的十八大以来,以习近平同志为核心的党中央把职业教育摆在了前所未有的突出位置。2014年6月,国务院召开全国职业教育工作会议,中共中央总书记、国家主席习近平对职业教育做出重要指示[2],对职业教育进行了形势新判断、功能新定位和工作新部署,坚持以习近平总书记关于职业教育的重要指示为指导,这是我们贯彻落实"职教20条"的根本遵循。

(一)形势新判断:将职业教育摆在更加突出的战略位置

习近平总书记指出,职业教育是国民教育体系和人力资源开发的重要组成部分,是广大青年打开通向成功成才大门的重要途径,肩负着培养多样化人才、传承技术技能、促进就业创业的重要职责,必须高度重视、加快发展。当前,在我国经济由高速增长阶段转向高质量发展阶段进程中,建设现代化经济体系是我国发展的战略目标,为了更好实现这一目标,必须抓好职业教育工作,这既是推进教育改革的战略性问题,又是促进经济和惠及民生的重大问题。在这个意义上,必须把职业教育摆在更加突出的战略位置,引导社会各界特别是行业企业积极支持职业教育,并将其作为深化教育领域综合改革的突破口和转方式、调结构、惠民生、防风险的战略支点,推动职业教育与经济社会同步发展。

（二）功能新定位：牢牢把握服务发展、促进就业的办学方向

培养什么人、怎样培养人，这是我们教育工作的出发点和落脚点。对于职业教育，习近平总书记强调，要深化体制机制改革，牢牢把握服务发展、促进就业的办学方向，创新各层次各类型职业教育模式。这就需要我们树立正确人才观，坚持以立德树人为根本，培育和践行社会主义核心价值观，促进学生全面发展。与此同时，牢固树立以提高质量为核心的教育发展观，把提高职业技能和培养职业精神高度融合，着力提升学生的职业精神、职业技能和就业创业能力，弘扬劳动光荣、技能宝贵、创造伟大的时代风尚，营造人人皆可成才、人人尽展其才的良好环境，为技术技能人才成长创造更好的社会氛围，努力让每个人都有人生出彩的机会。

（三）工作新部署：坚持产教融合、校企合作、工学结合、知行合一

习近平总书记提出，坚持产教融合、校企合作，坚持工学结合、知行合一（以下简称"四合"机制），建设中国特色职业教育体系。在宏观层面，要落实政府发展职业教育的职责，发挥好保基本、促公平的作用，加强规划统筹、政策统筹、资源统筹。在中观层面，要处理好职业教育利益相关者，如政府、学校、社会、社区、行业、企业的关系，充分发挥市场机制作用，激发职业教育办学活力，促进产教深度融合。在微观层面，要深化专业、课程和教材改革，创新人才培养模式，提高人才培养针对性、实效性，推动校企合作育人，培养数以亿计的高素质劳动者和技术技能人才。

二、坚持问题导向，着力解决高职教育发展中的瓶颈问题

"职教20条"直面我国职业教育发展中的问题，如体系不够完善、实训基地有待加强、制度标准尚不健全、企业参与动力不足、相关配套

政策有待完善、办学和人才培养质量良莠不齐等等,这些问题在高职教育领域同样存在。在贯彻"职教20条"的过程中,我们要坚持问题导向,着力解决这些影响和制约我国高职教育发展的瓶颈问题,着力打造高职教育类型特色,为建设现代化经济体系和教育强国提供坚实支撑。

(一)类型特色不够鲜明

"职教20条"开宗明义,指出职业教育与普通教育是两种不同教育类型,具有同等重要地位。对于高职教育而言,其最鲜明的类型特色是通过人才培养更好满足受教育者作为个体发展的需要,同时满足作为职业世界的企业的要求。但在现实中,"四合"机制并没有得以构建,德技并修、育训结合的育人模式也没能很好地彰显,如此一来,处于普通高等教育与职业教育交叉领域的高等职业教育面临着追求"高"还是坚持"职"的两难困境,由此引发了地位与身份危机[3]。而这种地位与身份危机最主要的肇因是高职教育类型特色不够鲜明。

(二)规模和质量不相匹配

改革开放后,特别是进入21世纪以来,我国高职教育走过了快速发展的历程,无论是高职院校数,还是在校生数和毕业生数都呈现出持续增长的发展势头,其规模已占高中后阶段教育的一半左右。我国高职院校开设有近千个专业,涉及近10万个专业点,办学规模是名副其实的世界第一。但在现实中,还存在着重规模轻质量、重硬件轻软件、重外延轻内涵的现象,教学作为高职院校的中心工作还没有得到应有的重视,对教学基本建设的投入还不足,教师、教材、教法还存在薄弱环节,部分高职院校的教学还是本科"压缩"型,导致出现教师不发展、教材不更新、教法不改革的困境,这种状况严重制约了我国高等职业教育的发展。

（三）社会力量参与支持不够

加强职业教育不仅是教育问题，也与经济工作有着直接而密切的联系。实践中，我国高职教育已经成为不可否认的一种教育类型，但受传统的体制机制因素制约，行业企业参与高职院校办学和人才培养的动力不足，缺乏相应的激励政策，导致高职教育人才培养供给侧和产业需求侧在结构、质量、水平上还不能完全适应。特别是多数高职院校是在脱离行业主管部门的情况下开展办学，社会力量参与支持不够在很大程度上使产业与教育深度融合受到影响，校企合作存在"一头热""独角戏"等问题，导致高职教育发展面临着越来越大的制约。

三、贯彻落实"职教 20 条"，要妥善处理好六大关系

（一）职业教育的类型特色与高教性的关系

"职教 20 条"提出职业教育是一种类型教育的理念明确告诉我们，高等职业教育仍然具有高等教育和职业教育双重属性，而且，从社会心理等角度看，承认高教属性也是办好高等职业教育的重要因素，而在现实中高职学生"专升本"比例仍有上升趋势。正因为这样，我们在贯彻"职教 20 条"过程中，既要扎扎实实推进职业教育类型特色形成，强化职业教育属性，如积极推进"1＋X 证书制度"试点，建设"双师型"教学团队，推进产教融合、校企合作，抓好职业培训，重视实践实训等，同时，还要坚持高等职业教育的高教属性，着力在服务学生发展上下功夫，努力把服务市场需求与服务学生发展结合起来。国家在高等职业教育发展政策上仍然要坚持双重属性、双重身份、双重待遇、双重激励；而作为高等职业学校，既要发展职教性，也要坚守高教性。

(二)落实百万扩招任务与高职教育高质量发展的关系

提高职业教育质量,推进高职教育高质量发展是"职教 20 条"的主题,如在"职教 20 条"第三条就直接以"推进高等职业教育高质量发展"为醒目标题,进一步明确了高等职业教育高质量发展的重要性。在今年《政府工作报告》中,李克强总理又从宏观经济运行和稳就业视角出发,明确提出了高职扩招 100 万人的战略安排[4]。应该说,这两个命题都是时代的要求,如果从单一或孤立的角度看,似乎是矛盾的,但从全面辩证角度出发,我们一定要做好协同统一的文章,扩招是要采取有效措施实现有质量的扩招,扩招以后要通过深化教育教学改革,开展更有针对性和更有质量的教育,从而切实提高扩招后的高职教育人才培养质量,巩固高职教育社会声誉,并率先从高质量就业方面彰显高等职业教育高质量发展的成效。

(三)扩大高职教育规模与学生"专升本"的关系

相当长一个时期以来,我国教育政策在教育结构上一直坚持高中阶段职教普教大体相当,高中后教育高职与本科各"半壁江山"的政策,实际执行情况中等职业教育、高等职业教育均在 40% 左右。2014 年全国职业教育工作会议上,教育部、国家发展和改革委员会、财政部、人力资源和社会保障部、农业部、国务院扶贫办联合发布了《现代职业教育体系建设规划(2014—2020 年)》,强化了对中等职业教育和高等职业教育的重视,其中明确中职学校不升格为高职院校,高职院校不并入或升格为本科院校,对中职教育和高职教育发展规模也提出了要求。尽管现在执行效果一般,双双都有跌破 40% 的可能,但作为国家战略决策始终没有变。"职教 20 条"颁布实施不久,在今年全国"两会"上又决定高职教育扩招 100 万人,并且把发展职业教育尤其是高职教育纳入宏观经济及就业战略上来,其指导方向应该是十分明确的。但问题在于,一方面国家大力发展高等职业教育,推动稳就业目标的实现;另一方面,由于社会文化心理等多种因素使然,高职在校学生"专升本"意愿不断强化,比例也在大大提高,而各省(区、市)因为录取率等指标,"专升本"招生计划又在不断扩大,形成政策指向与社会现实之间的明显反差,这也有悖于职业教育以就业为导向的人才培养目标的实现,值得引起我们关注和思考,也需要积极协调解决好。

(四)"1+X证书制度"试点中的1和X的关系

"职教20条"提出,按照"管好两端、规范中间、书证融通、办学多元"的原则,启动"1+X证书制度"试点工作。这是职业教育改革的关键,应该说,其方向无疑是正确的,专家学者也普遍给予了肯定。正确把握好"1"和"X"的关系其意义十分重大。我们要充分发挥X证书即职业技能等级证书的作用,鼓励行业企业和学校联合开发相关标准和证书,学生经过学习考试取得若干职业技能等级证书,以提高在就业市场上的竞争力,并为职业生涯更好地发展奠定基础。但是,如何不断优化和丰富1的内涵,使1尽量包含X证书的教学内容,这既会减轻学生的负担,也有利于促进学校教育教学改革的深化,正是从这种意义上说,我们既不能过分夸大X证书的作用,也要防止出现X证书过分碎片化、商业化,并可能导致与1发生分离的不良倾向与现象。

(五)产教融合型企业与全面推进产教融合的关系

产教融合是办好职业教育的精髓,为此,国务院办公厅在2017年就印发了《关于深化产教融合的若干意见》(国办发〔2017〕95号),这一经验也正在逐步向应用型本科高校推广。据了解,国外的许多职业教育学校大多位于企业附近,中国也有不少产业园区与学校的结合和互动,也是充分认真考虑到了产教融合的重要性。国家发改委会同教育部出台了《建设产教融合型企业的实施方法(试行)》,并明确了对产教融合型企业的"金融+财政+土地+信用"的组合式激励以及教育费附加抵免等政策措施;并明确指出力争到 2022 年培育 1 万家左右的产教融合型企业。笔者认为,政府的这些出发点无疑是十分正确的,但在实施过程中,一定要防止为了获得优惠激励而争取帽子或者抢指标争指标情况,关于这一点,前几年在开发区、科技型企业等认定方面是有教训的,这就提醒我们要从整体上鼓励产教融合的深入开展,实现产业链——创新链——人才链——教育链的有机结合,防止出现少数院校做花样功夫和少数企业搞形式工程。

(六)高水平建设与职业教育整体质量提升的关系

"职教 20 条"围绕教师改革、教材改革、教法改革等提出了明确要求,随即,教育部、财政部于 2019 年 3 月 31 日发布《关于实施中国特色高水平高职学校和专业建设计划的意见》(教职成〔2019〕5 号),并配套发布了《中国特色高水平高职学校和专业建设计划项目遴选管理办法》和《关于开展中国特色高水平高职学校和专业建设计划项目申报的通知》,对此,社会各界寄予厚望,高职院校积极争取。我们认为,建好一批标杆学校,发挥示范引领作用,无疑是十分正确的,但专科层次的高职院校在推进"双高建设"中究竟能高到什么程度,有限的数量和资源究竟能发挥多大带动作用本身就值得考量,而大量的地处三线城市乃至少数民族地区、西部边远地区、经济欠发达地区的职业教育质量是否更需要关注,它们的办学条件和保障机制是否更需要落实,也就是,建一批高水平学校与提升职业教育整体质量之间如何达成最大公约数,这值得我们重点关注并开展深入研究。

四、贯彻落实"职教 20 条",要在实现"三个转变"上下功夫

(一)由政府举办为主向政府统筹管理、社会多元办学的格局转变

教育事业作为公共事业的重要组成部分,政府在举办教育事业中起着举足轻重的作用。在国家实施高等教育大众化的进程中,高职教育管理统筹权下放给各省级人民政府。从区域经济社会发展的角度,各省(自治区、直辖市)设立了 1000 多所高职院校,除近 200 所民办高职院校外,这些学校中的绝大多数是由政府及其所属的行政部门举办,这种状况对优化高等教育结构发挥了积极而重要的作用。随着"放管服"改革的逐步深入,这种由政府举办为主的办学格局亟待改变。通过发挥行业、企业的作用,激发行业、企业办学积极性,以集聚和整合办学资源,同时,贯彻我国教育与生产劳动相结合方针的强大制度优势,促进办学向政府统筹管理、社会多元办学参与转变。

(二)由追求规模扩张向提高质量转变

经过近 20 年的快速扩张,目前,我国高职教育已进入内涵发展阶段,这既是教育自身发展的内在规律使然,也是适应经济转型发展的外在要求。诺贝尔经济学奖获得者加里·贝克尔指出:"企业学校之间互补成分的多少部分取决于已有的定形知识的多少。新行业技术的培训一般首先在工作中进行,因为企业总是首先认识到这种新技术的价值,但是,随着需求的发展,某些教育就会转移到学校。"[5] 而如何捕捉这些需求,并满足这些需求,是摆在高职院校面前的重要任务,这就要求由追求规模扩张向提高质量转变。通过开展高质量的人才培养和高质量的职业培训,实现自身高质量发展,并为新常态下的经济转型和产业升级注入强大动能。

（三）由参照普通教育办学模式向企业社会参与、专业特色鲜明的类型教育转变

建设现代化经济体系对高职教育提出新机遇和新挑战，这就要求高职教育由参照普通教育办学模式向企业社会参与、专业特色鲜明的类型教育转变，这是基于当前我国国情的现实选择，是对高职教育发展的规模、结构、效益和强度科学测度后得出的正确结论。可以说，我国高等职业教育从其生发的那个阶段的形态——短期职业大学开始就与产业部门有着天然、密切的联系，具有鲜明的产教融合特征，学生对在校学习与在工作场景中实习的感受与体验存在一定的差距，尤其是有些工作能力及其应变方法只能在真实的工作场景中才能习得。因此，高职教育要牢固树立新发展理念，以服务发展、促进就业为导向，致力于形成与区域现代产业体系相匹配的高素质技术技能人才体系，更好地服务现代化经济体系建设。

五、贯彻落实"职教 20 条"，要在推动微观教学改革上花力气

微观教学改革是高职院校内涵建设的重点和难点，也是贯彻落实"职教 20 条"的突破口，要确立符合教育规律的目标并探索具体改革路径，通过实施"1＋X 证书制度"试点，推进"教师""教材""教法"改革（以下统称"三教"改革），完善产教融合长效机制，促进校企"双元"育人，进一步夯实高职教育高质量发展的微观基础。

（一）推动学历证书与职业技能等级证书有效融合

"职教 20 条"提出开展"1＋X 证书制度"试点，并将其作为推动微观教学改革切入点和突破口，以深化复合型技术技能人才培养培训模

式改革。为落实"职教 20 条",2019 年 4 月,教育部、国家发展和改革委员会、财政部、市场监管总局联合印发了《关于在院校实施"学历证书+若干职业技能等级证书"制度试点方案》,对开展"1＋X 证书制度"试点提出了具体的操作方案和管理办法。一方面,通过及时将新工艺、新规范充实进入教材内容,提升高职教育人才培养质量,提高学历证书的"含金量";另一方面,推进"1"和"X"的有机衔接,根据"1＋X 证书制度"试点的进展,鼓励职业院校学生在获得学历证书的同时,积极取得多类职业技能等级证书,实现书证融通,拓展学生就业能力与创业本领,夯实学生可持续发展基础。

(二)以高水平、结构化教学创新团队建设为载体深化教师队伍改革

百年大计,教育为本;教育大计,教师为本。教师是推动"三教"改革的主体。2018 年 1 月,中共中央、国务院发布《关于全面深化新时代教师队伍建设改革意见》(中发〔2019〕4 号),提出建设高素质专业化创新型教师队伍,体现以人为本,突出教师主体地位,为教师成长发展营造良好环境和机制,以实现立德树人、教书育人的崇高使命。现代职业教育对高职院校教师的要求与期待大致构成了教师——"双师型"教师——教学名师的角色体系,旨在以"教学名师"的"点"带动全校教师"面"上的发展。为此,要遵循教育规律和教师成长发展规律,实施职业院校教师素质提高计划,着力打造创新团队,组建高水平、结构化教学创新团队,并以此为载体深化高职教育教师队伍改革。

(三)进一步加强教材建设和教材管理

2018 年 5 月 2 日,习近平总书记在北京大学师生座谈会上的讲话提出,人才培养体系涉及学科体系、教学体系、教材体系、管理体系等。教材是客体,其为教师和学生的教育教学活动提供了学习的对象和条件。对于高职院校而言,教材建设是教学改革的重点和难点。从内容来看,教材的一个特点是要浅显,但不能流于肤浅,必须把学科和专业的最前沿的知识系统化地纳入。从形式来看,高质量的教材内容需要以高质量的呈现方式来展示。因此,在职业教育教材开发、使用和管理方面要严把教学标准和毕业学生质量标准两关,为构建职业教育国家标准奠定微观基础。

(四)运用"互联网十"等现代信息技术推动教法改革

教法是教学的技能和技巧,是工具和手段,是连接教师和学生的桥梁和纽带。教师在教学过程中通过多种方法和途径对学生进行学习方法的传授、诱导和矫正,使学生掌握科学的学习方法并灵活地应用于学习中。在这个意义上,教学过程不仅是传授知识和技能、培养正确职业态度的过程,同时也是教会学生学习的过程,其中包含内容与方法、教法与学法、启发与学导、课内与课外等内容,这既是课堂教学各要素量的增加过程,同时又是课堂教学要素排列与组合方式质的演变过程。要深化高职院校内涵建设,就要适应"互联网+职业教育"发展需求,激励教师主动适应信息化、人工智能等新技术变革,积极运用现代信息技术改进教学方式方法,推进虚拟工厂等网络学习空间建设和普遍应用,改革教学方法和手段,以教法统领学法[6],融"教、学、做"为一体,强化学生能力的培养,促进有效教学、有效学习,为高职教育改革发展注入生机和活力。

(五)完善服务学生成长与教师发展的产教融合长效机制

学生成长与教师发展是推进高职教育改革可持续的两大引擎,为此,要建立高等学校、行业企业联合培养"双师型"教师的机制,推进职业院校教师定期到企业进行实践,使其与产业发展保持联系,在专业上保持活力,与大中型企业共建"双师型"教师培养培训基地,并建立企业骨干与院校教师相互兼职制度。针对高职高专教育学生来源多样化的趋势,特别是当前高职扩招 100 万人的背景下,以职业需求为导向,以实践能力培养为重点,以产学研用结合为途径,加大高素质技术技能人才培养改革力度,推动校企合作"双元"育人,走出一条符合学生成长规律和教师发展规律的产教融合发展路径。

参考文献

[1] 国务院关于印发职业教育改革实施方案的通知(国发〔2019〕4 号)[Z].2019-01-24.

[2] 习近平就加快发展职业教育作出重要指示[EB/OL].[2019-02-22]. http://cpc. people. com. cn/n/2014/0624/c64094-25189804. html.

[3] 周建松.关于高等职业教育改革与建设若干问题的思考:基于高职教育的类型特征[J].中国高教研究,2010(11):73-76.

[4] 国务院总理李克强 2019 年 3 月 5 日在第十三届全国人民代表大会第二次会议上的政府工作报告[EB/OL].[2019-03-16].http://www. gov. cn/premier/2019-03/05/content_5370734. htm.

[5] 贝克尔.人力资本:特别是关于教育的理论与经验分析[M].梁小民,译.北京:北京大学出版社,1987:34.

[6] 俞建文.职业教育主体性教学体系论[M].杭州:浙江大学出版社,2010:68.

(来源:《职教论坛》2019 年第 7 期)

高职院校"三教"改革：背景、内涵与路径

周建松　　陈正江

（浙江金融职业学院）

摘　要：教学是各级各类教育人才培养的基础工作，而教师、教材、教法是教学基本建设的重要内容。为更好贯彻落实《国家职业教育改革实施方案》（以下简称"职教20条"），高职院校应将"三教"改革作为深化内涵建设的切入点和突破口，明确符合高职教育规律的"三教"改革内涵，在此基础上，聚焦教师、教材、教法改革探索推动高职教育实现"三个转变"的具体路径，提升人才培养质量，进一步夯实高职教育高质量发展的微观基础。

关键词：高职院校；教学；教师；教材；教法

"三教"是教师、教材、教法的统称，故教师、教材、教法改革合称为"三教"改革。通常而言，"三教"是教学建设的基本要素，而"三教"改革贯穿于各级各类教育教学的全过程，与各级各类学校人才培养的各环节息息相关，是各级各类教育质量的"生命线"，也是各级各类学校深化内涵建设的切入点。作为一种新的教育类型，我国高职教育在过往的40年间，走出了一条"摸着石头过河"的教学改革之路，这其中，教师、教材、教法是教学改革的重要内容，在实践中也取得了较大成果，相关的理论研究也在不断丰富。当前，在贯彻落实"职教20条"的背景下，重点关注并研究解决高职教育教师、教材、教法中存在的问题，抓住了高职院校教学改革的"牛鼻子"，对进一步深化内涵建设具有重要的实践意义和理论价值。

一、高职院校"三教"改革的背景

2018 年 5 月 2 日,习近平总书记在北京大学师生座谈会上提出,构建高水平的人才培养体系,包括教学体系、教材体系、管理体系等。[1]这其中包含着丰富的理论意蕴和系统的实践指导。教学是高职院校的中心工作,教学改革是高职院校人才培养的核心环节。在实践中,高校在教学方面存在着四个"投入不足",即教学经费投入不足,领导精力投入不足,教师对教学投入不足,学生对学习投入不足,从而导致出现专业设置偏窄、教学内容偏旧、教学方法偏死等问题。[2]这种情况在高职院校也普遍存在,因此,开展"三教"改革具有紧迫性和针对性。

(一)落实"职教 20 条"的根本要求

2019 年 1 月,国务院颁发《国家职业教育改革实施方案》,将推动实施"三教"改革作为促进产教融合校企"双元"育人的重要抓手加以强调,可谓切中时弊。事实上,对于高职教育而言,实施"三教"改革更具紧迫性和针对性。为更好落实"职教 20 条",高职院校要将"三教"改革作为强化内涵建设的切入点和推进高职教育高质量发展的突破口,确立符合教育规律的目标并探索具体改革路径,以促进产教融合校企"双元"育人,推动高职教育逐步实现"三个转变",进一步夯实高质量发展的微观基础。

(二)进一步深化内涵建设的必由之路

高职教育以培养高素质劳动者和技术技能人才为使命,在我国高职教育过去 40 年的发展历程中,取得了历史性的成就,但与建设现代化经济体系和建设教育强国的要求相比,还存在着一些不尽如人意的地方,如在高职教育中,重硬件轻软件、重外延轻内涵的现象还比较突出,教学作为高职院校的中心工作还没有得到应有的重视,对教学基本建设的投入还不足,与此同时,部分高职院校的教学还是本科"压缩"型,导致出现教师不发展、教材不更新、教法不改革的困境,受到人们的诟病,这种状况严重制约了我国高职教育的发展,必须引起高度重视并加以解决。

(三)推进"双高计划"建设的重点内容

当前,国家正在紧锣密鼓启动实施中国特色高水平高等职业学校和专业建设计划,建设一批引领改革、支撑发展、中国特色、世界水平的高等职业学校和骨干专业(群),这为高职院校"三教"改革提供了重要的契机,因为中国特色高水平高职学校和专业建设必须落实在教师、教材、教法等各个方面。在新的人才观、教学观和质量观的要求下,"三教"改革成为推进高职教育"双高计划"建设的主要抓手,这种特殊作用在"四个打造",即打造技术技能人才培养高地、打造技术技能创新服务平台、打造高水平专业群和打造高水平双师队伍中体现得更加明显,从另外一个侧面凸显出"三教"改革在"双高计划"中的重要性。

二、高职院校"三教"改革的内涵

法国社会学家、教育学家涂尔干曾言,"获得知识并不包含获得将知识传递给他人的技艺,甚至不包含获得确立这种技艺的基本原则"[3]。这既说明教学的重要性,又反映出教学的复杂性。早在世纪之交的 2000 年,教育部就发布《关于加强高职高专教育人才培养工作的意见》(教高〔2000〕2 号),提出以"应用"为主旨和特征构建课程和教学内容体系,并指出"双师型"教师队伍建设是提高高职高专教育教学质量的关键。新时代,实施"三教"改革为确立高职教育类型特色提供了新的契机,这也是为高职教育教学创新奠定基础的重要步骤。

(一)高职院校"三教"改革的主要内涵

1. 高职院校"三教"改革是在新理念指导下的教学改革

早在 2000 年,教育部《关于加强高职高专教育人才培养工作的意见》(教高〔2000〕2 号)提出,在各类高职高专院校中,培养人才是根本任务,教学工作是中心工作,教学改革是各项改革的核心,提高质量是永恒的主题。"职教 20 条"更是开宗明义,指出"职业教育与普通教育是两种不同教育类型,具有同等重要地位"[4],这为高职院校"三教"改革指明了方向。针对部分高职院校教学基本建设还显薄弱、课程和教学内容体系亟待改革的现状,"职教 20 条"提出的改革方向是服务建设现代化经济体系和实现更高质量更充分就业需要,对接科技发展趋势和市场需求,以促进就业和适应产业发展需求为导向,着力培养高素质劳动者和技术技能人才。因此,高职院校要以新发展理念为指导,树立科学的教学观,以教学改革为核心,以教学基本建设为重点,推动形成实施"三教"改革的基本共识,激发更多的师生积极参与到"三教"改革之中。

2. 高职院校"三教"改革是涉及教与学各环节的综合改革

捷克教育家夸美纽斯在 300 年前的《大教学论》中对教与学各环节进行了系统的阐述,奠定了教与学的基本理论逻辑和操作框架。[5]"三教"是构成这种理论逻辑和操作框架的重要元素,教师、教材、教法分别对应解决"谁来教""教什么""如何教"三个核心问题。也正是在这个意义上,1994 年 10 月,国家教委在杭州召开第五次委属高校咨询会,时任高等教育司司长的周远清提出:"对人才培养提出了更新的要求,所以我们必须在教育思想、教学内容、教学方法上进行改革。"[6]抓住了教与学的基本规律,有非常强的针对性。事实上,教与学是一个非常复杂的系统,有人将其称之为"黑箱",也有人将其称之为"魔方",这从另外一个侧面提醒我们"三教"改革是涉及教与学各环节的综合改革,要注意其中的相关性和互动性。

3. 高职院校"三教"改革是由新技术支撑的教学改革

随着"互联网＋职业教育"迅猛发展,教师运用现代信息技术更新教材和改进教法成为新常态,具体表现为适应新技术的需求,通过创造性的转化,将其纳入教学标准和教学内容,这种新技术在实验、实训、实习等教学过程的关键环节的应用尤为重要,这些都是保证教学质量的前提条件。在这个过程中,就需要建立健全学校设置、师资队伍、教学教材、信息化建设、安全设施等办学标准,使这种改革更加符合教育规律和学生成长规律,以便形成具有针对性的发现问题、分析问题、解决问题的逻辑链条,通过深入的研究,提供有价值的教益,并有条理地运用反思,不断推进高职教育理论与教育实践的深化。

(二)高职院校"三教"改革的基本特征

1. 规范性

俗话说,教无定法,教学有法,前者是从方法角度来讲,后者是从法则(规律)角度来看,恰恰说明教学是一项具有严格规范性的活动。我国高职教育领域存有很多的规范性文件,但在实践中,部分高职院校还存在着对"三教"认识模糊,"三教"活动散漫的现象,在院校层面也没有什么明确的规范来支撑"三教"改革。在这方面,可以借鉴德国学者哈贝马斯提出的交往行为理论中的"旨在建立一个普遍性的规范基础(normative foundation)或标准"[7]。此时,标准的重要性便凸显出来。"职教20条"指出,制度标准不够健全等问题,到了必须下大力气抓好的时候。到2022年,建成覆盖大部分行业领域、具有国际先进水平的中国职业教育标准体系。没有标准就没有质量,2018 年,教育部发布《关于完善教育标准化工作的指导意见》(教政法〔2018〕17 号)指出,标准是可量化、可监督、可比较的规范,是配置资源、提高效率、推进治理体系现代化的工具,是衡量工作质量、发展水平和竞争力的尺度,是一种具有基础性、通用性的语言。[8]事实上,"三教"改革与教学标准体系的形成是同步的,即要遵循"边改边建,边建边用,边用边改"的原则,以保持教学规范性与创新性之间的张力与平衡。

2. 综合性

教育包含三大要素,即主体、客体与内容,这与教师、教材、教法是一一对应的,正是这三者构成了连接教育者与受教育者的桥梁,是"三教"改革的工具、载体、方法。好的教学是在上述三者间搭建起沟通与互动的桥梁,相互促进,相得益彰的,而那些不好的教学反映在这三者之间是相互排斥,甚至功能是相互消减的。"三教"改革融教师、教材、教法改革为一体,是一项综合改革。这是由于教学的复杂性而导致产生的情形,由于存在教的复杂性与学的复杂性,因此,任何对教学的简单化理解甚至曲解可能会导致"三教"改革进程受挫。随着脑科学,神经科学,学习科学研究的深入,"三教"融合成为一种有效途径,会逐步消除参与改革的教育者和受教育者的畏难情绪,激发其产生进一步改革的激情和能力,帮助他们找到解决问题的确凿知识,并用开明的教学方法引导他们进行反思。而这些并非刻意为之就能产生效果的,而是要在教师所担负的教育职责是什么样的、可以追求怎样的教学目标、应当采用什么方法等方面帮助教育者与受教育者达成一种共识,再没有什么任务比这更加急迫的了。

3. 联动性

建立起了共识之后,"三教"改革是一个循序渐进的过程,这其中的关键是必须尊重主体的意愿,推动教育者与受教育者的参与,使教师与教材相适应,教师与教法相契合,教材与教法相匹配。"职教 20 条"提出逐步实现职业教育"三个转变",这既包括教育内部各要素之间的联动,也包括教育与产业之间的互动,这种联动与互动源于教师、教材与教法三者的不可分割性,它们之间的关系是相互影响,这种影响有的时候表现为相互促进,有的时候也表现为相互制约。作为一种教育类型,高职教育打破了传统学校的封闭,跨越了企业与学校、工作与学习的界域,因此,我们要将宏观政策与微观操作相结合,将教育制度与教育思想相融合,将理论与实践相结合,特别注重对教育理论科学的实践与应用,因为实践是检验真理的唯一标准,改革效果好不好,要坚持用实践标准来检验,只有经受住实践的考验,才可能予以推广。这就要求我们用一种冷静客观的态度去面对教学,以便更好地看清它,更好地理解它,全面展现教学之美。

三、高职院校"三教"改革的路径

教学改革是高职院校内涵建设的重点和难点,而推进高职教育高质量发展也需要高水平的教学为支撑。通过实施"三教"改革,打造一支德技精湛的教师队伍,建设一批内容形式精良的教材,形成一套精准施教的有效教法,真正探索符合学生成长规律和教师发展规律的切实路径,深化高职院校内涵建设,推进高职教育高质量发展。

(一)教师改革

百年大计,教育为本;教育大计,教师为本。教师是推动"三教"改革的主体,"一个学校的最后成功,就靠教师,无论宗旨怎样明定,课程怎样有系统,训育怎样研究有素,校风怎样良善,要是教师不得人,成功还没有把握"[9]。教师是教学的灵魂,法国社会学家、教育学家涂尔干指出,"教育理论的任务,就是要推动这种新信念以及由此而来的一种新生活的滋长,因为一种教育的信念,正相当于使从事教学的身体充满活力的那个灵魂"[10]。因此,要突出教师主体地位,为教师成长发展营造良好环境和机制,以实现立德树人、教书育人的崇高使命。

1. 组建高水平、结构化教学创新团队

教师队伍必须具有多样化的能力,而教师队伍中多种多样的才能,"会给高等教育和我们的国家带来不断更新的活力"[11]。激励教师主动适应信息化、人工智能等新技术变革,推进职业院校教师定期到企业实践,教师队伍的所有成员在其整个专业生涯中,都应与本专业的发展保持联系,在专业上保持活力。尊重教师的教学分工,以高水平、结构化教学创新团队建设为载体深化教师改革,由多人共同开展一门课教学。同时处理好教师与学生的关系,在发挥教师在教学工作中主导作用的同时,突出学生的主体作用,调动学生的学习积极性。

2. 建设高素质双师型教师队伍

现代职业教育对高职院校教师的要求与期待大致构成了教师——"双师型"教师——教学名师的角色体系。由于教师的主体地位可能被"边缘化",尤其是被技术冲击,失去教师应有的尊严和成就感,在推进高职院校"三教"改革的过程中,可能会受到教师不参与、学生不适应、资源不充分等制约条件的限制,因此,需要借鉴本科院校抓教学改革和教学管理的有益经验,明确改革的重点并以此确立具体路径。遵循教育规律和教师成长发展规律,实施职业院校教师素质提高计划,引领带动各地建立一支技艺精湛、专兼结合的"双师型"教师队伍,"双师型"教师(同时具备理论教学和实践教学能力的教师)占专业课教师总数超过一半,分专业建设一批国家级职业教育教师教学创新团队。建立高等学校、行业企业联合培养"双师型"教师的机制,抓好"双师型"教师的培养,努力提高中、青年教师的技术应用能力和实践能力,使他们既具备扎实的基础理论知识和较高的教学水平,又具有较强的专业实践能力和丰富的实际工作经验,并在此基础上,着力打造创新团队。

3. 稳步推进高职院校教师管理制度

提高教师的综合素质与教学能力。高等职业院校教师队伍建设要适应人才培养模式改革的需要,按照开放性和职业性的内在要求,增加专业教师中具有企业工作经历的教师比例,安排专业教师到企业顶岗实践,积累实际工作经历,提高实践教学能力。同时要大量聘请行业企业的专业人才和能工巧匠到学校担任兼职教师,逐步加大兼职教师的比例,逐步形成实践技能课程主要由具有相应高技能水平的兼职教师讲授的机制。根据职业教育特点,完善职业院校教师考核评价制度,"双师型"教师考核评价要充分体现技能水平和专业教学能力。推动固定岗和流动岗相结合的职业院校教师人事管理制度改革。支持高水平学校和大中型企业共建双师型教师培养培训基地,建立企业经营管理者、技术能手与职业院校管理者、骨干教师相互兼职制度,以凸显教师的主体性价值,防止出现教师角色边缘化的现象。

(二)教材改革

教材,通常又称教科书,是实现教学目标,呈现教学内容的一种教学媒介。教科书的一个特点是要浅显,但不能流于肤浅,必须把学科最前沿的知识系统化地纳入。[12]因此,教材必须考虑课程内容,更重要的是要针对学生的情况,与此同时,高质量的教育内容需要以高质量的呈现方式来展示,正是在这个意义上,习近平总书记强调教材体系在高水平人才培养体系中的重要性。而在高职院校教学实践中,教科书经常被写成是一部无所不包的既有知识的大杂烩,其结果必然使得著述无法吸引读者的阅读兴趣。最坏的是,它们将教育的体验沦为记忆的另一种训练。[13]特别在"唯书至上"思维中,书面文字成了被尊崇的对象,而作为承载书面文字的媒介,教材有时候变得带有某种盲目性,甚至取代了活生生的现实,因此,教材建设与教材管理亟待改革。

1. 制定高职教育教材标准

教材是以其科学的逻辑体系、共性的原理和"善"的诉求来表征专业历史发展和教学应然图景,为了实现这一目标,就需要切实做好高职高专教育教材的建设规划,严把教学标准和毕业学生质量标准两个关口,与行业企业共同开发紧密结合生产实际的实训教材,确保优质教材进课堂。在此基础上,开展优秀教材的评介工作,突出应用性、实践性的原则重组课程结构,更新教学内容,要注重人文社会科学与技术教育相结合,教学内容改革与教学方法、手段改革相结合。

2. 开发教材信息化资源

法国社会学家、教育学家涂尔干在《教育思想的演进》中指出"教育的素材与形式之间有着密切的关联",在分析其原因时,他特别强调"在思想的这个微观世界中,在构成自觉意识的这个缩微现实版本中,人们所遭遇到的外在客观世界只体现为最一般的形式。任何以思想为素材的教育都几乎必然是形式性的,因此,基于职业教育教材标准,遴选认定一大批职业教育在线精品课程,建设一大批校企"双元"合作开发的国家规划教材,加强文字教材、实物教材、电子网络教材的建设和出版发行工作。倡导使用新型活页式、工作手册式教材并配套开发信息化资源。

3. 及时动态更新教材内容

以产教融合、校企"双元"合作开发为形式推进教材建设,根据"1+X 证书制度"试点的进展,及时将新工艺、新规范充实进教材内容,实现书证融通。每 3 年修订 1 次教材,其中专业教材随信息技术发展和产业升级情况及时动态更新,形成培养高素质技术技能人才的新机制。推进资历框架建设,探索实现学历证书和职业技能等级证书互通衔接。

(三)教法改革

教材是客体,其为教师和学生的教育教学活动提供了学习的对象和条件,教法是工具和手段,是连接教师和学生的桥梁和纽带。《教育部关于全面提高高等职业教育教学质量的若干意见》(教高〔2006〕16号)指出,改革教学方法和手段,融"教、学、做"为一体,强化学生能力的培养。教法是一种由教师和学生两方面共同合作,完成对教学内容的理解,以有益于学生行为和经验的实践活动方法,旨在对教学实践的本性和功能等问题进行全面、深刻的理解,这决定了我们必须对教学理论的实践本性及其历史展现、教学理论实践功能的生成机制和实现机制问题进行深入探讨和分析。

1. 充分认识教法作为教学技能和技巧的重要性

教法带有经验性、系统化、科学化,是教师在教学过程中通过多种方法和途径对学生进行学习方法的传授、诱导和矫正,使学生掌握科学的学习方法并灵活地应用于学习中。在这个意义上,教学过程不仅是传授知识和技能、培养正确职业态度的过程,同时也是教会学生学习的过程。其中包含内容与方法、教法与学法、启发与导学、课内与课外等内容,这既是课堂教学各要素量的增加过程,同时又是课堂教学要素排列与组合方式质的演变过程,通过教法改革,为高职教育改革发展注入生机和活力。只有在这些运作中,它们才会通过其所产生的效果的累积而展现自身。要想把握教法的力量,我们就需要观察它们在教学中是如何运作的,这其中包括三个层次,即作为一般教和学的理论的教法、注重教学互动和课程开发的教法和作为与文化教育有关的教法。

2. 以校企合作、育训结合为教法改革切入点

校企合作、育训结合是高职院校教学的基本特征,教法改革的重点是教学过程的实践性、开放性和职业性,通过实验、实训、实习这三个关键环节的改革,带动专业调整与建设,引导课程设置、教学内容改革。在具体教学中要因材施教,积极实行启发式、讨论式教学,鼓励学生独立思考,激发学习的主动性,培养学生的科学精神和创新意识。通过改革考试方法,着重提高学生综合运用所学知识、解决实际问题的能力,促进学生个性与能力的全面发展。针对高职高专教育学生来源多样化的趋势,特别是 2019 年高职扩招 100 万人的背景下,要研究制订适应不同生源实际状况的培养方案,或在同一培养方案的实施过程中充分考虑不同生源的实际需要。

3. 运用现代信息技术推动教法改革

适应"互联网＋职业教育"的发展需求,引入大数据、人工智能等现代教育技术,增进教学内容,改进教学方法,推进虚拟工厂等网络学习空间建设和普遍应用。加强对现代教育技术、手段的研究和应用,加速实现教学技术和手段的现代化,提升高职教育教学质量。与此同时,要深化高职院校内涵建设,就必须强化教学组织和教学管理。以教法统领学法,[14] 在教学实践中,将教法置于一个演进的过程之中,并将其作为整个教学及教学改革的重要组成部分。

四、浙江金融职业学院"三教"改革的探索与实践

作为国家首批示范性高职院校和浙江省重点建设高职院校,浙江金融职业学院(以下简称学校)坚持兼顾学生职业需要和长期发展,将综合素质培养、职业技能训练和可持续发展能力培养等相结合,构建起高职院校"三教"改革的长效机制,在 2019 年教育部职业技术教育中

心研究所组织开展的全国高职院校教学管理 50 强、学生管理 50 强案例遴选中,学校在两个项目中均位列全国高职院校第 2 名,彰显出推进"三教"改革的良好成效。

(一)以教师千万培养工程推进教师队伍建设

2018 年 1 月 20 日,中共中央、国务院发布《关于全面深化新时代教师队伍建设改革的意见》,提出全面提高职业院校教师质量。学校自 2010 年起,实施教师千万培养工程,每年投入 1000 万元,建设一支高素质"双师型"的教师队伍。

1. 加强师德师风建设

学校把规范师德作为教师队伍建设的首要方面,将师德水平作为教师职务评聘和学校评奖评优的重要条件。加强教师思想政治工作,健全教师政治理论学习制度,组织开展社会主义核心价值观和行为准则的教育培训。青年教师入职培训必须开设师德教育专题,强化理想信念教育。倡导"学为人师、行为世范"的高尚精神,切实加强教师敬业精神、奉献精神的培养,聚焦课堂教学,认真讲好每一节课。

2. 推进"双师型"教师队伍建设

适应职业教育产教融合发展需要,学校先后出台实施《进一步推进"双师型"教师队伍建设的实施办法》等制度,以"双师型"队伍建设为核心,重点抓好专业带头人和"双师型"骨干教师的培养,健全"双师型"教师培养培训机制,加大经费投入,鼓励教师赴企业参加社会实践,提升双师素质,聘请行业优秀人才承担专业课程的教学任务,建设一支熟悉产业状况、服务产业转型、支撑产业发展的高素质专业化的"双师型"教师队伍,特别是注重激发中青年教师参与教学改革的热情和主动性。

3. 提升教师职业教育教学能力

大力发挥教学名师、专业带头人的示范引领作用,目前,学校有国家"万人计划"领军人才(教学名师)2人、省"万人计划"领军人才(教学名师)1人,省级教学名师3人,省高职高专专业带头人18人、专业带头人培养对象12人,以"教学名师"的"点"带动全校教师"面"上的发展。教师专业发展也必须依托于教学,出台激励高水平教学工作的举措,完善教师入职培训和职业生涯分阶段培养体系,特别是加大对青年教师、新任教师的培养力度,提供锻炼机会和平台,采取过程考核和结果考核相结合方式,提升青年教师的教学能力、育人能力与实践能力。

(二)以教材建设与管理规范教材改革

教材建设是提高职业教育人才培养质量的关键环节。加强教材建设和管理是深化职业教育教学改革的有效途径,是推进人才培养模式改革的重要条件,更是推动中高职协调发展的基础性工程。为充分发挥教材建设在学校人才培养质量中的基础性作用,学校出台《教材建设与管理办法》,进一步健全教材开发、编写、选用、更新机制。

1. 教材意识形态审核

全校所有教材,使用前必须经过相关部门意识形态审核。各二级学院专业教学所使用的教材,由二级学院党总支负责审核,报校党委宣传部备案。公共选修课教材,由校党委宣传部负责审核。马克思主义学院所开设公共必修课程,由马克思主义学院党总支负责审核,报校党委宣传部备案。为保证教材思想性、科学性、先进性的统一,加强学校在教材编写、出版等方面的指导与管理。凡学校人才培养方案内使用的教材以及学生使用的教学参考资料(包括题库、图解等)必须由学校统一管理。

2. 教材编写管理

为提高教材编写质量,促进教材建设精品化,编写应注重对接现代产业体系,发挥行业指导作用,优化教材类型结构,创新教材呈现形式,强化教材沟通与衔接。人才培养方案中所列各门课程的教材,一般使用规划教材、统编教材。对不具备编写能力的课程应尽量选用现有优秀教材。所编教材要优化选题,内容上应减少重复,重点围绕专业课程改革、教学资源开发、教学方式创新等方面组织开展建设研究。所编教材尽量体现国内外先进职业教育理念,尽量反映出该课程及所属学科发展的新水平和新成果。

3. 教材使用管理

本着认真、负责的态度,审慎选用本专业教材,所选教材应尽量反映本专业的特点,符合教学大纲的要求,具有先进性和科学性,同时尽可能选用目前国内高水平的教材。在教材选用过程中,必须正确处理自编教材和选用教材的关系,以高质量、高水平为教材选用的首要标准。对于不同专业、不同层次,教学大纲、教学要求、教学时数相同的课程,原则上使用相同的教材。教材的选用应保持其严肃性,教材一经选用,教研室不得因人事变动或其他原因随意更改。此外,还包括教材预订、教材誊印等方面的管理。

(三)以金院好课堂等为载体推进教法改革

课堂教学是学校人才培养的主阵地和主渠道,是落实立德树人根本任务的关键环节。学校先后出台实施《创建课堂教学创新示范校行动方案》《关于加强课堂教学建设提高教学质量的指导意见》《关于加强课堂教学纪律管理的规定》《关于开展课堂教学诊断巡查的通知》等制度和规范,以金院好课堂为载体推进教法改革。

1. 打造金院好课堂

全面贯彻党的教育方针,根据《中共教育部党组关于加强高校课堂教学建设提高教学质量的指导意见》(教党〔2017〕51 号)精神,以课堂为平台,制定优质课堂教学的标准和指标体系,具体包括科学的教学设计、清晰的教学内容、多样化的教学方法,以进一步强化教学基础地位,完善教学管理制度;规范课程管理,构建金院特色素质课程;严格教学过程管理,把关课堂教学质量;推进教学改革,提升课堂教学质量。

2. 培养金讲坛名师

完善教师分类管理和分类评价机制,把课堂教学质量作为教师专业技术职务评聘、绩效考核和津贴分配的最重要依据。为鼓励教师多做课堂教学改革,设立校级教学改革立项项目、课堂教学改革立项项目和培育项目,并组织教师积极申报省级教学改革项目、课堂教学改革项目,并出台学校《关于浙江省高等教育教学改革项目管理的办法》和《关于浙江省高等教育课堂教学改革项目管理的办法》,构建以研促教长效机制,培养金讲坛名师。

3. 实施全课程育人

学校先后印发实施《关于深化"千日成长工程",推进全课程育人的若干意见》,增强课程育人的系统性、科学性、协调性,即办好思想政治理论课,凸显专业课的育人功能,发挥公共课的特殊育人作用,做好实践课育人工作,丰富校本课的育人内涵,推进创新创业课建设。创新以学生千日成长工程为主线的育人机制,以"品德优化、专业深化、能力强化、形象美化"为标准,以一年级金院学子、二年级院部学友、三年级行业学徒为阶段培养目标,以全体学生的有效学习为中心,构建第一、二、三、四课堂课程育人的有效连接和融合机制,实现"六业"贯通。

"三教"改革是高职院校深化内涵建设的切入点和突破口,由于高职教育本身所具有的复合性,这其中存在各种教育价值的调谐,这就需要我们在量上扩充高职院校"三教"改革的内容和结构,在质上丰富高职院校"三教"改革的理论与基础,激发开展更为丰富的理论探索和实证研究,通过经验资料的收集和解释,以培育对这个持久而紧迫的教育议题的深切关注和敏感。"理念是不能通过立法的形式就变成现实的;它们必须由那些担负着实现理念的职责的人去理解,去珍视,去追求。"[15]我们同样希冀,通过持之以恒的"三教"改革,深化高职院校内涵建设,推进高职教育高质量发展。

参考文献

[1] 习近平在北京大学师生座谈会上的讲话[EB/OL].(2019-03-06). http://politics.people.com.cn/n1/2018/0503/c1024-29961468. html.

[2] 周远清.我的教学改革情结[J].中国高教研究,2015(9):1-3.

[3] 涂尔干.教育思想的演进——法国中等教育的形成与发展讲稿 [M].李康译,渠敬东校,北京:商务印书馆,2016:14.

[4] 国务院关于印发国家职业教育改革实施方案的通知[EB/OL]. (2019-03-02).https://www.tech.net.cn/web/articleview.aspx? id=20190213164812352&cata_id=N002.

[5] 夸美纽斯.大教学论[M].傅任敢译,北京:教育科学出版社,1999:1.

[6] 教育部原副部长周远清:我的"三情"[EB/OL].(2019-04-24).ht-tp://www.edu.cn/zhong_guo_jiao_yu/renwu/shengyin/201904/ t20190424_1655938.shtml.

[7] 尤尔根·哈贝马斯.交往行为理论(第1卷)[M].曹卫东,译.上海:上海人民出版社,2004:21.

[8] 教育部关于完善教育标准化工作的指导意见[EB/OL].(2019-04-15).http://www.gov.cn/xinwen/2018-11/27/content_5343757.htm.

［9］廖世承.师范教育与抗战建国［J］.国师季刊,1939(1)51-55.

［10］涂尔干.教育思想的演进——法国中等教育的形成与发展讲稿
［M］.李康译,渠敬东,校.北京:商务印书馆,2016:18.

［11］卡内基促进教学基金会,欧内斯特·博耶等.学术水平反思——
教授工作的重点领域［M］//美国教育政策选编.丁枫,岑浩,译.
北京:教育科学出版社,2003:132.

［12］苏力.批评与自恋:读书与写作［M］.北京:北京大学出版社,
2018:104.

［13］苏力.批评与自恋:读书与写作［M］.北京:北京大学出版社,
2018:109.

［14］俞建文.职业教育主体性教学体系论［M］.杭州:浙江大学出版
社,2010:135.

［15］涂尔干.教育思想的演进——法国中等教育的形成与发展讲稿
［M］.李康译,渠敬东,校.北京:商务印书馆,2016:17.

（来源:《中国大学教学》2019 年第 9 期）

高职院校学生工作队伍建设机制的载体研究

方 华 王玉龙

（浙江金融职业学院）

摘要：打造高水平学生工作队伍需要不断创新工作载体，针对高职院校学工队伍建设存在的问题，浙江金融职业学院通过系统设计，以关注系情、学情、班情为载体，探索推行以"系（院）书记说系情、辅导员说学情、班主任说班情"为主要内容的工作机制，强化学生工作的述职与考核，构建学生工作队伍建设的工作机制，致力于实现"以说促学、以说促研、以说促享、以说促行"的实施成效，切实提升高职院校学生工作队伍整体水平。

关键词：高职院校；学生工作；队伍建设；载体

学生工作作为高职院校培养高素质技术技能人才的有机组成部分，直接影响着优良学风的塑造、教学质量的生成。高水平地开展学生工作有利于高职学生成人成才，有利于高职院校内涵发展，有利于培养德智体美劳全面发展的社会主义建设者和接班人。伴随着高职院校的扩招，学生生源结构复杂、学生需求日益多样，特别是"00"后进入高职院校后，在学生管理理念、制度、方式等方面，对学生工作提出了新的要求。以系（院）书记、辅导员、班主任为主体的学生工作队伍是高校教师队伍和管理队伍的重要组成部分，是高校从事德育工作、开展大学生思想政治教育的骨干力量。[1]学生工作队伍的建设水平，关乎高职院校立德树人根本任务能否落实、高素质技术技能人才培养目标能否实现。浙江金融职业学院以"系（院）书记说系情、辅导员说学情、班主任说班情"的"说三情"工作机制为重要载体，积极探索学工队伍建设路径,创新学工队伍的述职与考核制度,推动学工队伍整体水平提升,促进学习型、专家型、发展型、服务型学工队伍的建设。

一、高职院校学工队伍建设存在的主要问题

(一)缺乏"功底":重具体业务,轻理论学习

学生工作业务流程十分琐碎,从学生辅导、班级建设、活动组织到学生干部队伍建设有大量工作,有着具体流程与事务细则,会遇到诸多需要解决的问题,往往让学生工作者"陷"于具体的操作之中,这就需要有意识地进行针对性学习,从诸如教育学、心理学、管理学等的理论中寻求指导,从众多学生工作的经典案例中寻求解决方案,从而在具体的实践中积累工作经验,否则,就容易成为一个缺乏"功底"的学生工作者,难以构建学习型的学生工作队伍。

(二)缺乏"思考":重具体操作,轻深入研究

相比本科高校学生,高职学生更侧重动手能力的培养,强调在具体的实践中学习,而自主学习能力与自我管理能力相对薄弱,需要教师更多的引导。因此,高职学工队伍的教师将更多精力放在了班级、学生日常管理事务上,将工作重心更多地放在安全、稳定与正常运行上,缺乏对当代学生在知识、能力、情感等方面特点的研究,缺乏对当代学生工作方法、手段、路径等方面规律性的探索。因此,高职学生工作者容易被具体管理工作束缚,成为一个缺乏系统"思考"的学生工作者,难以成为学生工作的"专家"。

(三)缺乏全面、发展的视角:重具体板块,轻整体把握

学生工作领域众多,从奖勤助贷补减免到思想引领、心理健康、社

团活动到创新创业等,内容繁复;而从班级、年级到二级学院,也有着不同的工作侧重与方法。班主任的视角主要囿于班级,对二级学院的工作往往不甚了解。辅导员队伍内部也有不同分工,有管不同年级的,有管理学生干部的,有管奖学金、助学金、学生贷款的,也有管学生活动、创新创业教育的,不同工作板块之间缺乏了解。系(二级学院)书记虽然有全局视角,但对于班级、年级等具体事务却不如班主任、辅导员清楚,也可能对其他院系的学生工作知之不多。因此,班主任、辅导员、系(院)书记容易局限于自身的工作,缺乏全面、发展的视角,成为一个"片面"的学生工作者,难以构建发展型的学生工作队伍。

(四)缺乏"系统规划":重具体应对,轻诊断改进

学生工作者需要面对如此琐碎、繁复的工作,常常是一件事情接着一件事情,一个学生接着一个学生,经常会出现疲于应付的困境。工作中存在着什么问题?学生发展存在着什么问题?有哪些监控点应该掌握?哪些数据应该提前搜集分析?应该如何去预防?又应该如何去改进?面对众多问题,学生工作者只有将问题与解决办法串在一起,用院校诊断改进的思路,系统思考,才能建立起完整的学生管理闭环,才能更好地服务学生,否则容易成为"被动"的学生工作者,难以打造服务型的学生工作队伍。

二、以"说三情"为载体的高职院校高水平学生工作队伍建设机制

针对高职院校学生工作队伍建设中存在的上述问题,结合学校与学生特点,浙江金融职业学院探索了以"系(院)书记说系情、辅导员说学情、班主任说班情"为载体的学生工作队伍建设机制,提升学生工作队伍的学习、研究、分享、实践、改进等职业核心能力,带动学工队伍育

人能力的提升(见图 1)。从整体设计来看,"说三情"是在学校学生工作理念指导下,基于系(院)、年级、班级等基层教学单位,系书记从系(院)层面,辅导员、班主任分别从年级和班级层面,对学校学生工作全方位、立体化地分析、展示、总结、反思。该工作机制是提升学工队伍育人能力的重要杠杆,有效发挥"以说促学、以说促研、以说促享、以说促行"的积极作用,进而实现"以学促研、以研促享、以享促行、以行促学",形成学生工作的管理闭环,促进学工队伍育人能力的螺旋提升。

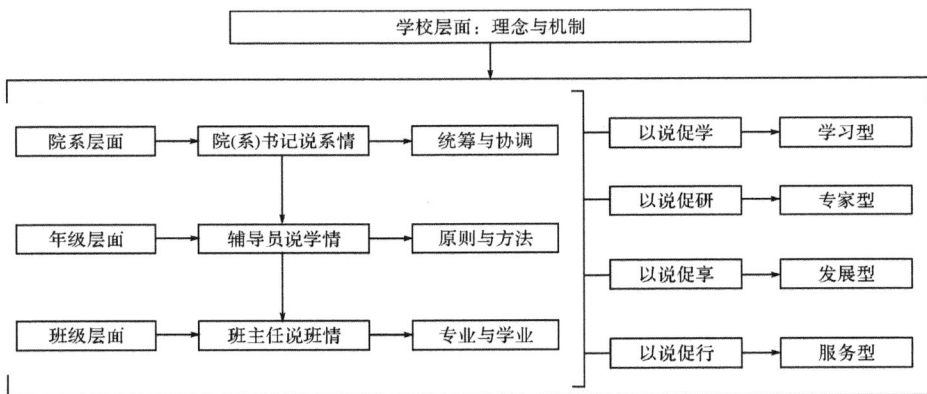

图 1 高职院校高水平学生工作队伍建设工作机制

(一)以说促学,打造学习型学生工作团队

"说三情"活动在"说"之前需要学习,在"说"之后仍需要学习。学习伴随着整个过程,也延伸到学生工作当中,解决学生工作队伍重具体业务,轻理论学习的问题。将学生工作说精彩,需要既有工作成效又有工作方法,既有生动案例又有理论高度,需要系(院)书记、辅导员、班主任不断研究的同时,也需要不断学习。

在理论学习上,"说三情"的过程就是分析学生工作问题、不断寻求理论指导的过程,是总结经验、探索学生工作的本质、规律等新理论的过程。个体理论能力的获得是长期理论学习、总结反思的结果,而理论的学习能够提升学工队伍分析问题、解决问题的能力。在实践学习上，"说三情"活动的开展是一个相互交流、相互学习的过程，"说"的过程就是发现自身存在的问题和不足的过程，也是学习他人好的工作方式、方法的过程。这种实践学习比理论学习更直观、具体，有利于大家在交流学习中完善自我。

"说三情"带动了学习型学生工作团队的打造，促进了学工队伍理论学习与实践学习结合，是让学工队伍树立学习意识，养成良好的学习习惯，不断学习新的知识，提高学工队伍业务能力和综合素质的过程。[2]

（二）以说促研，培养专家型学工队伍

"说三情"是从不同侧面对学生工作进行的系统研究，是在实践基础上对学生工作方法进行总结归纳的过程，解决学生工作队伍重具体操作、轻深入研究的问题。系（院）书记、辅导员、班主任对学生工作的"说"不是简单工作材料的堆砌，是基于工作的研究成果，是对学生特点、工作方法、特色与成效等的系统分析与反思，是将学生工作经验上升为方法论的过程。这既是教师个体成长的关键，也是促进学工队伍专业化水平不断提升的关键——只有在学生工作中不断研究，才能在研究中不断成长。

就系（院）书记而言，"以说促研"的重点在于研究学生工作的统筹、协调机制与方法。研究高职学生思想政治教育工作的原则和方法，为辅导员、班主任开展学生工作提供专业指导；研究学工队伍建设的重点和路径，为打造高水平学工队伍提供理论支撑。通过"说"来研究本系（院）学生的特点，了解整体学情，分析存在问题，挖掘工作亮点，把握改进方向，从而完善人才培养方案，积淀具有针对性的学生工作理论成果。

就辅导员而言，"以说促研"的重点在于研究学生工作的典型案例

和分析方法。高校辅导员队伍相对年轻,一方面他们与学生有更多共同语言,一方面也需要不断丰富工作经验,研究高职学生的思想动态、学习方法、交往方式、活动特点及工作中的常见问题等,从理论的高度组织开展工作,创新工作方法。

就班主任而言,"以说促研"的重点在于研究学生工作与教学工作的融合路径以及以学生工作成果反哺教学工作的方法。班主任的主体是专业教师,在指导班级学生专业学习、职业生涯规划、就业创业等方面有着天然优势。班主任说班情正是建立在对班级学生指导、管理基础之上,将专业教学与学生管理、生活指导与学业辅导等结合起来研究的成果,能够促进其专业育人能力的提升。

(三)以说促享,营造发展型学生工作氛围

"说三情"作为学工队伍交流共享的制度,实现了学生工作资源的彼此共享,促进了学工队伍之间的思维碰撞,推动了学生工作者之间的协同发展,解决了学生工作队伍重具体板块,轻整体把握的问题。

一是促进资源共享。系(院)书记、辅导员、班主任作为学生工作开展的直接参与者,他们各有分工,分别掌握着局部的数据和信息,总结了不同的学生工作典型案例。但在实际工作中,个人需要了解整体的概况或同一岗位工作的进展情况,而"说三情"中基本情况的汇报就是一个分享的过程,促进了公共数据、关键信息、典型案例的传播和利用。

二是促成思维碰撞。时代在迅速变化,高校学生工作面临着新形势、新挑战、新问题和新要求,这需要学工队伍根据社会、学校、专业、学生等因素进行变革和创新。而"说三情"旨在鼓励学工队伍将特色亮点、创新创造展示给大家,这不仅鼓励了创新者,也是一种思维的碰撞,是对工作思路的拓展。

三是促使协同发展。系(院)书记以统筹管理见长,辅导员以具体业务见长,而班主任以学科专业见长,三者各有优势。因此,"说三情"其实也是一种优势互补,促进成员间协同发展的过程。

(四)以说促行,建设服务型学生工作组织

以"说"为主要形式的"说三情",重在以"说"促行,重在将"最好的服务"落到实处。因此,在"说三情"过程中,既关注说,更强调做,侧重具体的工作举措与实际成效,从评比的取向上引导实干、强调对学生工作的诊断改进,解决了学生工作队伍重具体应对、轻诊断改进的问题。学工队伍是学生活动的指导者、组织者、实施者,更是服务者。这需要学工队伍具备服务意识、服务能力。

一是服务意识。学生工作开展的过程就是服务学生发展的过程,在行动中强化认识,并通过认识指导行动的过程。"说三情"强调的就是"以生为本"理念、服务学生意识,其中在辅导员和班主任工作评比中,更是明确规定"学生情况和学生特点至少占全部内容的60%",要求学生工作者多了解学生、多关心学生,切实做到"以生为本"。

二是服务能力。学生工作是具体的而非抽象的,是长期的而非短暂的,学工队伍仅有服务意识是不够的,还需要有服务能力,能够在思想政治教育、党团建设、学业指导、帮困助学、文明寝室建设、职业生涯规划和就业指导、心理健康教育与咨询、竞赛指导、危机事件应对等方面做好工作,而这些内容正是"说三情"的选题范围。"说三情"之所以限定这一范围,就是要促进学工队伍在学生工作中提升工作能力,构建服务型学生工作组织。

三是诊改机制。借助学校诊断与改进工作机制,"说三情"会重点从学生发展所需要的顶层设计、组织力量、项目与平台支持、条件保障等方面出发,明确学生工作决策指挥、质量生成、资源建设、服务保障、质量监控等的内容,服务学生德智体美劳的全面发展,为培养高素质技术技能人才提供保障。

三、高职院校学工队伍建设的实践成效

学校"说三情"工作机制的确立基于学校学生工作实践,服务学校师生发展;"说三情"制度强调发挥管理的激励作用,不断提升学工队伍育人能力;"说三情"工作机制的实施实现了资源共享,促进了队伍成长,取得了综合成效。

(一)制度建设的杠杆效应

制度是学工队伍建设的重要保障。如何通过述职、考核制度撬动队伍建设,进而推动学生工作更好地开展,是"说三情"制度建设的重要出发点,也在实践中发挥了良好的杠杆效应。学校通过"说三情"制度调动了学工队伍工作的积极性和主动性,培养了一批政治觉悟高、理论学养好、业务能力强的业务骨干,巩固了学校学生工作的成效,取得了诸如全国高职院校学生管理 50 强等的荣誉。具体体现在各系(院)书记在暑假学生工作会议上对学校领导和教师进行汇报,这是各系(院)向校内人员展示系(院)学生工作的平台,领导和教师在听取汇报过程中形成自己的认识和判断,成为部门工作考核及对系(院)书记工作考核的重要依据。而辅导员"说学情"和班主任"说班情"则是制度化方式进行评比,首先是提交学年内自己分管学生工作的文字材料,学校聘请校内外专家对材料进行评审并确定入围决赛名单,入围决赛者最终以答辩演说形式进行最后评比,学校根据文本、演说、答辩等评选出最终结果,其中,评比成绩优秀的辅导员将作为参加省辅导员技能大赛候选人推送,同时这一成绩也是学校评选优秀辅导员、班主任的重要参考指标。

因此,"说三情"制度实施 8 年来,已经成为学校评价系(院)整体工作和学工队伍个人工作的重要参考,其结果直接与考评挂钩,既起到了正向激励的作用,也有着倒逼的功能,并已经切实体现了学生工作各个领域和不同个体的改革创新。

(二)学生工作的推动效应

"说三情"作为一个工作的切入点,在很大程度上推动了学校发展服务型学生工作体系的构建,推动了二级学院特色育人品牌的打造,推动了学工队伍工作水平与育人能力提升。通过"系(院)书记说系情",推动了各系(院)培育各具特色的育人品牌。比如:金融管理学院的"金鹰引航工程",强调的是朋辈互助育人;投资与保险学院的"天生我财——社团育人品牌",强调的是第一课堂与第二课堂的有机结合。而辅导员"说学情"和班主任"说班情"则是以更为具体的学生工作为前提,他们若想在评比中取得优异成绩就需要平时将学生工作做好、做实、做优、做特,这调动了辅导员和班主任工作的激情;会计学院辅导员团队提出的以做账、点钞等职业技能强化为主要内容的"金手指"工程,强调通过职业技能训练涵养职业精神,成功入选了教育部高校辅导员工作精品项目。学生工作有其特点,在遵循学生工作规律的同时,激发学工队伍的能动性,奖励其中的优秀个体,通过"金牌班主任""金牌辅导员"等的评选活动,不仅为整个学工队伍树立了榜样,为打造有活力、有创造、有品牌的学工队伍提供动能。

(三)实现机制的共享效应

学工队伍建设需要竞争,经验更需要共享。共享在充分发挥优质资源优势,提高资源利用率,促进成员进步上发挥着关键效能。[3]学生工作者学习学生工作经验,通常是通过参观、考察、阅读等方式来实现的,缺乏直观、深入的工作分享、经验共享渠道。"说三情"即是一个促进校内交流,共享学生工作经验的制度。例如,辅导员"说学情"和班主任"说班情"的过程,其实就是优秀学生工作案例和研究成果的展示过程。学校将其中的典型案例与研究成果汇编成册,有力地促进了学工线内部交流和资源共享。由于教育环境的一致性,这些案例具有较高的可参考性和借鉴性。"说三情"活动的交流形式也是学工队伍学习的过程,在汇报、评比过程中分享自身工作经验和心得体会就是一种分享,而"说三情"活动的成效和影响不断提升,在一定程度上佐证了其实现机制上的共享功能的发挥。

(四)目标指向的发展效应

学工队伍建设的目的在于促进学生成长,带动教师发展。发展是推进学工队伍建设的旨归,其中评价是方式,激励是策略,共享是路径,发展是目的。"说三情"活动不论其出发点还是落脚点都是促进发展。从宏观层面说是促进学校学生工作开展;从中观层面说是促进学工队伍建设和系(院)发展;从微观层面说是促进系(院)书记、辅导员和班主任个体发展,三者的发展不是孤立的而是相互关联的。在推进"说三情"工作中,在系(院)书记说系情的基础上,各系(院)结合自身专业建设,凝练学生工作特色亮点,形成了特色鲜明的学生工作案例,出版了《品牌金院,品质学生——学生"千日成长工程"品牌项目汇编》《高职院校朋辈互助育人理论与实践研究》《高职院校二级学生工作模式的理论与实践研究》等著作,这丰富了学生工作的内涵,提高了育人实践的成效;学校辅导员主持的教育部高校辅导员工作精品项目《培育"金手指",成就新"银领"——浙江金融职业学院"金手指"工程》,促进了学生工作的品牌建设,促进了辅导员专家化;班主任"说班情"也促进了班级发展,涌现了一批有成绩、有亮点、有活力的先进班级,优化了班风学风,助推了学生的成长发展;也让教师在"备课"的同时,能充分做到"备学情",强化教师教学规范与课堂教学能力。

打造高水平学生工作队伍需要不断创新工作载体,强化学校学生工作队伍建设机制,发挥管理的激励作用,促进学工队伍专业化,不断提升学工队伍育人能力。高水平学工队伍要从建设学工创新团队着眼,发挥组织的层级作用,从具体的学生工作入手,通过系统性地"说"作用于理论学习和专业训练,助力学生队伍的职业生涯,进而实现育人能力的整体提升和持续发展,为全面落实立德树人根本任务提供组织保障,为打造技术技能人才培养高地提供有力支撑。

参考文献

[1] 孙立军.学生工作队伍长效机制构建探新[J].中国青年研究,2009(6):106.

[2] 张鹏超.高职院校发展服务型学生工作体系研究[M].杭州:浙江大学出版社,2014:114-116.

[3] 刘煜.我国企业集团内部资源共享研究[D].哈尔滨:哈尔滨工程大学,2006.

(来源:《中国职业技术教育》2019 年第 31 期)

高水平专业群在高水平高职院校建设
中的现实意义分析

郭福春

（浙江金融职业学院）

摘　要：高水平专业群建设是产业转型升级、专业社会服务能力提升、专业教学资源优化配置和学校专业布局优化等专业建设能力提升的现实要求。在构建灵活的专业建设调整机制、加强专业教学改革、构建高水平师资队伍和加强文化建设等高水平专业群建设路径分析的基础上，指出高水平专业群在学校教学建设中具有聚焦作用、标杆作用和引领作用，以及高水平专业群在学校与产业对接上具有较强的黏合作用。

关键词：高职院校；产业集群；专业群；高水平

高水平专业群建设是高职院校服务经济社会发展的基本载体，是学校高质量人才培养的重要单元，高水平专业群建设可以有效激发学校办学活力，为学校改革发展提供内生动力。

一、高水平专业群建设是提升专业建设能力的现实要求

（一）产业转型升级的现实要求

伴随着经济社会的不断发展，我国产业转型升级正逐步加快，特别是在经济增长速度放缓、人口红利消失、信息技术迅猛发展等的影响下，劳动密集型产业正逐步走向知识、技术、创新密集型，产业结构正

在发生变化,产业形态正在重新塑造,这一系列的变化,对高职院校专业人才培养和专业建设提出了新的要求。学校要想适应按专业建设的新形势,就需要根据产业对人才的需求进行专业调整,确保重点建设专业是经济社会发展需要的,暂停招生或淘汰就业率与就业质量较低的专业,形成与区域经济社会发展和产业结构转型升级相适应的专业动态调整机制。

(二)提升专业社会服务能力的现实要求

高职院校在服务区域经济发展、产业转型升级过程中,行业企业对知识型、技能型、创新型的复合型人才更为迫切,单一的某一个专业,在服务产业发展的广度、深度、效度等方面存在着明显的短板和不足,这就需要高职院校在校内选择专业课程基础相近,资源共享能力强,就业岗位相近的相关专业组成专业群,服务区域内产业发展,拓宽专业服务面,提高专业的服务能力和服务深度,产生"1+1>2"的效果。

(三)实现专业教学资源最优配置的现实要求

专业群的形成是源于产业集群的现实,根于高职院校改革发展的需要,基于专业自身发展的逻辑,它是专业与其环境相互作用的结果,是专业发展过程中各专业之间适应、调整的过程。专业群整合了专业之间的教学资源,能够将专业原本匮乏的资源有效统筹,将专业建设过程中重复的资源进一步优化,进而实现教学资源的最优化。高职院校专业群是指学校在人才培养过程中,基于专业资源共享的理念,主动对接区域产业及行业发展需求,以一个人才培养质量优、师资队伍水平高、办学基础条件好、毕业生就业能力强的专业为核心专业,由若干个课程基础相近、资源共享能力较强、职业岗位相近的相关专业所组成的一个专业集合。由于专业群内的专业之间在课程、师资队伍、实验实训等方面互有交叉、渗透、融合,可以降低学校在课程建设、师资、实验实训设备等方面的投入,降低专业建设的成本,减少教师授课门数,使教师有更多的时间投入到专业建设上,实现专业教学资源配置上的帕累托最优,有效地提高专业建设成效。

(四)优化学校专业布局的现实要求

专业群作为高水平高职院校建设的重要组成部分,是观测职业院校办学水平的核心指标,是高职院校内涵建设和质量发展的核心环节和关键要素。专业(群)作为职业院校组织教学的基本单元,学校的组织构建、师资配备、经费下拨、校企合作、技术服务等都是围绕专业(群)展开,通过专业群建设,促使骨干专业带动一般专业实现专业的进一步优化。

二、高水平专业群建设的实现路径分析

高水平专业群建设涉及专业适应产业发展的动态调整机制、以学生为中心的教学模式改革、高水平双师队伍的构建、信息化能力建设、社会服务能力的提升、国际化建设、文化建设等诸多内容。

(一)构建灵活的专业建设调整机制,适应经济社会和产业发展

适应区域经济社会发展是专业群的组织逻辑,契合产业结构调整是专业群的发展动力。专业群建设需要瞄准世界产业发展前沿和中国制造强国,明确了产业发展趋势和我国产业发展布局,才能有针对性地建设专业群,才能够在适应产业发展基础上更好地服务产业,更好地培养胜任产业发展的高素质技术技能人才。在信息技术迅猛发展的时代,充分利用大数据、人工智能等现代技术手段,结合专业群人才培养目标,分析产业发展过程中对工作岗位的需求,记录行业新技术、新工艺等的工作过程,及时将产业发展过程中产生的知识、技术、方法等转化成高职院校专业群建设的内容,成为高职学生课程学习的内容。同时,开展行业企业人才需求信息预测,了解用人单位能力评价标准,对专业人才培养目标、专业教学标准、课程标准、师资队伍进行精准评价,确保着力建设的专业是产业发展需要的,增设的新专业是产业发展急需的,撤销的专业是产业发展淘汰的,确保组建专业群的依据来自产业链,专业群中的各专业间的联系是有机的而非机械的,专业群的建设能够根据产业发展需要和人才培养实际构建一个科学的动态调整机制。

(二)加强专业教学改革,提高学生职业发展能力

大数据、云计算、物联网、人工智能技术的快速发展,对教育领域和人才培养产生了深刻影响,专业的信息化建设显得愈加迫切和重要。构建以学生为中心的教学组织体系,改革不合理的教学模式和教学方法,优化现有专业教学改革,在高等职业教育领域已经形成共识。问题的关键在于专业之间的教学改革如何进行,改革什么,如何推进。在专业群建设过程中,需要对课堂教学进行一次革命,挤掉课堂教学中的"水分",造就一批有难度、有挑战度的"金课",这需要对课堂教学进行全面的评估,评估教师在课堂教学设计中是否将学生放在核心位置,是否有学生的活动,是否做到了师生互动、生生互动,教学设计是不是生成性教学,教学内容含量是否饱满,教学目标是否达成。推进教学模式改革是专业群建设的切入点,要充分发挥专业群中专业之间基础不同特点,要率先推进基础扎实、优势明显专业的教学模式改革,通过示范作用带动专业群中其他专业的教学模式改革,实现有限教学资源利用的最大化,优质教学资源利用的普及化。从学生职业发展角度出发,明确课程体系和课程标准,能够将产业的最新元素融入课程,课程教学内容和企业人才需求标准相吻合,构建和行业、企业人才需求标准相适应的课程体系和内容体系,在高职院校学生获得学历资格证书的同时，鼓励学生取得与未来职业岗位相应的职业技能等级证书，建立职业教育1+X证书体系。从学生动手能力培养和实践能力锻炼的层面，构建专业实习、实训标准，明确学生的动手能力、实践操作能力等的操作规程及能力评价等指标体系，注重学生掌握本专业职业技能，同时能够将职业技能迁移到同类工作岗位之中。

（三）组建高水平师资队伍，提升专业群社会服务能力

社会服务能力是衡量一个专业群核心竞争力的重要因素，也是专业群发挥"群"效能的重要体现。专业群提升社会服务能力的过程，也是进行技术技能积累的过程，而技术技能的积累又是创新的基础，专业群在整合各专业资源基础上，发挥各专业教师优势，进而推进专业群内涵建设和质量发展。高职院校在为区域经济社会发展提供大量的高素质技术技能型专门人才的同时，高职院校的教师还需要走进企业，帮助企业解决技术难题，参与企业的新产品研发和技术成果转化与应用；根据国家发展战略和产业发展需求，面向区域经济社会发展急需领域，开展高技能人才培训，面向农业、农村、农民开展有针对性的职业教育和培训，在国家精准扶贫领域，在人才培养、技术支持、职业培训等方面发挥应有的作用。高职院校提升服务能力与水平的关键在于建立一支高水平的师资队伍。建设一支数量充足、专兼结合、结构合理、德才兼备的高素质教学团队是高水平专业建设的基础和保障。在专业群建设过程中，聘请行业企业有一定影响力的领军人才、技术骨干、业务能手担任专业主任和专业教师，培养能够承担企业产品研发、解决企业技术难题、胜任企业业务发展需求的复合型教师，构建学校专业教师、用人单位核心业务骨干组成的教学团队。同时在信息技术与人工智能快速发展的时代背景下，还需要不断提高高职院校教师信息素养。教师能够应用信息技术采集和分析教与学全过程行为数据，能够通过大数据和人工智能手段，开展学情分析，全面了解学生的知

识基础和个性特点,开展个性化教学。通过对教学过程及教学效果进行全程性评价,并提出有针对性的科学解决方案,利用数字化教学资源开展线上线下混合式教学,促进自主、泛在、个性化学习,提高人才培养质量。

(四)加强国际化建设,提高专业群服务国家国际化发展战略能力

世界经济一体化、国际化已经成为一种趋势,教育国际化伴随着经济发展的国际化潮流,也正在不断深入。"国际能交流"已经成为高水平职业院校和专业的重要标志,高职院校在服务好区域经济发展的同时,还应该具有国家视野,开发国际通用的专业标准和课程标准,形成高等职业教育的中国方案,贡献中国智慧。高等职业教育在加快推进国际化进程中,职业院校是主体,专业群是抓手,专业领域内的知识、技术等是内容。参与国际化的落脚点是提高职业院校服务当地经济社会发展的能力,服务中国企业参与国际竞争的能力。目前在高职院校推进国际化进程中,有代表的诸如"鲁班工坊""专业认证""对外援助培训""中外合作办学"等都是基于专业的项目。就目前高等职业教育的国际化水平而言,与普通高等教育相比,不论是交流的范围、层次还是数量、质量都有一定的差距,这需要高职院校依托学校优势的专业群,主动地对接国家政策,积极参与国家"一带一路"建设,面向"一带一路"沿线国家开展人才培养、职工培训、文化交流等教育服务;对"走出去"的中资企业员工开展高技能项目培训和学历教育,培养当地的本土人才,服务国家国际化发展战略。

(五)注重文化建设,营造良好的高职育人文化环境生态

专业文化是指从事专业建设者所共享的、对应于相应职业生活的价值观和行为习惯的总和,是专业群建设过程中诸如物质、精神、行为、制度等层面形成的共识,体现了师生的职业志趣、职业情意、职业态度、

职业精神等,承载在课堂教学、人才培养、科学研究、社会服务等方面。专业文化作为专业群建设过程中内核性内容,是专业群中各专业相互适应、竞争、调和后的一种组织自觉,能够整体反映一个专业群中各专业之间的关系和专业群的整体水平。专业文化承载在各专业建设中,蕴含在专业教师的活动里,体现在人才培养方案里,这需要全体教师自觉地参与到专业文化建设中,利用好行业企业实践锻炼的机会,做实专业人才需求报告,做好专业发展规划,主动地感知、侵染、认同、丰富专业文化,才能最大限度地参与专业文化建设。这里需要强调的是专业文化的形成是一个历史演进的过程,是一个主动建构的过程,不是自然发生的,需要专业群建设的主体结合专业群对接的行业企业有意识地进行文化建构,在专业文化形成中主动传承、扩散,适应、创新,才能符合专业群发展的需要,才能发挥专业文化在专业群建设过程的独特作用。

三、高水平专业群建设在高水平学校建设的作用分析

高水平专业群建设在高水平学校建设中作用的发挥主要体现在如下四个方面:

(一)高水平专业群在学校教学建设中的聚焦作用

高水平专业群建设中所涉及的人才培养模式改革、专业标准与教学资源建设、教学模式改革、双师队伍建设、信息化建设、国际化建设、社会服务、文化建设、质量保证体系等建设内容,几乎包含了学校教学建设所有要求,高水平专业群建设为高水平学校教学建设奠定良好基础。可见,一所学校在教学改革与发展中,如果能够聚焦专业群建设,必然会起到事半功倍的效果。

（二）高水平专业群在学校教学建设中的标杆作用

高水平专业群建设中所取得的各项关键性人才培养指标，比如，大国工匠的培训，学生技能竞赛成绩的取得，教师教学能力奖项的取得，教学研究成果的获取，专业社会服务能力等专业建设指标，同时也是学校层面的教学改革发展和办学指标。高水平专业群建设在高水平学校各项建设中发挥着标杆作用，标志着学校人才培养所能达到的最高水平。

（三）高水平专业群在学校教学建设中的引领作用

高水平专业群建设理念、建设路径、人才培养模式、社会服务能力建设等方面，在学校教学建设中具有极强的示范与引领作用。一所学校可以以一个高水平专业群建设为依托，在其成功经验的基础上，进行复制、推广和示范，具有非常好的引领作用。

（四）高水平专业群在学校与产业对接上的黏合作用

高水平专业群是学校产教融合、校企合作的基础和重要结合点。我国的职业教育改革与发展必须坚持产教融合、校企合作、工学结合、知行合一，而高水平专业群是其重要载体和发展平台，国家可以通过专业群开展产教融合，将产业要素有机地融入专业人才培养的各个环节，依托专业群开展校企合作，开展工学结合、知行合一人才培养模式改革。高水平专业群是学校与产业对接的黏合剂，在高素质技术技能人才培养中发挥着非常重要的推动作用。

参考文献

[1] 周建松.专业群是高水平高职院校的基石[N].光明日报,2018-7-26.

〔2〕袁洪志.高职院校专业群建设探析〔J〕.中国高教研究,2007(4).

〔3〕胡正明.高水平高职院校建设的"三大抓手"〔J〕.中国高教研究,2018(6).

〔4〕孙毅颖.高职专业群建设的基本问题解析〔J〕.中国大学教学,2011(1).

〔5〕赵居礼,等.高水平高职院校建设内涵解析〔J〕.中国职业技术教育,2017(25).

（来源:《中国职业技术教育》2019 年第 5 期）

以规范的课程设置推进职业院校教学改革

郭福春　王玉龙

（浙江金融职业学院）

摘　要:《教育部关于职业院校专业人才培养方案制订与实施工作的指导意见》作为职业院校开展人才培养的指导性文件,对职业院校科学设置课程,强化对学生综合素质、职业能力、职业精神的培养,提高人才培养质量,具有重要的指导意义。落实人才培养目标的总体要求,需要职业院校开足开齐公共基础课程,分类指导,提升院校人才培养能力,提升职业人才发展能力;需要规范人才培养全过程,打造结构化教学创新团队,探索模块化课程教学模式,完善课程动态管理机制,推动人才培养工作持续改进,不断提高人才培养质量,创新职业院校人才培养模式。

关键词:职业院校;专业人才培养方案;课程设置;教学改革

2019 年 6 月,教育部发布的《教育部关于职业院校专业人才培养方案制订与实施工作的指导意见》(以下简称《指导意见》),明确了职业院校落实党和国家关于技术技能人才培养的总体要求,是职业院校开展人才培养的指导性文件,是构建课程体系的规范性文件。在课程建设层面,《指导意见》提出了具体的建设任务和明确的工作要求,深入学习与理解人才培养方案制订过程中的课程建设原则,对于职业院校科学设置课程,强化对学生综合素质、职业能力、职业精神的培养,提高人才培养质量,具有重要指导意义。

一、《指导意见》对人才培养的意义与作用

（一）国家层面：规范课程设置，明确人才培养目标

基于宏大的社会背景，《指导意见》从规范职业院校专业人才培养方案制订和实施工作的总体要求、主要内容及要求、制订程序、实施要求、监督与指导等方面进行明确和规范，这为职业院校规范各类课程设置、明确人才培养目标提供了依据，规范了流程，明确了目标。基于不同的课程理论流派，专家学者对职业院校课程设置的依据并未达成一致，这也是不少高职院校在专业课程设置中存在逻辑不清、依据各异、数量不等的重要原因。基于此，教育部在广泛调研和多方论证的前提下，正式发布《指导意见》，明确职业院校培养复合型技术技能人才的目标，规范公共基础课程和专业（技能）课程设置，廓清了学术研究中的思想混乱，明确了职业院校相关工作的具体要求。其中，人才培养目标是课程体系设置的依据和前提，课程体系的设置必须对人才培养目标的确立起到支撑作用。专业人才培养目标涉及人才培养的目标定位、职业与岗位面向、综合素质与能力要求等方面内容。需要根据上述内容要求，在明确学生综合素质、职业能力要求和工作任务要求的基础上，明晰人才培养目标与课程体系设置之间的逻辑关系，解构与重构学生的核心能力，进而构建专业课程体系，不断优化职业院校专业人才培养方案。

（二）院校层面：优化课程体系，凸显职教类型特色

职业院校作为培养高素质劳动者和技术技能人才的主体，是课程设计、课程建设、课程实施、课程评价的开发者、推进者和管理者。在国家示范校、骨干校、优质校等重大建设项目基础上，《指导意见》明确具

有中国特色的课程建设原则并进一步强调:一是坚持立德树人、德育为先。职业院校自觉地将习近平新时代中国特色社会主义思想融入人才培养各环节,将专业精神、职业精神和工匠精神融入人才培养全过程,强化课程思政,发挥课程在育人过程中的主导作用,注重引导学生严谨专注、敬业专业、精益求精和追求卓越的品质。二是坚持校企合作,书证融通。职业院校深化产教融合、校企合作,注重课程内容与职业标准对接,发挥行业企业在人才培养方案中的重要作用,将职业技能等级标准等有关内容及要求有机融入专业,推进学历证书和职业技能等级证书所体现的学习成果的登记、储存、认定、积累和转化。三是坚持学用相长、知行合一。注重理论教学与实践相统一,强化实践课程的地位和作用,注重学生实践能力的训练,明确实践性教学学时原则上占总学时数 50%以上,以及学生顶岗实习时间一般为 6 个月,等等;通过积极推行认知实习、跟岗实习、顶岗实习等多种实习方式加强劳动教育,借助现代学徒制、产业学院、职业教育集团等载体提高学生岗位能力,凸显职业教育的类型特色。

(三)专业层面:推进教学改革,高效组织课程实施

专业作为职业院校人才培养的基本单位,是组织课程实施和推进教学改革的载体。《指导意见》在实施要求中,明确要组织开发专业课程标准和教案,深化教师、教材、教法改革,推进信息技术与教学有机融合,改进学习过程管理和评价等,这为职业院校深化教学改革明确了方向,聚焦了重点,提供了策略。一是发挥专业课程标准等的引导作用,组织好教学实施工作。根据专业人才培养方案的总体要求,及时将经济社会发展中的新技术、新工艺、新规范融入教学内容,及时更新教学资源,有效转化成学生学习任务,根据专业实际制定或修订专业课程标准,这为职业院校组织开展专业教学提供参照规范。二是注重运用现代信息技术,推进"三教"改革。随着大数据、人工智能、虚拟现实、云计算等现代信息技术在教学中广泛应用,对职业院校的课程实施提出了新的更高要求,需要职业院校教师转变角色、更新理念,积极推进教学方法、教学组织、教学评价等的变革,重塑职业院校教学形态,重构职业教育课程体系。三是严格学习管理,多元考核评价。《指导意见》明确了人才培养目标和培养规格,需要职业院校根据自身的办学层次和办学定位,参照国家专业教学标准,厘定学生毕业时在素质、知识、能力等方面的要求,而目标的实现需要通过对人才培养过程进行精细管理和监督,特别是要严格学习管理。

二、规范专业课程设置,创新院校育人载体

(一)开足开齐公共基础课程,落实人才培养目标的总体要求

习近平总书记在全国教育大会上指出,要努力构建德智体美劳全面发展的教育体系,形成更高水平的人才培养体系。德智体美劳全面发展,是我们人才培养的根本目标和指向,这就要求我们在人才培养方案制订过程中,在课程体系的设计中,落实人才培养目标的总体要求。在职业教育领域的人才培养过程中,不仅要注重学生实践操作能力的培养和训练,同时还要强化学生基础知识、基本素质的培养与训练。在《指导意见》中,明确将课程设置分为公共基础课程和专业(技能)课程两类。在两类课程设置中,公共基础课程主要强调学生基础知识、基本素质的培养与教育,要求职业院校要围绕学生的全面发展,将社会主义核心价值观、劳动教育、职业技能等级证书、专业教学标准等有机地融入人才培养方案的制订和实施的全过程。其中,中等职业学校应当将思想政治、语文、历史、数学、外语(英语等)、信息技术、体育与健康、艺术等列为公共基础必修课程,并将物理、化学、中华优秀传统文化、职业素养等课程列为必修课或限定选修课。

高等职业学校应当将思想政治理论课、体育、军事课、心理健康教育等课程列为公共基础必修课程,并将马克思主义理论类课程、党史国史、中华优秀传统文化、职业发展与就业指导、创新创业教育、信息技术、语文、数学、外语、健康教育、美育课程、职业素养等列为必修课或限定选修课。同时要求,三年制中职公共基础课程学时一般占总学时的 1/3,三年制高职公共基础课程学时应当不少于总学时的 1/4。这种课程设置要求,可以避免职业教育在人才培养过程中,过于片面强调职业能力、职业技能的培养和训练,而忽视对学生基本素养、综合能力的培养和教育。

(二)科学实施,提升院校人才培养能力

《指导意见》在强调习近平新时代中国特色社会主义思想进教材、进课堂、进头脑的同时,注重科学设置各类课程的育人作用。一是注重品格教育,提升学生的综合能力。加强社会主义传统文化和革命文化教育,深化体育、美育教学改革,促进学生身心健康,提高学生审美和人文素养;强化了劳动教育内容,职业教育课程设置要明确劳动教育时间,弘扬劳动精神、劳模精神,教育引导学生崇尚劳动、尊重劳动;同时,对学生开展国家安全教育、环保意识教育和社会责任教育。这在课程设置层面,为个体德智体美劳全面发展提供了基础和保障。二是注重专业能力,提升学生的职业能力。职业教育在人才培养过程中,更加强调对学生职业能力的培养和训练,使学生具有较好的科学文化素质的同时,能够掌握工作岗位的核心职业技能,能够很快地适应岗位工作和职业能力要求。这就需要我们在人才培养方案制订过程中,在课程设置上,课程内容要契合产业发展的最新要求,要把产业、行业发展的新技术、新工艺、新要求在人才培养方案的课程体系设置中体现出来。课程内容要紧密联系生产劳动实际和社会实践,突出应用性和实践性,注重学生职业能力和职业精神的培养。三是注重生源差异,提高人

才培养精准度。鼓励学校结合实际,制订体现不同学校和不同专业类别特点的专业人才培养方案。对退役军人、下岗职工、农民工和新型职业农民等群体单独编班,在标准不降低的前提下,单独制订专业人才培养方案,实行弹性学习时间和多元教学模式。

(三)分类指导,提升职业人才发展能力

教育是面向不同的个体,每一个学生都有自己的个性特点和兴趣爱好,这就需要我们在教学中,能够根据学生的不同学科背景、知识掌握、兴趣爱好来有针对性地安排教学。一方面,发挥职业技能等级证书作用,差异化培养学生职业能力。《国家职业教育改革实施方案》指出,要推进资历框架建设,探索实现学历证书和职业技能等级证书互通衔接。学生在学完职业教育规定的基本学时,完成相应的学分,达到人才培养目标要求以后,获取学历证书。职业技能等级证书涵盖社会需求、企业岗位(群)需求和职业技能等级标准,是职业技能水平的凭证,反映职业活动和个人职业生涯发展所需要的综合能力,是对学习者职业技能的综合评价。另一方面,注重信息技术的综合应用,促进学生差异发展。严格落实培养目标和培养规格要求,强化实习、实训、毕业设计(论文)等实践性教学环节的全过程管理与考核评价,加大过程考核、实践技能考核成绩在课程总成绩中的比重;优化学生课业考评,结合职业教育自身特点,注重学生学习过程管理,利用大数据等现代技术手段记录学习过程和学习成果,从素养、知识、能力等多个方面考核学生,促进学生可持续发展。职业院校能够将大数据、人工智能等相关技术融入教学,通过现代信息技术,全面了解学生的学习情况,因材施教,使每一个学生都能够得到有针对性的教育,学习到自己想学的内容,让每一个学生都有人生出彩的机会。

三、科学组织实施,创新人才培养模式

(一)规范人才培养全过程,不断提高人才培养质量

规范是质量生成的基础和前提,规范人才培养全过程,是培养复合型技术技能人才的题中之义。《指导意见》对职业院校专业人才培养方案制订与实施进行规范,为加快培养复合型技术技能人才提供制度保障。专业人才培养方案作为职业院校人才培养的重要内容,其制订和实施过程是否规范直接影响着人才培养质量。一是规范课程设置。按照《指导意见》对课程设置的分类,需要职业院校开齐开足公共基础课和开好开优专业(技能)课,确保公共基础在学生德智体美劳等方面的基础作用,确保专业(技能)课与培养目标适应,与生产劳动实践紧密关联,并进一步明确教学周、总学时数、学分转换等。二是规范制订程序。根据《指导意见》要求,组建多方参与的专业建设委员会,发挥利益相关者在专业人才培养方案中的作用,调研并分析产业发展趋势和行业企业人才需求,形成专业人才培养调研报告,进而合理构建课程体系、安排教学进程、统筹教学资源,在科学论证的基础上提交学校党组织进行审议,针对审定通过的专业人才培养方案按照程序发布执行、向上级报备并主动向社会公开,接受全社会监督。三是规范监督指导。明确各级政府职能部门的工作职责,从国务院教育行政部门到省级、市级教育行政部门再到地方职业教育研究机构等,清楚地界定各级职能部门的监督内容和指导任务,调动多方力量参与专业人才培养方案的制订和实施,形成多元监督机制。

(二)打造结构化教学创新团队,探索模块化课程教学模式

师资队伍作为职业院校专业人才培养方案实施保障的第一要素,

在人才培养过程中发挥着关键性作用。一方面,打造结构化教学创新团队。根据专业人才培养定位,组建结构化教学创新团队,这是职业院校整合教学资源、优化教师结构、推动教学改革的重要举措,团队组建过程中,应坚持多方参与、专兼结合、跨界组合、结构合理等原则,校企共同开发岗位标准、职业技能等级标准、专业标准、课程标准,共编教材、共同授课、共同指导学生实践的运行机制,参与人才培养全过程。实施专业、课程分工协作式的模块化教学改革,共同设计模块课程内容、建设模块课程资源、开展模块课程教学、制定模块课程考核标准、编写新形态一体化教材等,基于岗位工作环境创设教学环境、重构教学内容、创新教学方法。另一方面,探索模块化课程教学模式。深化人工智能技术在课堂中的全方位应用,改造教学场景、扩展课堂边界,融入项目教学、情景教学、工作过程导向教学,针对专业课程,按照初级、中级、高级的职业技能等级证书层级,在系统分析职业岗位、职业能力基础上,校企联合开发一批职业技能等级证书模块化课程,更新教学内容制度化、常态化,强化典型工作任务考核,实现专业课程岗位化、证书化,提高学生综合运用知识分析问题、解决问题的能力,推进职业院校教育教学改革。

(三)完善课程动态管理机制,推动人才培养工作持续改进

高职院校要树立现代质量意识,从质量管理的视角重新完善教育教学管理制度,健全教学质量管理机构,构建课程动态管理机制,实行教学全过程、全方位、全员质量管理,推动人才培养工作持续改进。一是完善学校内部质量保证体系。职业院校需要进一步明确学校课程建设的责任主体,落实和履行主体职责,激发教师在课程建设中的内生动力,形成自觉的质量意识和质量行为,促进各专业课程体系优化,保证课程教学内容与岗位工作标准对接,保障课程教学目标达成,推进教学改革不断创新发展和课程育人质量不断提升。二是构建第三

方动态课程认证体系。利用物联网、云计算、大数据等现代信息技术,构建课程诊断与改进平台,继续优化课程评价与反馈系统功能,进一步完善、丰富、汇聚课程育人的全过程数据,实现课程诊改数据的源头实时采集、分类汇总、数据可视和预警信息的实时反馈,从而为课程质量生成提供有效的数据保障;基于专业设置与社会需求适应度、人才培养目标与培养效果达成度、教师队伍与教学资源保障度、教学与实训的有效度、社会与学生满意度,构建第三方动态课程认证体系,建立专业自适应式的质量提升机制,形成专业特色质量文化。三是健全多元化考核评价体系。职业院校要严格考试纪律,健全多元化考核评价体系,完善学生学习过程监测、评价与反馈机制,引导学生自我管理、主动学习,提高学习效率;对接多样化生源,因材施教,推进学生学业综合评价改革,建立校级学分银行,健全学分积累及转换制度。

参考文献

[1] 教育部.关于职业院校专业人才培养方案制订与实施工作的指导意见(教职成〔2019〕13 号)[Z].2019-06-05.

[2] 教育部.关于组织好职业院校专业人才培养方案制订与实施工作的通知(教职成司函〔2019〕61 号)[Z].2019-06-05.

[3] 国务院.关于印发国家职业教育改革实施方案的通知(国发〔2019〕4 号)[Z].2019-02-13.

(来源:《中国职业技术教育》2019 年第 23 期)

逻辑与特质:高职教育文化自信探析

陈云涛

(浙江金融职业学院)

摘　要:高职教育文化自信的内涵是对高职文化价值的充分认可和对高职发展道路的充分信任。从根源上讲,这种文化自信的产生有其历史逻辑、价值逻辑和比较逻辑,并呈现出实践性、自足性、兼容性和创新性的特质。挖掘文化自信的逻辑,保持文化自信的特质必将引领高职教育的创新发展。

关键词:高职教育;文化自信;产生逻辑;文化特质

改革开放 40 多年来,中国的高等职业教育取得了长足的进步,无论规模扩张还是内涵建设,无论是师资队伍还是专业课程,高职教育都无愧于高等教育"半壁江山"的美誉。但我们也应该清晰地看到,当前高职院校发展除了内涵仍需夯实提升之外,还普遍存在着文化建设薄弱、文化自信缺失的问题,要么埋怨办学环境不佳,要么企望"升本"之念不断。习近平总书记指出:"体现一个国家综合实力最核心的、最高层的,还是文化软实力,这事关一个民族精气神的凝聚。我们要坚持道路自信、理论自信、制度自信,最根本的还有一个文化自信。"[1]国家如此,教育亦然。"欲人勿疑,必先自信",只有对自己的文化有坚定的信心,才能获得坚守时的从容和奋进时的勇气,让文化自信转变为创新创造的内在驱动力和精神源泉。

一、高职教育文化自信的含义

自信,描述的是一种自然心境,原属心理学概念,主要指人们在适应社会生活过程中能够从容应对环境挑战的情感状态。自信不是自大,也不是自傲,而是适度积极的自我肯定。自信的人能乐观对待自己所持的观点,并不因外界因素的影响而改变自己的立场。这与《当代汉语词典》中"相信自己,信任自己"[2]的释义遥相呼应。在西方语境中,自信解释为对自身具备的能力和掌握的知识没有质疑[3]。虽然自信在英语中的释义比汉语中更为具体,但二者有一个共同点,即人对所持观点与所具备能力的肯定性的评判。当自信的主体指向文化时,即构成了文化自信。文化自信是在充分的文化认知前提下,在足够的文化认同和情感归属基础上,文化主体对自身文化价值和生命力的肯定与信任。对高职教育而言,文化自信并不是"文化"与"自信"的简单叠加,而是一个文化主体通过"批判性认识、比较性反思之后从而形成的文化认同的过程"[4],是牢牢把握高职教育文化演进历史、深入开展高职院校文化育人、洞察明晰高职教育文化发展方向基础上的对自身文化价值的肯定性体认。它表现为对高等职业教育文化传统的认同和守护,也表现为对高职教育未来文化成长力的信心和能力,还表现为跟其他中外教育类型文化交流间不卑不亢的气度。这种自信虽然坚定并有所选择,但它依然是理性内敛的,而不是妄自尊大的;是辩证进取的,而不是故步自封的。

二、高职教育文化自信的三重逻辑

高职教育文化自信的逻辑,主要是指这种文化自信的根源、起点与演进的理由。这蕴含在职业教育自身的历史发展过程之中,也蕴含在高职教育的现实使命和挑战机遇之中,还蕴含在作为高职教育主体的高职院校的创新发展和热切期盼之中。概括地讲,高职教育文化自信通常基于以下三重逻辑:

(一)历史逻辑

当代高职教育文化脱胎于中国职业教育文化的母体,根植于中国大学文化的土壤,相较于其他教育文化类型,高职教育文化因继承了母体文化的源远流长和对大学精神的与时俱进而充满自信。

1. 职业教育在中国古代并非一贯弱势

在中国历史上,教育始终以儒学为主流,所谓"大学之道,在明明德",强调的是以经术为主要内容、修身齐家治国平天下的"大人之学",经济民生的职业教育并不受重视。但是在春秋战国时期,科学技术空前繁荣,手工业技术更加细密、规范,职业教育得到了快速发展,子从父学的家传型职业教育初步形成;同时,如墨子、扁鹊等带动的私学也拓宽和丰富了职业教育的途径和内容,使得职业教育除了官方形态也有其民间途径。坦率地说,从秦汉初步建立中国封建制度到唐宋元明文化空前繁荣,职业教育的制度性因素虽不显赫,但一直比较鲜明,尤其在隋唐,还形成规模宏大的从中央到地方的专科学校教育制度。从《齐民要术》到《天工开物》,从《本草纲目》到《农政全书》,职业教育以其不间断的闪耀成果维系着政府和社会对它的足够的肯定度,但总体而言,"治术教育"(教人如何做官进仕的教育)还是主旋律。直到近代,在西方坚船利炮下国势衰微,"大人之学"变为"兴国之学","实业救国"的职业教育迸发出最强音,这对中国的现代高等教育包括职业教育都产生了深远的影响,职业教育挺起昂扬之头。

2. 高职院校对历史文化的传承铿锵有力

我国一些高职院校本身具有一段比较辉煌的发展历史,取得过骄人的办学成就。如以近现代第一所真正意义上的职业学校——中华职业学校为缘起、一脉相承发展起来的南京工业职业技术学院,始终坚持黄炎培职业教育思想,铭记职业教育"谋个性之发展,为个人谋生之准备,为个人服务社会之准备,为国家及世界增进生产力之准备"的初心,矢志不渝地追求"使无业者有业,使有业者乐业"的理想,其文化自信在得天独厚的历史底蕴中汲取了富足的养分。又如福建船政交通职业学院,其溯源最早的前身为创办于 1866 年的中国近代官办第一所高等实业学堂——福建船政学堂,曾培养出如严复、詹天佑等人,这种办学荣光能够自然而然地从中生长出文化自信。有些高职院校不一定有非常显赫的办学历史,但其在某个行业深耕细作多年,已成为该领域人才培养的一面旗帜。如"5000 行长、同一母校"的浙江金融职业学院,其"金融黄埔"的地位同样能给学校带来强大的文化自信。

(二)价值逻辑

这主要是指在当下我国决胜全面建成小康社会的关键时期,高职院校有没有顺应时代召唤和社会需求,以奉献者、建设者的姿态,最大限度地实现自身的办学价值。正如经济实力是衡量一个国家综合国力的关键指标,办学的硬实力和服务社会的能力也是高职院校文化自信的现实依据。

1. 光鲜的产业支撑

职业教育与经济发展紧密联动,高职院校的"职"是和产业直接对接的,产业发展的景气度与职业人才的需求正相关,没有旺盛的行业产业发展,没有产业转型升级的深情呼唤,职业院校的招生、就业就会缺乏底气。2019 年 4 月 3 日,国家发改委、教育部联合印发《建设产教融合型企业实施办法》,明确了何为产教融合型企业,并对其将给予"金融＋财政＋土地＋信用"的组合式激励。这种政策支持无疑从一个侧面彰显了产业对高职教育的价值认同。

2. 富足的办学资源

我国的高职教育经过二十多年的发展,已从快速扩张期进入相对稳定期,高职院校的竞争也逐渐从某项"单打"转为综合实力的竞争,此时,占地规模、学生数量、专业结构、师资队伍、地方政府支持度等综合指标会反复发力,都会在一定程度上影响到学校办学的自信。这从近期一些"高职排行榜"上可以找到佐证:个别体量大、专业门类相对齐全的综合类地方职业院校,相对排名就比较有利。

3. 强大的服务能力

"有作为就有地位"是最一般的道理:如果高职院校能够服务"中国制造 2025",为制造业提供技术技能人才支撑;服务"一带一路"建设,伴随国家协议或工程项目走出去;服务区域经济社会发展,深度参与企业技术改造和革新……这些无处不在的"存在感"会自然而然地造就学校的文化自信。

(三)比较逻辑

文化自信是一种稳定的心理特征,既然有"自",必然有"他",自信除了对过去和当下的情况进行考量外,也往往会基于比较而发生。当前各高职院校经常用来比较的参照系有二:一是国外职业教育,二是国内本科院校。其比较结果往往是,越比较信心越少。其实这里面有角度问题,也有心态的问题。

1. 与国外职业教育比

相较于国外职业教育,中国的高职教育至少有三个方面的优势和成就。一是法律地位明确。1996 年颁布并实施的《中华人民共和国职业教育法》,在世界上第一个明确提出了"高等职业教育"概念。目前,世界上以立法形式认定高等职业教育并已实施的国家只有两个,中国即是其一(另一个是瑞士,2004年立法)。二是人才培养创新。如中国的高职教育基于知识应用的知识结构观,强调基于工作过程的系统化课程,但它更多地把职业的功利性需求与教育的人本性需求有机整合起来,这与我国《职业教育法》第四条规定的"实施职业教育必须贯彻国家教育方针,对受教育者进行思想政治教育和职业道德教育,传授职业知识,培养职业技能,进行职业指导,全面提高受教育者的素质"精神相一致,强调职业教育培养全面发展的人,而不仅仅是促进个体就业的手段。而在澳大利亚,自1998年培训包制度建立以来,职业教育课程呈现一边倒的能力本位理念,培训包的开发和认证都是为满足企业需求而"量身定制",这在一定程度上使职业教育成了一种"驯化"与"繁殖"的过程[5]。三是实践成果斐然。中国高等职业院校的数量从当初13所发展到如今的1400多所,增长了100多倍,为中国经济社会发展做出了巨大贡献。以服务脱贫攻坚为例:2017年高职教育形成"专业支撑＋产业扶贫""组团式扶贫"等特色模式,校村合作、校镇合作成为乡村振兴人才培养的新特点,一批中西部地区高职院校正在成为当地发展的新地标,250余所高职院校的1000个涉农专业点为乡村振兴培养了40000名技术技能人才[6]。

2. 与国内本科院校相比

毋庸讳言,相对于本科院校,高职院校由于发展历史短、办学层次(虽然始终存在着"类型""层次"之辨)低等原因,客观上的确存在着诸多不尽如人意之处,但也不应该一味地陷入"升本"情结,而要以发展的眼光看问题。就拿三个"硬"相比。一是"硬件"。从一般层面看,大部分高职院校的校园、校舍、仪器设备等硬件设施并不亚于地方本科院校,在办学软件上也各具特色。二是"硬指标"。近十年来,高职毕业生就业率一直稳步上升,《2018年中国大学生就业报告》(《就业蓝皮书》)

显示，2017届大学本科生就业率为91.6％，高职高专毕业生就业率为92.1％，高职高专首次超越本科。三是"硬政策"。从国家层面给予的信号看，发展高职教育的利好不断，2014年国务院《关于加快发展现代职业教育的决定》明确提出，到2020年形成"具有中国特色、世界水平的现代职业教育体系"，并出台纲领性文件《高等职业教育创新发展行动计划（2015—2018年）》加以推进。尤其是新近颁布的《国家职业教育改革实施方案》（国发〔2019〕4号）明确提出，"职业教育与普通教育是两种不同教育类型，具有同等重要地位"，要"把职业教育摆在教育改革创新和经济社会发展中更加突出的位置"，"把发展高等职业教育作为优化高等教育结构和培养大国工匠、能工巧匠的重要方式"，这无疑是在以一种制度设计的方式提升高职教育的文化自信的底气。本科院校搞"重点高校、重点学科建设"，高职院校搞"重点校优质校建设"，本科院校有"双一流"，高职院校也有"双高"，相比之下，政策力度对于高职院校一点也不逊色。

三、高职教育文化自信的主要特质

高职教育作为一种教育类型，兼具"高教性"和"职教性"，在文化自信的形成和发展方面呈现出自身独特的质地。

（一）自信于高职教育文化的实践性

文化自信本质上是观念性的，一方面，体现为信任肯定的对象是价值体系、思维方式等观念性的态度；另一方面，体现为信任肯定的主体本身即为观念性的存在。但高职教育的生命力在于实践，其血脉是产教融合、校企合作，其价值更多在于行动而不限于思考，如果一定要说高职教育的文化自信是人本身的观念性态度的话，那也是人在实践中对特定实践产物所采取的信任肯定态度。而且，这个信任肯定态度是随着实践的深入而不断深化的,无论是当初的"砸墙运动"还是"做中学",抑或"校中厂、厂中校"的提出和落地,进而专业实践性教学的诸多要求……可以说,"工匠精神"是实践性的精神写照,实践性是高职教育文化自信的最基本特质。

(二)自信于高职教育文化的自足性

高职院校大都起点较低,其发展高等教育犹如在白纸上绘画,不需要过度依赖其他事物就能自洽或者自圆其说;而各院校的领导对于把学校做大、做强、做特又都有着近乎一致的迫切性,使命感非常突出。因而,高职院校"给点阳光就灿烂",给点政策支持就很鼓舞,逐渐形成一种不挑剔不埋怨的文化,有着善于自我褒扬的自足性。一方面表现为,高职院校对自己的文化普遍采取内在的信任肯定态度,教职员工心比较齐,不好高骛远,善于因地制宜,有一种内在的认同感和责任感;另一方面,在受到或可能受到群体外部给予的赞誉或肯定时,较为敏感,比较重视和珍惜,有积极争取意愿,容易产生自勉与促进的结果。

(三)自信于高职教育文化的兼容性

从 1998 年"三教统筹"合力举办高等职业教育开始,高职教育文化也相应进入兼容并包的生长期。改革开放大潮中,中国的"基础教育均衡发展,职业教育大力发展,高等教育内涵发展"——高等职业教育"三居其二",获得了很多宝贵的发展良机,因而也养成了谦逊好学、开放包容的文化特质。在理性层面,高职院校对传统大学及大学精神积极学习汲取、合理扬弃,逐渐形成了"职业情怀""经世济用"和"开放协作"的高职教育精神架构[7]。在主体层面,借助高教园区的地理优势,部分共享本科院校的师资和教学资源;借助行业集团的生态优势,广泛聘请能工巧匠担任兼职教师,深化育人模式。在创业就业层面,借助既有的校企合作机制,订单培养、工学结合极大地丰富了高职学生就业创业的通道,也促进了学校文化和企业文化的深度融合。兼容是对成长的渴望和信心,高职教育文化正以其独特的兼容性迅速蔓延。

(四)自信于高职教育文化的创新性

自中国的高职教育诞生之日起(以 20 世纪 80 年代地方性短期职业大学诞生和 1985 年《中共中央关于教育体制改革的决定》明确要求"积极发展高等职业技术院校"为标志,但真正规范发展是在 1994 年全国教育工作会议系统地提出发展高等职业教育的任务和 1996 年国家颁布《职业教育法》之后),中国的高职院校就没有停止过对中国特色高职教育发展路径的探索。其间,曾反复求教于德国的双元制、澳大利亚的 TAFE、美国的社区学院、国际劳工组织的 MES 等等,但最终,无论人才培养模式还是师资队伍建设,无论专业建设还是课程标准,都摸索形成了中国特有的高等职业教育革新之路。2011 年实现了近 300 万家庭高等教育"零"的突破,使更多青年接受高等教育[8],高职高专院校数占普通高等学校数的 53.1%[9],高职毕业生就业率、月收入、专业相关度、工作稳定性、自主创业比例和创业存活率等指标稳中有升[10],这些,都是其他国家的高等职业教育无法比拟的。从示范校到骨干校,再到优质校,进而启动实施"中国特色高水平高等职业学校和专业建设计划",在我国高职院校的制度创新中,可以发现一种持续推进、恒久发展的思维。正是因为有这种自信的文化因子,我国高职教育才能在制度上新招迭出。至于微观层面的创新,一个有趣的文化现象或许能说明点什么:凡是高职院校(或者相关组织)举办有关高职教育的相关活动(论坛),无论主题大小,往往应者云集,与会人员动辄几百人甚至上千人,很多还是高职院校的院长或书记,听讲座、报论文、亮观点、展案例……大家非常踊跃,高职教育呈现出一种既搭台又唱戏的充满活力和进取精神的状态。习近平总书记说:"文化自信,是更基础、更广泛、更深厚的自信。"高等职业教育作为我国首创的、以培养面向职场一线技术技能人才的职业教育新模式,是被实践证明了的中国特色高等教育发展的一条重要路径,"没有职业教育现代化就没有教育现代化"。高职院校只有充分肯定自身文化的价值追求,坚定对自身文化生命力的信念,才会更加振奋精神,焕发出勇于创新的无穷活力。

参考文献

[1] 习近平.坚守发展和生态两条底线切实做到经济效益社会效益生态效益同步提升[N].贵州日报,2014-03-10.

[2] 当代汉语词典编委会.当代汉语词典[M].北京:中华书局,2009:1835.

[3] 普洛克特.剑桥国际英语词典[M].上海:上海外语教育出版社,2001:287.

[4] 刘林涛.文化自信的概念、本质特征及其当代价值[J].思想教育研究,2016(4):21-22.

[5] HEATHER MCKAY. Locating the Fault Line:The Intersection-of Internationa lizationand Competency-based Training[J]. International Educ-ation Journal,2004,4(4):203-211.

[6] 上海市教育科学研究院,麦可思研究院.2018 中国高等职业教育质量年度报告[M].北京:高等教育出版社,2018:66.

[7] 陈云涛.高职教育视阈下的大学精神重构[J].高等教育研究,2009(7):64-65.

[8] 上海市教育科学研究院,麦可思研究院.2012 中国高等职业教育质量年度报告[M].北京:高等教育出版社,2012:5.

[9] 教育部.2012 年全国教育事业发展统计公报[EB/OL].http://

www. moe. gov. cn/srcsite/A03/S180/moe＿633/201308/t20130816＿155798. html.

［10］上海市教育科学研究院，麦可思研究院. 2017 中国高等职业教育质量年度报告［M］.北京：高等教育出版社，2017：9-11.

（来源：《职教论坛》2019 年第 4 期）

"一带一路"建设与高职国际化应用人才培养模式创新

——以"专业＋语言＋国别"模式为例

张海燕　郑亚莉

（浙江金融职业学院）

摘　要："一带一路"建设推动企业从"走出去"向成功"走进去"转变,对高职国际化应用人才培养提出了更高要求。文章基于这一背景,分析了目前高职院校国际化人才培养的现状及存在的问题,提出"专业＋语言＋国别"国际化应用人才培养的新模式,从"精专业""懂外语""融文化"三个方面界定模式内涵,分析该模式的改革着力点及具体实施路径,探索提升高职院校学生国际化能力的人才培养模式改革机理,为高职院校推进国际化应用人才培养提供参考借鉴。

关键词：一带一路;高等职业教育;国际化应用人才;专业＋语言＋国别

"一带一路"倡议提出至今取得了丰硕的成果,吸引越来越多的国家加入共建"一带一路"倡议的"朋友圈"。截至 2019 年 6 月,已有 126 个国家和 29 个国际组织参与其中[1]。"走出去"开发广阔的"一带一路"国家市场为越来越多的企业提供了发展良机,也引发了企业对国际化人才需求的爆发式增长。职业教育作为培养技术技能型人才的一种教育类型,如何回应这一问题,如何在解决国际化人才供给不足中发挥更大的作用,这是高职教育必须回应的重大关切。

一、"一带一路"建设对国际化应用人才培养提出新要求

"一带一路"倡议推动越来越多的中国企业"走出去"。截至 2016 年中国企业已对 164 个国家开展了对外直接投资,其海外员工规模也在迅速扩大。以中国跨国公司百强为例,2013 年"一带一路"倡议刚刚提出,中国百强跨国公司拥有海外员工 62 万人,至 2019 年这一数字已激增至 140 万人[①]。即便如此,中国跨国公司员工的国际化占比仍远远低于世界水平。数据显示,全球十大跨国公司国际化员工平均比例高达 93.2%[2],而中国十大跨国公司国际化员工平均比例仅为 33.9%[3]。国际化人才供求之间存在着巨大的缺口。企业"走出去"急需大量的国际化人才,其中懂技术操作又能用外语交流的技术人员尤为稀缺。商务部、国资委、联合国开发计划署曾对中国企业开展过海外可持续发展调研,43% 的企业认为他们对"一带一路"地区技术溢出遇到的最大困难就是缺少技术工人[3]。对此,《现代职业教育体系建设规划 (2014—2020 年)》明确提出职业院校要"加快培养适应我国企业'走出去'要求的技术、技能人才"[4]。

当然,仅有数量供给还不足以满足"一带一路"建设的发展需求。中国企业参与"一带一路"建设不仅要"走出去",更要成功地"走进去",要实现规模扩张向高质量发展的转变。企业"走进去",就是要融入当地社会,能够进得去、留得下,做到市场有增长、企业受欢迎、文化可交融。企业由"走出去"到"走进去"的转变,反映的是对人才需求质量的变化。适应新要求的国际化人才应该具有与当地伙伴有效沟通的语言能力;要了解当地历史、文化、习俗、宗教等相关知识,了解其民族性,

---

① 中国跨国公司 100 强企业海外员工规模由笔者根据中国跨国公司 100 强榜单公布的数据计算得出。

熟悉其行为方式与行为习惯,能够妥善处理多元文化差异,推动文化相融,增进彼此信任;要具有专业领域的国际化维度,了解当地政府决策机制,掌握相关法律法规、产业政策等,了解目标国家(区域)专业领域的发展状况、产业标准与技术技能操作水平。

然而,"一带一路"国家语言、文化、习俗丰富多元,法律、法规、政策各不相同,市场竞争与营商环境千差万别。面对如此纷繁复杂的情况,泛泛的普适性国际化人才在遇到不同的区域国别时往往出现"水土不服","走进去"的企业需要对某一目标国家(区域)多一点了解的"定制化"国际化人才。因此,"一带一路"建设要求学校在国际化人才培养中更注重国别差异性,使培养的国际化人才更有针对性。

中国是"一带一路"的倡导者、参与者、建设者,在"一带一路"推进过程中,更应成为中华优秀文化的传播者,要向世界讲好改革开放的中国故事、传播中国价值理念,让"一带一路"国家的民众更了解中国、亲近中国,愿意和中国交往合作。这是"一带一路"倡议"民心相通"的本义。这其中,教育发挥着独特的作用。坚持立德树人,开展多元文化对比引导学生加强文化自信,强化民族自信;培养敢于担当、勇于奉献的精神,提高应对工作挑战的能力;培养精益求精、追求卓越的工匠精神,让中国企业行稳致远,在国际舞台上展现中国形象。

二、高职教育国际化应用人才培养现状与问题

我国高职教育伴随改革开放后的经济转型升级逐渐从无到有、从小到大、从弱到强。目前,全国已建有高职院校 1418 所,在校生达 1134 万人[5]。如此庞大的在校生队伍恰是各行各业发展建设的技术技能人才储备。参与到"一带一路"建设的基建企业、制造企业、服务企业重点面向亚欧非大陆,迫切需要大量高素质的技术技能人才能随项目"走出去"。为此,2019 年《国家职业教育改革实施方案》提出要"建

设一批引领改革、支撑发展、中国特色、世界水平的高等职业学校和骨干专业（群）"[6]，为企业输送大批符合"一带一路"建设需要的技术技能人才。目前，高职院校国际化应用人才培养距离这一要求还存在一定的距离，需要继续探索创新。

（一）现有模式重留学生教育和本土化人才培养，对广大在校生的国际化能力培养缺乏系统的设计方案

目前，全国有 30 余所高职院校在境外设立了 33 家海外分校，如湖南铁路科技职业技术学院先后在马来西亚、泰国、肯尼亚建立 3 个境外办学机构，为当地培养本土化技术技能人才。金华职业技术学院在卢旺达设立职业技能发展中心，培训机械制造、信息技术、酒店管理、建筑和农业等方面的实用型技术技能人才。"鲁班工坊"在泰国、英国、印度、柬埔寨、巴基斯坦等国先后成立，成为中国职业教育国际交流合作的新名片。另一方面，近年来来华留学生人数与日俱增，高职院校全日制留学生已达 1.7 万人，面向留学生的校企多元主体协同培养模式日渐形成。

自 2012 年起，受全国高职高专校长联席会议委托，上海市教育科学研究院和麦可思研究院共同编制《中国高等职业教育质量年报》，其中包括国际影响力 50 强院校部分案例呈现。相比境外办学的亮点纷呈，国际影响力 50 强案例鲜有针对高职全日制在校学生的国际化应用人才培养的创新案例。这种缺失在某种程度上也暴露了目前高职院校国际化应用人才培养中的隐忧。目前，高职院校对于开展国际化应用人才培养尚未达成共识。仍有相当一部分院校认为高职学生无法满足复合型国际化人才的要求，没有必要将国际化能力作为所有专业人才培养的必要内容。一部分高职专业对学生国际化能力的内涵与构成缺乏清晰的界定，面向所有学生的全覆盖的国际化能力培养既没有系统的课程配套，也没有成熟的保障体系与强大的师资队伍支撑，导致培养的应用人才满足不了日益深度融入全球生产网络体系的企业对从业人员的需求。在"一带一路"倡议创造的广阔发展舞台上,高职院校毕业生应该是设施联通、贸易畅通的建设者,是民心相通的推动者,能够成长为企业"走出去"的中坚力量。教育部2019年发布《关于实施中国特色高水平高职学校和专业建设计划的意见》明确要求,到2022年,列入计划的高职学校和专业群办学水平、服务能力、国际影响显著提升。到2035年,一批高职学校和专业群达到国际先进水平,为促进经济社会发展和提高国家竞争力提供优质人才资源支撑。

(二)现有模式多以中外合作办学项目为抓手,但囿于国外合作主体的现实利益诉求,这种模式不足以满足"一带一路"倡议对未来建设者的要求

我国高职教育起步阶段,积极开展国际合作与交流,以中外合作办学项目为抓手,引进国际先进的教育教学理念和优秀师资,引进先进的教育教学资源,同时选派教师开展海外交流、访学、研修,建设国际化师资队伍,深化专业内涵建设,提高专业的人才培养质量。因此,这一国际化应用人才培养模式的重点在于以国际先进教育资源推动自身专业内涵建设。但在具体项目推进过程中,往往出现以下问题:①合作院校的层次、水平、优势对合作项目的质量影响巨大[7]。②国外合作院校的主要诉求集中在生源的输送,因此,学分的互认、衔接成为项目合作的关键,而不是学生的国际竞争力提升。学生在毕业时,往往会出现既不想出国求学,又因课程体系中本土化课程被挤占,使得其在国内就业市场上竞争力不足。③外语应用能力提升以增加英语课程时数及双语专业课程来实现,一般不涉及小语种教学。外语教学偏重技能训练,并不重视对于跨文化交际能力的培养。④引进的教育教学资源主要包括专业领域的课程、教材、师资,通常较少涉及合作国别的文化、历史通识课程,学生对于合作国别缺乏深刻的认知。

在以中外合作办学为主线的传统国际化应用人才培养模式中还存在两点特别需要重视的问题：一是中外合作办学项目往往局限于双方院校在教育资源方面的合作，行业资源，尤其是境外行业资源介入较少。产教融合的职教理念并未在中外合作办学中生成"国际版"。二是因中外合作办学项目的主要产出是向境外院校输送学生继续求学深造，而不是伴随中国企业"走出去"开拓职业创造，高职院校往往对于国际化应用人才的职业道德、多元文化交流下的本国文化的坚守等问题没有清晰的认识，在设计人才培养方案时也没有进行回应，国际化应用人才培养的要素存在明显缺失。

三、"专业＋语言＋国别"国际化应用人才培养模式的内涵与实施路径

伴随"一带一路"建设的推动，企业需要更多能够"走进去"的国际化开拓先锋，同时，需要更深厚的国际化人才储备梯队。全面提高全员高职学生的国际化能力将成为未来高职学生培养不可忽视的趋势，为此，高职教育应将国际化能力列入人才培养的目标，作为全球化时代高职学生的必备素质，并对人才培养进行系统的设计。

（一）"专业＋语言＋国别"国际化应用人才培养模式的内涵

主要发达国家对国际化人才均有明确的发展战略，如日本在《国际化人才培养战略》中指出要培养具备语言能力、沟通能力、海外文化理解能力，具备责任感、使命感，具有积极性、挑战性、协调性的国际化人才。韩国的国际化人才培养则提出"世界公民素质"的概念，将具有外国知识和外语能力，能够理直气壮地与外国交涉的"世界公民"作为其培养目标[8]。美国将全球化知识视为 21 世纪人才核心内容之一，认为全球知识、全球参与、跨文化知识、跨文化能力是各个专业领域和所

有专业教育中必备的学习成果。我国在《国家中长期教育改革和发展规划纲要（2010—2020年）》中明确提出，"要培养大批具有国际视野、通晓国际规则、能够参与国际事务和国际竞争的国际化人才"。这是对我国国际化应用人才培养的指导纲要。

"专业＋语言＋国别"是高职院校国际化应用人才培养的一种实践探索。该探索基于系统设计、自主构建、全面覆盖、全员提高的改革理念，以国际化应用人才能力模型中的专业、语言、文化三个着力点，系统设计高职国际化应用人才培养方案，通过深化专业建设，强化语言教育，提升文化素养，尤其是跨文化素养，实现全面提升高职院校学生的国际化能力的人才培养目标，为"一带一路"建设及企业"走出去"发展输送合格的高素质技术技能人才。

专业方面，高职国际化应用人才应"精专业"。体现在高职国际化应用人才专业知识更广博、职业技能更精湛，职业道德更高尚。专业知识方面，高职国际化应用人才不仅要掌握专业学习的基础知识，还应对该专业领域的国际发展趋势、最新技术突破、产业的国别分布等相关知识有所了解。职业技能方面，国际化应用人才要具备更加精湛的操作技术与技能，只有这样才能触类旁通，学习应对国（境）外相似的工作任务，起到技术示范的作用，成为企业海外员工的培训师。职业素质方面，能够胜任"走出去"要求的国际化应用人才需要更加爱岗敬业、勇于奉献，具有团队合作意识、责任担当意识，更加乐观、自信、上进，有多元文化的包容性。

语言方面，高职国际化应用人才应"懂外语"。体现在高职国际化应用人才应熟英语、会二外。国际化应用人才首先要能够熟练应用英语，不仅具备专业领域的英语沟通能力，解决生产、工作上的技术交流问题，也要能够利用英语与人进行较深入的交流，可以结交朋友。此外，要掌握第二外语，可进行简单的沟通交流。使用目标国母语与企业"走出去"目标国民众进行交流有助于取得信任，同时，学习目标国语言有助于增加相关国家的历史、文化知识,提高跨文化交际能力。

国别方面,高职国际化应用人才应努力成为"一带一路"建设中的"定制化"国际人才,除具备一般性的国际化素质与能力,同时,对中华传统文化及特定国别区域有更多的了解,能够尊重文化多样性,对跨文化学习持开放性态度,从而具备较强的跨文化交际能力,表现出更强的适应性与灵活性,能够运用有效得体的交际行为实现交往目标[9],推动文化交融,即"融文化"。基于此,高职国际化应用人才应进一步结合区域经济需要、学校自身优势与个人兴趣爱好,增加对特定国别区域的了解,掌握其历史、人文、习俗,具有跨文化交际所需要的知识底蕴,具备在特定国别区域的特色优势,成为企业"走出去"急需的"定制化"人才。

(二)"专业+语言+国别"国际化应用人才培养模式的实施路径

"专业+语言+国别"国际化应用人才培养模式围绕专业、语言、国别三项重点细化实施路径,推进国际化应用人才培养改革。

专业方面:培养"精专业"的国际化应用人才,其核心在于探索产教融合人才培养模式的"国际版"。一是依托国际化应用人才培养师资联盟,探索国(境)内外专兼职教师共同开展教学,开发专业教学标准、课程标准,开发国内外操作实践的数字化教学资源,共同开发活页式教材,使教学标准、课程标准与教学内容具有国际领先水平。二是健全德技并修、工学结合的育人机制,把工匠精神融入教学标准,推进职业技能和职业精神培养高度融合[5]。三是推进"教师、教材、教法"三教改革,坚持一、二、三课堂有机融合,在教学组织运行方面大胆求变,以课堂、讲堂、沙龙、实习、实践等一、二、三课堂灵活多变、丰富组合的教学组织形式支撑知识、能力、素质并重的培养理念,以模块化、菜单式课程组合为学生提供更多个性化选择。四是加强社会实践环节设计,开发海外研修项目,与国(境)内外行业龙头企业共同开发1+X证书,强化学生专业技能,同时,丰富学生的国际化视野,并提升国际化素质。

语言学习方面:培养"懂外语"的国际化应用人才,要围绕英语与第二外语两方面开展工作。一是围绕提升英语应用能力开展系列改革,第一课堂增加英语教学课时,引进优秀外籍师资,开展小班化教学改革,增加双语课程数量,切实推进数字化教学资源建设;第二课堂设计举办丰富多彩的英语活动,如英语角、英语配音比赛、英语达人秀、英语电影周、英语诗歌会等活动;第三课堂设立实战项目载体,开展英语翻译实战项目、援外志愿者活动等,提高学生英语实战能力。二是切实推进小语种教学改革,设立第二外语课程,提供法国、德语、日语、西班牙语等选修模块,鼓励学生参与小语种相关的文化节、外事接待、境外夏令营或海外研修项目选拔。

国别认知方面:培养"融文化"的国际化应用人才,要在全面提升跨文化交际能力的基础上,形成"定制化"人才的国别区域特色。一是第一课堂开设"跨文化交际"课程,开设"中华优秀传统文化""欧美文化"等选修课程,为学生提供丰富的国别文化选修菜单,对中华优秀传统文化、世界主要区域或国别文化加深理解。二是提供形式多样的第二课堂活动。"跨文化交际能力培养并非一门或几门课程就能完成,还需要课外及实际工作各方面的配合"[11]。第二课堂活动丰富具化学生对不同国别文化的认知,激发学生探究热情。三是培育"定制化"的文化育人品牌,将特定目标国别(区域)的优质行业、企业、政府、院校资源引入校园,打造品牌活动。如浙江金融职业学院依托捷克研究中心,在校园建设捷克馆,邀请捷克政界、商界、教育界代表进校园,为学生开设讲座,已逐步形成浙江省对捷合作的文化交流窗口,学生在特色鲜明的校园国际化氛围中熏陶、浸润,对多元文化的理解能力不断提升。四是充分发挥留学生、外籍教师的校园文化资源的作用[12],加强专业学生与留学生、外籍学生的互动,在真正的国际交往中体现跨文化的碰撞。五是提供丰富的访学、短期交流、夏令营、文化交流等国(境)外交流机会,尤其要重点开发特定国别(区域)的交流机会,增加学生跨文化交际的实战机会,开拓国际视野,提高国际化素质。

"一带一路"建设推动中国企业的国际经济合作向广覆盖、多层次发展,企业对国际化应用人才的需求日益迫切,这是新时代赋予高等职业教育的使命,是挑战也是机遇。因此,高等职业教育应把握机会,担当作为,将国际化应用人才培养作为重要改革任务,重视并积极探索国际化应用人才培养模式改革与体系构建,探索实践"专业＋语言＋国别"的国际化应用人才培养模式改革,探索一、二、三课堂融合在国际化素质培养上的应用,探索建立境内外行业资源与教育资源互动机制以打造产教融合的"国际版",探索"精专业、懂外语、融文化"的国际化应用人才培养中的作用机理,形成明显的育人成效,展现了高水平高职院校的创新作为与改革担当。

参考文献

[1] 推进"一带一路"建设工作领导小组办公室. 共建"一带一路"倡议：进展、贡献与展望. http://www. xinhuanet. com/silkroad/2019-04/22/c_1124400071. htm.

[2] UNCTAD. World Investment Report 2016：Investor Nationality：Policy Challenges[EB/OL]. https://unctad. org/en/PublicationsLibrary/wir2016_en. pdf.

[3] 中国商务部国际贸易经济合作研究院、中国国务院国有资产监督管理委员会研究中心、联合国开发计划署驻华代表处. 2017 中国企业海外可持续发展报告[EB/OL]. http://images. mofcom. gov. cn/csr/201708/20170808152340022. pdf.

[4] 现代职业教育体系建设规划(2014—2020 年)[EB/OL]. http://old. moe. gov. cn/publicfiles/business/htmlfiles/moe/s8159/2014-

06/170737. html.

[5] 谢俐.中国特色高职教育发展的方位、方向与方略[J].现代教育管理,2019(4).

[6] 国务院关于印发国家职业教育改革实施方案的通知[EB/OL].(2019-03-02). https://www. tech. net. cn/web/articleview. aspx?id=20190213164812352&cata_id=N002.

[7] 王书丹.高职院校国际化人才培养模式研究[D].西安建筑科技大学,2015.

[8] 陈海燕."一带一路"战略实施与新型国际化人才培养[J].中国高教研究,2017(6).

[9] DEARDORF DK. Identification and Assessment of Intercultural Competence as a Student Outcome of Internationalization[J]. Journal of Studies in Intercultural Education,2006(10).

[10] 玄成贵.高等职业教育国际化人才培养战略研究[J].天津:天津大学,2009.

[11] 胡文仲.跨文化交际能力在外语教学中如何定位[J].外语界,2013(6).

[12] 陈庆斌.国际化人才培养的跨文化交际能力维度研究[J].黑龙江教育·理论与实践,2019(10).

(来源:《中国高教研究》2019 年第 12 期)

"双高"视域下高职专业群建设的
内涵逻辑与实践取向

——以浙江金融职业学院为例

米高磊　　郭福春

（浙江金融职业学院）

摘　要：专业群是技术技能人才培养的基础单元,是高职院校管理服务的基本载体,实现高水平高职专业群建设成为破解高职教育"质量"和"结构"两大问题、完成"双高"建设计划的关键。本文以剖析高职专业群基本内涵,厘清其理论逻辑、组群逻辑、行动逻辑为逻辑基础,提出从产教融合、课程设置、双师队伍、1+X等四点着手开展实践,提升高职专业群建设水平。

关键词：专业群;内涵逻辑;实践取向

一、问题的提出

国家颁布《国家职业教育改革实施方案》,重点聚焦经济发展与产业结构调整中"各行各业对技术技能人才的紧迫需求",以及民生改善与就业创业中"更高质量更充分就业的现实需要"[1]等经济、民生两大现实问题,明确点出职业教育破题之道是调整技术技能人才培养结构与提升培养质量。高职教育作为我国职业教育主要组成部分,教育模式具有鲜明中国特色,[2]人才培养适应中国国情社情,是打赢技术技能人才结构和质量攻坚战的主阵地。《国家职业教育改革实施方案》也明确提出了"推进高等职业教育高质量发展",出台了《关于实施中国特色高水平高职学校和专业建设计划的意见》,将建设一批引领改革、支撑发展、中国特色、世界水平的高职学校和专业群。[3]专业群作为技术技能人才培养的基础单元,作为高职院校管理的主要依托,显然是落实系列政策、解决现实问题、实现质量目标的主要抓手。

(一)推动专业群建设是提升技术技能人才适应性的客观要求

从内外联动的视角,反思当前人才培养结构。专业设置与产业对接已经成为高职院校开放办学的共识。若仅聚焦当前某热门产业或行业,单点考虑增设、调整专业,忽视产业集聚发展、链式需求,必然导致单点专业增长过快、专业结构同质化等问题。同时,单点思维也会导致各专业"单体资源稀释",[4]单个专业无论实力强弱,均难以独立满足产业发展需求,使得学校人才培养与市场人才需求的对接出现结构化失衡。

从未来发展的视角,反思当前人才培养质量。高就业率体现了高职院校"职业化""专业化"技术技能人才培养的优势,但就职后离职率偏高,以及职业生涯发展乏力等问题,引发高职领域深入反思人才培养质量。单个专业人才培养方案的目标设计往往面向一个岗位,即使设计多个专业方向,也仅面向若干岗位。进一步考虑单个专业的课程开设数量、师资团队力量、实习实训资源、校企合作能力等客观限制,导致人才培养"技能化"有余,而"发展性"不足。面向产业发展所需的职业岗位群,构建与之相契合的专业群建设,共享人才培养资源,优化人才供需结构,对提升高职毕业生就业迁移能力、发展适应能力具有积极作用。

(二)推动专业群建设是服务技术创新与产业发展的现实规约

技术创新对高职专业建设提出新目标。以人工智能、量子信息技术等为代表的技术创新为产业发展提供了新设备、新技术、新管理,同时也对人才培养提出新要求。高职院校作为培养产业发展生力军的主阵地,理应突破技术技能传承与培养的原始定位,主动承担新技术应用与创新的新使命,调整优化专业设置和建设,对接技术发展增设前沿专业,融入新技术要求完善原有建设,为新技术应用提供人力资源支撑,做好高职教育的"类型"培养。同时推动技术研发与知识创新,提升高职院校核心竞争力,彰显高职教育的"高等"属性。

产业发展对高职院校专业建设提供新要求。产业集群是具有地域性、根植性特征的空间经济组织形式,[5]有关联或交互的企业相互融合形成共生体,延伸产业链,提升规模经济效益,实现产业结构调整和优化。高职教育是与区域产业发展伴生的教育类型,一方面,需要对接区域产业集群发展人力资源需求,立足原有基础与区域优势,构建与区域产业集群相适应的专业群。另一方面,借鉴产业集群发展经验,发挥集群效应、共享优势,主动谋划专业群建设,消除单个专业整体对接产业发展、技术进步不足的劣势。

(三)推动专业群建设是实现高职教育高质量发展的内生动力

深窥高职教育历次政策实施,均以专业群建设为主要抓手。2006年,《关于实施国家示范性高等职业院校建设计划加快高等职业教育改革与发展的意见》中明确列出"特色专业群"的建设任务,引领高职走入示范建设期。2015年,《高等职业教育创新发展行动计划(2015—2018年)》,组织开展特色优势专业(群)建设,深入推进高职后示范时期的内涵建设。2018年颁布的《国家职业教育改革实施方案》,以及2019年颁布的《关于实施中国特色高水平高职学校和专业建设计划的意见》,明确将专业群建设作为推动高职教育质量发展的基本抓手和动力支点,作为遴选和考核的基本单元。

精研高职教育质量提升路径,均以专业群建设为主要依托。高职教育已经由规模扩张转变为内涵建设与高质量发展阶段,通过"双高"建设内容可窥质量提升路径主要为"四项打造",即打造技术技能人才培养高地、技术技能创新服务平台、高水平专业群、高水平双师队伍,以及"五项提升",即提升校企合作、服务发展、学校治理、信息化、国际化等水平。[6]人才培养、技术创新、师资培养的载体必然是专业,校企合作、社会服务、国际影响的落实主体必然也是专业,同时为了推动学校治理、信息化建设等建设内容的创新性开展,必然要求专业组织逻辑的变革与重组。

二、高职专业群建设的内涵逻辑

(一)高职专业群的基本内涵

(1)专业的概念内涵。专业是高等学校或中等专业学校根据社会分工需要而划分的学业门类,与《国际教育标准分类》中所提的"课程计划"或美国高等教育中的"学习领域"相近,是高等学校的教育基本单位或教育的基本组织形式。[7]社会分工在教育领域的体现是"专业",倾向于科学的知识技术体系,在经济领域的体现则是"职业",倾向于工作门类或社会岗位,二者有着必然的联系。随着社会的发展,社会分工越细,职业类型越多,专业化人才培养也越多。职业直接对应社会岗位,其数量远超于专业数量,如 2015 年版《中华人民共和国职业分类大典》中将我国社会职业细分为 1838 个,而 2015 年版《普通高等学校高等职业教育专科(专业)目录》中所设专业为 747 个。因此需要考虑专业教育的针对性和覆盖面,实现一个专业对应多个职业。[8]

"高等教育的实质是专业教育",[9]高职教育作为高等教育的一种类型,将专业作为技术技能培养的基本组织形式,相较于普通高等教育专业设置侧重于知识分类、学科分类,稳定性较强,强调学生研究能力和综合能力培养,具有鲜明的学科特征。高职教育专业设置侧重于职业岗位(群),动态性较强,强调学生技术技能与职业素养培养,具有鲜明的市场导向。显然,高职教育的专业设置与职业对接更为紧密,职业增减决定了专业的设置,职业需求决定了专业的培养目标。

(2)专业群的概念内涵。通过文献查阅发现,20世纪90年代,在关于中等职业教育的研究实践中可查到专业群的相关论述,但并未准确定义概念,构建体系化建设思路。2006年,高职院校示范建设明确将专业群作为建设目标,提出加强重点专业领域建设,形成以重点建设专业为龙头、相关专业为支撑的重点建设专业群。[10]官方文件明确提出了专业群的概念,从词意表面理解,专业群就是面向某一领域由某个重点专业与若干相关专业组成的组织结构,其概念内涵、价值意蕴并未给出明确解释。随着示范建设的逐步深入,高职学术领域逐步将专业群的理论实践内涵丰富起来。

通过分析发现,关于专业群概念内涵的界定主要分为两类。一是从学校内部视角出发,将资源整合共享、内部管理重构作为专业群建设的出发点,将相近性或拥有共同基础的专业组合为专业群,同时明确服务社会和产业发展仍是专业群建设的落脚点。如袁洪志所提出的以重点建设专业作为核心专业,若干个工程对象相同、技术领域相近或专业学科基础相近的相关专业组成的一个集合。[11]其二是从社会外部视角出发,将服务产业整体发展需求作为专业群建设的出发点,将产业链或产业集群所需的专业组合为专业群,同时明确资源整合、管理重构仍是专业群建设的主要手段。如易新河所提出的,由跨二级类的专业组成专业群,通过核心专业的带动和专业之间的依赖,形成合力,以提高高职院校服务经济社会的能力。[12]

两类概念界定的根本区别是专业群建设的出发点不同,落脚点其实是相同。从社会外部视角出发,以提升服务社会和产业发展能力为出发点,倒逼高职院校变革专业建设和管理模式,突破原有相近或共同基础的束缚,拓宽了高职院校专业群建设的思路,目前看来更具有现实意义。

（二）高职专业群建设的内涵逻辑

（1）专业群建设的理论逻辑。专业群建设起始需明确遵循什么样的理论逻辑、定位什么样的建设目标，这是开展专业群建设的逻辑起点。首先，应明确守正创新，即内在评价标准。如"双高计划"开篇所示"中国特色、世界水平的专业群"[13]，基本立足点就是坚持党和国家的教育方针，坚持立德树人，把培育和践行社会主义核心价值观贯穿教书育人全过程，为中国特色社会主义建设提供高素质技术技能人才支撑。其次，应坚持类型特色，即主观评价标准。高职专业群建设坚持突出"职业性"特点，以推动区域经济发展、适应产业需求、促进就业为导向，内部优化专业群建设主动适应外部社会经济需求。但切不可"顾"社会需求而"失"教育规律，盲目追求教育内容与职业需求点点对接，而忽视了知识体系的完整性和系统性，导致专业群演变为技术工人培养的"流水线""培训场"。因此，专业群建设还应遵循教育规律，即客观评价标准。高职教育既然属于高等教育范畴，在坚持"职业性"的同时，理应遵循高等教育一般规律，实现学生技术技能与综合素养的平衡，部分专业群建设可根据实际要求，遵循学科思维，实现社会服务与科学研究的平衡。

（2）专业群建设的组群逻辑。相较于普通高等教育基于学科知识逻辑关系组织专业群或学部，高职教育的专业群组群逻辑更为复杂和多元，笔者以组群依据为主线梳理出四类组群方式。一是依据产业（链）需求，即根据产业（链）上相关职业（岗位）需求，将相关专业组织起来形成链式专业群，以新能源汽车技术专业群为例，将新能源汽车产业前端所需的技术、研发类专业，如工业设计专业，产业中端所需的生产、检测类专业，如新能源汽车技术专业，产业后端所需的营销、售后类专业，如汽车营销与服务等专业组织起来，构建全产业链式专业群。二是依据职业或岗位（群）需求，即人才培养的职业定位、岗位方向具有相关性的专业组织起来形成集群式专业群,以国际贸易实务专业群为例,将电子商务、国际商务、商务英语等专业组织起来。三是依据资源共享,即将具有公共课程科目、师资资源、实训基地的专业组织起来形成共享式专业群,如将汽车制造与装备技术、机电一体化技术、机械制造与自动化技术等专业组织到一起。四是依据龙头专业,即以校内某一强势专业为依托,协同若干关联专业共同发展。此种组群形式为示范建设期主流模式,院校从自身管理和发展的角度完成专业群组建。

以上四种组群逻辑各有利弊,产业链式专业群凸显职业性,但多跨专业大类、跨行业领域,群内黏合性不足。岗位(群)式专业群依据职业岗位需求调整群内专业构成,凸显即时性,但随着技术革命的不断加快,稳定性稍显欠缺。共享式专业群充分发挥了资源集聚效应,但应对产业发展的灵活性不足。以龙头专业为核心组建专业群,具有较好协同效应,但容易出现资源建设资源、成效过于集中。专业群的组群应根据区域产业发展需求以及学校实际情况,综合运用组群逻辑,寻求最优方案。

(3)专业群建设的行动逻辑。专业群建设的行动逻辑是指专业群建设实践中所遵循规律或导向,[14]是对专业建设理论逻辑的客观反映,决定着专业群建设的长效发展。笔者认为应把握好4个行动导向,一是内外联动,即由外向内,主动对接区域产业发展和职业岗位需求变化,动态构建专业群,优化调整课程体系、师资队伍。由内向外,积极开展教育教学改革,着力推动技术技能积累与创新,为区域产业变革和社会经济发展提供人力和智力支撑。二是集聚创新,即对接职业岗位群,根据岗位技术技能要求的相似性和融通性,打破物理界限,整合、共享师资队伍、实习实训、合作企业等资源,同时,发挥专业群集聚优势,瞄准产业发展的重大项目,开展技术创新研究,致力于构建人才培养和创新服务两大高地。三是改革发展,即建立与专业群发展相适应的内部治理体系。如需打破系部限制,构建专业群建设组织机构,开展依群建院或产业学院建设等。四是质量绩效。即构建专业群质量保证体系,实施专业群诊断与改进,保证专业群建设质量。[15]同时,专业群建设应以成果为导向,注重技术技能人才培养产出实效,以绩效考核情况逆向推动专业群建设优化。

三、高水平高职专业群建设的实践取向

通过对专业群建设内涵逻辑的分析,有助于把握专业群建设基本指向和规律,但实践中需进一步明确建设的基本抓手或路径。笔者认为应重点从产教融合、课程设置、师资队伍、1＋X证书制度四个方面开展实践探索,以期取得建设突破。

(一)专业群建设实践的切入点是"产教融合"

产教融合是产业与教育两个系统基于共同的利益,发挥各自资金、技术、师资等优势资源,开展深度合作的发展模式。[16]深化产教融合是专业群建设的内在要求和核心要素,是提升技术技能人才培养的必由之路,这已经成为职业教育领域的共识。但融合深度不足、育人成效不明显的难题依然难破。在专业群建设过程中找准产教融合的接口、找到深度融合的方式,成为专业群建设深化融合、提升成效的切入点和突破点。

首先,专业群建设过程要找准产教融合接口,就需明确双方的利益共同点是人才和技术,实现产教两端人才和技术供需的精准联通。关于人才供需,要完善产业结构、就业结构、专业群结构的联动机制,即通过就业市场中人才需求结构变化,把握经济社会发展中产业需求及结构变化,在系统考虑人才培养整体性、科学性的基础上,动态化、科学化调整专业群结构,优化群中各专业人才培养方案,实现学校人才输出与岗位人才输入的精准对接。关于技术供需,要发挥高职专业群建

设的"高等"属性,重点关注技术革新与产业变革,做好新技术、新知识的主动融入的同时,基于育人实践开展技术技能积累与创新,一方面主动输出技术成果,另一方面,主动对接技术发展,优化就业需求预测,指导专业群开展前瞻性建设。

再者,资源的整合应是产教深度融合的主要方式。前面已经明确产教融合的前提是双方共同利益点,那么专业群建设就需转变优势资源的单向引入模式,推动课程、师资、技术、实训等资源的全要素整合。根据需要可以突破体制限制,如通过混合所有制,将产教两端资源视为整体系统,推动各要素资源的重组与整合,发挥整体效益,实现资源自生性向共生性转变。

(二)专业群建设实践的落脚点是"课程设置"

课程是推动专业群建设,提升人才培养质量的基本抓手。课程是高职院校为实现培养目标而设计的校内外教育内容体系和进程的总和。[17]专业群建设过程中,通过对课程的规范,可以实现对教育、教学活动的规范,保证专业群内各专业的人才培养达到共同的质量要求,推动专业群的整体建设。课程是专业群与产业群融合的主要载体。通过课程标准与职业标准的对接,课程内容与岗位需求的对接,课程授课团队的校企双元结合,真正落实专业群与产业群的融合。课程是实现专业群内部耦合、集聚发展的主要纽带。专业群内各专业相关课程的融通和共享,以及课程模块的选择和重组是专业群建设的主要要求和基本形式,是群内各专业之间潜在知识关系的显性表示。如上所述,课程设置及优化是保证专业群人才培养质量、产教深度融合、群内协同发展的基本抓手。

构建"平台+模块+方向"式课程体系[18]是专业群建设踩实课程设置这一落脚点的关键。平台课程以公共课和专业基础课为主,重点在于学生所必备的基础知识和基本素养,做好"前期可共享"的设计安排,为学生的"首岗可担"奠定基础。模块课程以专业核心课程为主,重点在于未来岗位所需的核心专业技能和专业技术,这里应凸显模块化、可组合式,做好"中期可自选"的设计安排,支持学生在满足条件的情况下进行群内自主选择,实现"首岗可变"。方向课程以专业拓展课程为主,重点在于岗位拓展能力或持续发展能力培养,做好"后期可迁移"的设计安排,助力学生职后的"岗位迁移"。在进行课程体系设计时整体应在科学性、系统性的基础上,遵循共享性,重点在于集聚核心优势课程资源。

(三)专业群建设实践的保障点是"双师队伍"

教育大计,教师为本。"教师是立教之本、兴教之源",[19]习近平总书记对教师的教育教学活动中的作用做出了精辟论述。深化产教融合、推动专业群建设、创新课程体系等一系列政策、方法的实施,根本目的是为国家打造一支高素质技术技能人才队伍,而职业院校教师就是打造这支队伍的锻造人。可见,职业院校教师队伍素质直接决定着人才培养质量,关系着专业建设成效,影响着职业教育发展。

结合技术技能人才培养的定位以及产教融合的客观要求,高职专业群建设需要组建一支高水平结构化双师队伍。一是改变传统专业教研室组织方式,推动基于课程模块(组)的课酬分配模式,打破专业限制,根据不同职业岗位面向,根据不同的课程模块组合,组建结构化教师团队;二是通过特聘直聘、共育共享、储备兼职等多形式引进行业大师、业务骨干、技术能手,或以校企联建的名师工作室和大师工作室为载体,构建校企融通、专兼结合的教学团队,以更好地贴近产业需求、技术发展;三是通过教师发展中心、轮训轮岗机制、培养提升计划等,着力提升校内专任教师双师素质、企业兼职教师教学素质,通过教师团队教研、技术创新和社会服务等途径,重点提升教师团队协同创新能力。

(四)专业群建设实践的生长点是"1＋X证书制度"

《国家职业教育改革实施方案》明确要求,启动"1＋X证书制度"试点工作,提升复合型技术技能人才培养,拓展就业创业本领,缓解结构性就业矛盾。[20]其中,"1"是学习者在学制系统内的教育机构完成一定教育阶段学习任务后取得的文凭。[21]"X"是若干职业技能等级证书,代表技术技能人才的职业技能水平,反映技术技能人才职业活动和职业生涯发展所需要的综合能力。[22]通过"1＋X证书制度",一方面,建立学历教育与职业技能培训相互衔接、转换体系,构建国家资历框架制度,有效服务技术技能人才终身发展。另一方面,因职业技能等级证书直接反映了产业新需求、科技新趋势,可以有效弥补和强化学历教育在灵活性和即时性不足的问题。

专业群建设以"1＋X证书制度"试点为生长点、突破点,将职业技能等级证书融入专业人才培养方案,实现职业技能等级标准与教学标准的融合,保证新技术、新工艺、新规范的科学性融入;实现培训课程与学历课程的融合,保证岗位核心知识、能力、素养的强化和拓展;将职业技能等级认证与相关专业课程考试统筹安排,提升技术技能人才培养的社会认可度。

四、浙江金融职业学院的具体实践

(一)对接浙江万亿金融产业,以培养精于技能、专于岗位、深于业务的金融产业生力军为目标组建金融管理专业群

金融管理专业群对接浙江万亿金融产业发展布局,适应"人工智能＋"金融服务对高素质技术技能金融人才培养提出的新要求,聚焦大数据与普惠金融服务新需求,面向现代金融服务业,以金融管理专业

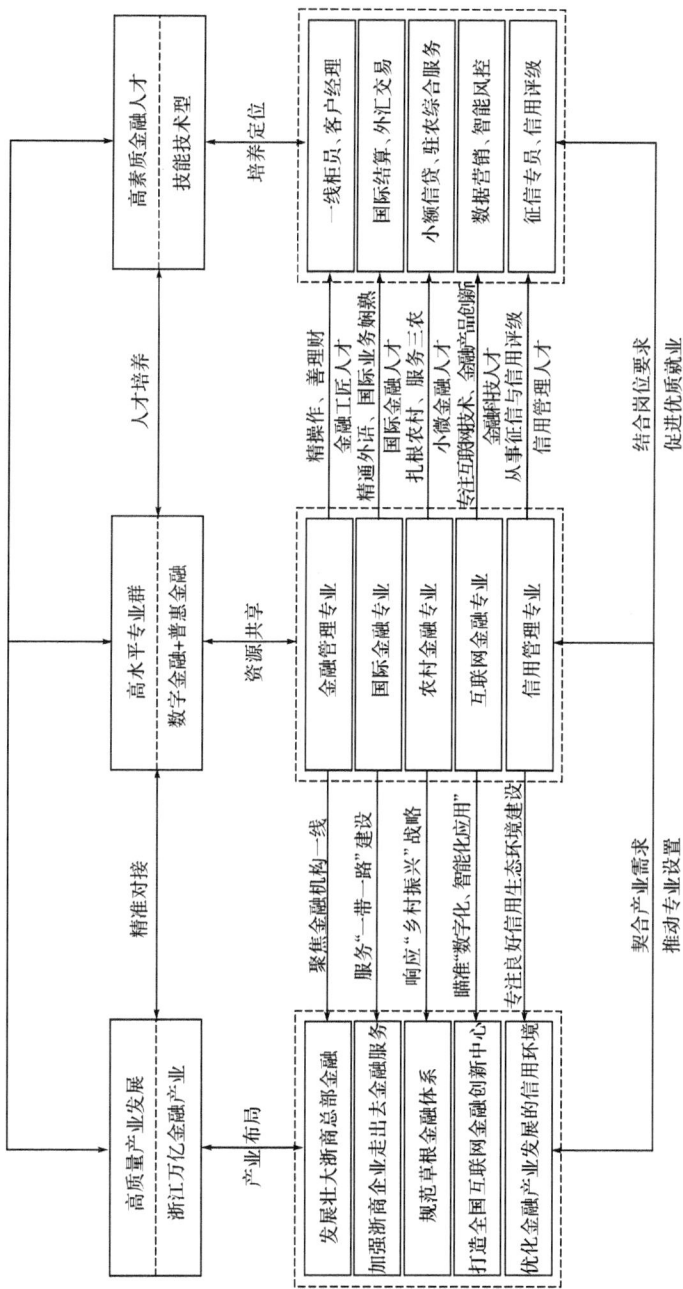

图 1 金融管理专业群组群逻辑

为核心,与国际金融、农村金融、互联网金融、信用管理等专业构建以"数字金融＋普惠金融"融合共生的专业群。

专业群五个专业具有经济金融、互联网金融与人工智能等相同的基础知识要求,具有能沟通、懂礼仪、服务意识强等相同的职业素养要求,利于资源整合,发挥集聚效应。同时明确人才培养的差异化定位,精准对接未来岗位需求。其中金融管理专业聚焦金融机构一线,培养精操作、善理财的金融工匠人才;国际金融专业服务"一带一路"建设,培养外语精通、国际业务娴熟的国际金融人才;农村金融专业响应"乡村振兴"战略,培养扎根农村、服务三农的小微金融人才;互联网金融专业瞄准"数字化、智能化应用",培养精通互联网信息技术、熟悉新金融产品创新的金融科技人才;信用管理专业专注社会信用体系与良好信用生态环境建设,培养能从事征信与信用评级的金融风控人才。

(二)遵循国家"1＋X"制度设计,构建书证融通的专业群课程体系

对接国家学分银行,探索"1＋X"试点工作,以金融产业需求、企业岗位要求和职业技能等级标准为依据,在岗位职业能力分析的基础上,按照"专业群共享课程＋专业特色课程＋岗位能力迁移课程＋证书培训课程"的架构,系统设计专业群课程体系,培养学生综合素质,保证毕业生在获得学历证书的同时即可获得2—3本职业技能等级证书。其中,专业群共享课程以促进学生掌握专业基础知识、提升学生综合职业素养、培养与训练学生创新精神、创新意识、创新创业能力为目标。专业特色课程是专业群内体现各专业人才培养特色设置的专业核心课程。岗位能力迁移课程是为了满足学生职业岗位多样化选择以及获得多个职业技能等级证书需要,实现群内五个专业岗位群的互融互通,提升专业人才岗位迁移能力。证书培训课程对接职业技能等级证书,满足学生考证需要,对专业课程未涵盖的内容或需要特别强化的

实训,职业技能等级证书培训课程也可以作为社会人员职业技能等级考证培训课程。

(三)聚焦金融科技,打造金融技术技能创新服务平台

社会服务、科技创新是高职专业建设的基本内容,也是检验专业群建设成效的重要指标。金融管理专业群一方面依托万亿金融产业协同创新中心,联合中国工商银行、浙江省地方金融监督管理局、杭州有数金融服务有限公司等金融机构或企业,构建地方金融产品研发、小微金融研发、互联网与大数据金融研发、信用指标体系构建研发等科技研发团队,凝聚校政行企多方合力。另一方面,开发移动客户端和PC端平台服务功能,完成企业评级信息公示查询、技术论坛信息发布与报名、企业培训课程等模块建设,不断发挥研发团队智力优势,建设浙江省数字普惠金融技术技能创新服务平台。

(四)实施引培联动,打造高水平、结构化教师教学创新团队

一方面,依托浙江省级"双师型"教师培养培训基地,制定金融管理专业群双师资质标准,建立教师校企轮训"学分银行",致力将"教师"培养成"技师"。完善企业员工与骨干教师兼职兼薪制度,兼职教师和兼职员工均挂牌管理,确立兼职教师聘任和管理考核标准,提升兼职教师教育教学能力,致力将"技师"培养成"教师"。柔性引进企业行业领军人才、大师名匠、高技能人才,不断激发专业教师成长动力,打造"顶尖专家学者、双专业带头人、双师教师"的三位一体的高水平、结构化教师教学创新团队。另一方面,依托行业杰出技能大师工作室指导金融企业新产品研发、技术成果转化与应用、流程改造,以点带面,提升教师队伍创新能力与社会服务能力。建立规模小、资源轻、反馈快的创新型教师团队孵化机制,提高教师创新创业能力。设立创新创业特色容错机制和灵活的绩效考核机制,校企合作设立专项资金,为教师团队技

术、产品、服务等创新及成果转化、推广应用等提供项目激励和成果奖励。

（五）强化质量保证，建立专业群可持续发展机制

首先，通过完善金融管理专业群内各专业的诊改目标链与标准链，将专业建设与学校常态的教学诊改工作进行有机结合。依托智能校园和教学质量诊改平台，利用大数据、人工智能等技术手段，构建以专业、课程、教师、学生为对象的大数据管理中心与教学质量监控体系，分析评判人才培养效果及培养目标的达成度，开展周期性诊断与改进，确保专业人才培养契合金融产业发展需要，形成内部质量保证。其次，开展第三方社会评价，与金融行业协会、专业第三方评价组织合作，推进专业群办学质量监测与人才培养质量评价，完善学生成长跟踪评价、毕业生跟踪反馈、用人单位满意度调研等反馈机制，深化专业群建设外部质量保障。再者，激发改革创新动力，强化专业群建设管理的机制保障。依托数字普惠金融产业二级学院，进一步整合和集聚"校政行企"资源，为专业群可持续发展提供物质保障。完善专业群内部管理体系，建立动态、开放、灵活的管理机制，建立健全项目绩效评价和激励机制，激发教师从事教学改革、技术研发、政策咨询服务的积极性与主动性，为专业群改革创新提供内生动力。

参考文献

[1] [20] 国务院.国家职业教育改革实施方案[EB/OL].[2019-6-20]. http://www.moe.gov.cn/jyb_xxgk/moe_1777/moe_1778/2019-04/t20190404_376701.html.

[2] 谢俐.中国特色高职教育发展的方位、方向与方略[J].现代教育管理,2019,349(04):6-10.

［3］［6］［13］教育部,财政部.关于实施中国特色高水平高职学校和专业建设计划的意见［EB/OL］.［2019-06-20］.http://www.moe.gov.cn/srcsite/A07/moe_737/s3876_qt/201904/t20190402_3764-71.html.

［4］沈建根,石伟平.高职教育专业群建设:概念、内涵与机制［J］.中国高教研究,2011(11):78-80.

［5］王来军.基于创新驱动的产业集群升级研究［D］.中共中央党校,2014:1.

［7］阳荣威.高等学校专业设置与调控研究［D］.上海:华东师范大学,2006:14-28.

［8］张慧青.基于产业结构演进的高职专业结构调整研究［D］.上海:华东师范大学,2017:30-35.

［9］董秀华.试论"专业高等教育"——基于人才培养规格差异的视角［J］.复旦教育论坛,2008,6(2):38-41.

［10］教育部　财政部.关于实施国家示范性高等职业院校建设计划加快高等职业教育改革与发展的意见［EB/OL］.［2006-11-03］.http://old.moe.gov.cn/publicfiles/business/htmlfiles/moe/s3876/201010/109734.html.

［11］袁洪志.高职院校专业群建设探析［J］.中国高教研究,2007(4):38-38.

［12］易新河.高等职业院校专业群建设探讨［J］.长沙民政职业技术学院学报,2007,14(2):66-68.

［14］张栋科.高职院校专业群建设的行动逻辑反思与重构——基于功能结构主义的视角［J］.教育发展研究,2019,39(01):23-30.

［15］张红.高职院校高水平专业群建设路径选择［J］.中国高教研究,2019(6):105-108.

［16］刘晓,段伟长.产教融合型企业:内涵逻辑与遴选思考［J］.中国职

业技术教育,2019(24):9-14.

[17] 张良.职业素质本位的高职教育课程建构研究[D].长沙:湖南师范大学,2012:15.

[18] 张君诚,许明春.应用型院校专业群建设的思维和路径选择分析[J].国家教育行政学院学报,2017(05):24-29.

[19] 习近平向全国广大教师致慰问信[N].人民日报,2013-09-10.

[21] 国家教委师范教育司.教育法导读[M].北京:北京师范大学出版社,1996:64.

[22] 唐以志.1+X证书制度:新时代职业教育制度设计的创新[J].中国职业技术教育,2019(16):5-11.

(来源:《高等工程教育研究》2019年第6期)